Robert Lessmann

# Das neue Bolivien

## Evo Morales und seine demokratische Revolution

Rotpunktverlag

Umschlagfoto: Evo Morales im Wahlkampf 2009
(http://casa-del-duderino.blogspot.com/)
Lithografie: Susanne Bobzien, dpi publishing service ag, Zürich
Karte und Satz: Patrizia Grab
Druck und Bindung: fgb · freiburger graphische betriebe · www.fgb.de

ISBN 978-3-85869-403-4
1. Auflage 2010

# Inhalt

Karte und allgemeine Landesinformationen zu Bolivien
auf der Umschlaginnenseite

# Revolution mit dem Stimmzettel

## Einleitung

Die Luft ist glasklar. Über die weite, karge Hochfläche fegt ein eisiger Wind. Am Horizont heben sich die Eisgipfel der Königskordillere ab. Wir sind in der Ruinenstadt von Tiwanaku, fast 4000 Meter hoch gelegen – unweit des Titicaca-Sees. Das weltberühmte Sonnentor, gedrungene, riesige Obelisken erinnern an vergessene Herrscher. Zeugen einer vorinkaischen Hochkultur, die sich um das Jahr 1100 herum aufgelöst hat, »verschluckt von den Schatten der Nacht«, wie später die Inka sagten.

Einer, der sich als Nachkomme dieser Andenkulturen begreift, steht nun hier im Licht, umringt von Schamanen, die ihn symbolisch zum Herrscher küren. Morgen wird er in La Paz offiziell zum Präsidenten ernannt werden. Er wird der erste regierende Indio seit einem halben Jahrtausend sein. Vor ihm liegt der Spagat seines Lebens: Er muss einen »Zusammenstoß der Kulturen« in einen »Dialog der Kulturen« überführen, damit Bolivien nicht auseinanderbricht.

Es ist Januar 2006. Eine politische Zeitenwende ist angebrochen, die vier Jahre später durch den Wahlsieg vom Dezember 2009 zementiert werden wird. Im neuen Parlament, das im Januar 2010 zusammentritt, verfügen die Kräfte des Wandels nunmehr über eine Zweidrittelmehrheit.

Für viele Angehörige der indianischen Bevölkerungsmehrheit war der bolivianische Nationalstaat eine Fiktion geblieben. Sie fühlten sich ausgeschlossen und sind verarmt. Seit fünf Jahren hatten permanente Unruhen das Land erschüttert: Im März und April des Jahres 2000 hatte der »Wasserkrieg von Cochabamba«, der Kampf einer lose koordinierten Bauern- und Bürgerbewegung gegen die Privatisierung des Trinkwassers, zum Rückzug des ausländischen Investors geführt. Da hatte man gelernt, dass Proteste auch siegreich ausgehen können. Seither wurden zwei Präsidenten gestürzt. Internationale Beobachter sahen Bolivien am Rande der Unregierbarkeit, als Failed State, der nicht oder nur mehr eingeschränkt in der Lage ist, seine Grundfunktionen wahrzunehmen, die öffentliche Sicherheit und den Vollzug der Gesetze zu gewährleisten. Vorzeitige Wahlen wurden erzwungen, aus denen am 18. Dezember 2005 Evo Morales mit einem Erdrutschsieg hervorging: die Auflösung eines katastrophalen Patts zwischen den gesellschaftlichen Blöcken, das Bolivien über Jahre gelähmt hatte.

»Wir werden Bolivien neu gründen«, verspricht Evo Morales in seiner Rede auf den Stufen des anderthalb Jahrtausende alten Kalasasaya-Tempels: »Wir Quetschua, Aymara, Guaraníes hatten zwar auch gegen die spanische Kolonialmacht gekämpft, aber die Unabhängigkeit von 1825 und der bolivianische Nationalstaat waren nicht für uns gemacht.« Mit einer Verfassunggebenden Versammlung, Asamblea Constituyente, die dann ein halbes Jahr später – am 6. August 2006, dem bolivianischen Nationalfeiertag – zusammentrat, sollten fünfhundert Jahre Unterdrückung ein Ende finden.

~

»Alle anderen Regierungen haben uns bestohlen«, sagt Eusebio (65). Der Bauer aus dem besonders armen Norden des Departements Potosí hat zum ersten Mal im Leben seine engere Heimat verlassen, um nach La Paz zu kommen: »Weil einer von uns jetzt Präsident wird.« Abordnungen von Indígenas aus dem ganzen Land in ihren Trachten, Bauerngewerkschafter, Lehrer, Bergarbeiter mit Helm – sie alle sind gekommen, um zu feiern. Während der langen Wartezeit herrscht eine friedlich-ausgelassene Stimmung auf der Plaza Murillo, an der Parlament und Präsidentenpalast liegen. Die Musikanten und Tänzer aus Norte de Potosí in ihrer bunten Tracht stehlen der Politprominenz die Schau: Noch-Präsident Ricardo Lagos aus Chile, der Rufe nach der Rückgabe des pazifischen Küstenstreifens zu hören bekommt, den Bolivien im Salpeterkrieg Ende des 19. Jahrhunderts an den südlichen Nachbarn verloren hat, der unscheinbare Álvaro Uribe aus Kolumbien, der peruanische Präsident Alejandro Toledo, der Argentinier Nestor Kirchner und Carlos Lage, damals noch Vizepräsident des kubanischen Ministerrats, der den kranken Fidel Castro vertritt. Der Prinz von Asturien genießt die Neugier der televidenten Frauen. Am meisten Aufmerksamkeit aber genießt Hugo Chávez, der mit Sprechchören begrüßt wird – und der sich nachher beim Fototermin auf dem Balkon des Präsidentenpalastes gebärden wird, als sei er es, der zum Präsidenten ernannt worden ist, der sich zwischen den Präsidenten und seinen Vize, Álvaro García Linera, drängt und Morales väterlich den Arm um die Schulter legt. Noch nie waren so viele Präsidenten zu einer Amtseinführung nach La Paz gereist. Der slowenische Präsident Janez Drnovšek ist über den Atlantik geflogen und begleitet Morales zwei Tage lang wie ein Schatten. Luiz Inácio »Lula« da Silva aus Brasilien kommt lächelnd und winkend. Eine Show hat er wohl nicht nötig. Der Rekordbesuch ausländischer Staatsoberhäupter zur Amtseinführung eines bolivianischen Präsidenten ist ein Beleg für die Aufmerksamkeit, die der politische Neubeginn im Andenland international hervorruft.

Es riecht nach Arbeit: Evo Morales und sein Vizepräsident, Álvaro García Linera, kommen und gehen schnellen Schrittes, der

Präsident im schwarzen Anzug mit andin-folkloristischen Verzierungen, entworfen von der berühmtesten Modedesignerin des Landes, Beatriz Canedo Patiño. Den Amtseid im Parlament legt er unter Tränen ab und bekräftigt in seiner anschließenden Rede das Versprechen für eine Erneuerung Boliviens. Lag gestern in Tiwanaku vor den Indígenas der Akzent seiner Rede auf der nationalen Einheit, so geht es heute mehr um soziale Gerechtigkeit und die wiederzugewinnende nationale Souveränität. Doch vorher gibt es eine Schweigeminute für die Opfer des antikolonialen, antiimperialistischen und antineokolonialen Widerstands von Túpac Katari über Marcelo Quiroga Santa Cruz, Luis Espinal bis hin zu den Bauern der Provinz Chapare, die im Widerstand gegen die Kokavernichtung ihr Leben gelassen haben – und auch Che Guevara fehlt nicht, der 1967 in Bolivien mitsamt seinen Träumen von einer bewaffneten Revolution auf dem südamerikanischen Halbkontinent begraben wurde.

Morales' Diskurs ist heute kämpferisch, wenn nicht revolutionär angehaucht: Mit dem Kolonialsystem und seiner Hinterlassenschaft soll Schluss sein. Noch vor gut fünfzig Jahren hätten die sozial schwachen und die Angehörigen indigener Volksgruppen die Plaza Murillo nicht einmal betreten dürfen. Er klagt über die Behandlung im Parlament, die er und seine Bewegung in den letzten Jahren erfahren haben, über Selbstbereicherung und Korruption vorangegangener Regierungen. Das Missverhältnis zwischen einem Mindestlohn und einem Abgeordnetengehalt sei »unmöglich«: Ersterer solle deshalb angehoben und Letzteres um 50 Prozent gekürzt werden. Besonderes Augenmerk in der Wirtschaftspolitik solle den Kleinunternehmern gelten und den landwirtschaftlichen Kleinproduzenten. Die Vereinigten Staaten lädt er zur Zusammenarbeit beim Kampf gegen den Drogenhandel ein, der aber nicht mehr als Vorwand dienen dürfe, »um unsere Länder zu beherrschen«. Deutliche Worte, die freilich erst noch in ein Regierungsprogramm gegossen werden müssen.

~

»Er soll seine Sache gut machen«, sagt Kiko, der Taxifahrer, der mich vom Flughafen ins Stadtzentrum von Santa Cruz bringt. »Hundert Prozent Camba« sei er, Tieflandbewohner, und natürlich habe er »Tuto« Quiroga gewählt, den konservativen Gegenkandidaten: »Mit Evo haben wir jetzt die Chance, endlich zur Ruhe zu kommen.« Das Ergebnis sei schließlich eindeutig. Von Abspaltung vom Nationalstaat, wie vor den Wahlen, ist einstweilen nichts zu hören. Schließlich hat Evo Morales' MAS (Movimiento al Socialismo) auch hier in der Oppositionshochburg mehr als 30 Prozent der Stimmen erhalten.

Wer, wie der Autor, gedacht hat, nach dem Wahlsieg von Evo Morales ein polarisiertes Land anzutreffen, mit einer verängstigten Bourgeoisie, abwehr- bis fluchtbereiten politischen Eliten und sozialen Bewegungen, die in frivol-aggressiver Weise von »ihrem Präsidenten« die Erfüllung jahrelang aufgestauter Forderungen verlangen, der hat sich fürs Erste gründlich getäuscht. »Wir müssen jetzt auch Geduld haben, ein Präsident ist schließlich kein Weihnachtsmann, der Geschenke verteilen kann«, sagt ein Aymara aus La Paz, wo die MAS 67 Prozent der Stimmen bekam. Selbst das Gerangel um Ministerposten hält sich in Grenzen. Es ist schwierig, MAS-Leute zu treffen. Die arbeiten fieberhaft an einem Regierungsprogramm. Die absolute Mehrheit kam sogar für sie selbst überraschend. Die alten Eliten schweigen, jedenfalls für den Moment. Zu eindeutig ist ihre Wahlschlappe. Vielmehr freut sich der Nationale Wahlgerichtshof (CNE) in Radio- und Fernsehspots über eine historische Wahlbeteiligung von 84 Prozent – mehr als 10 Prozent höher als bei den Wahlen zuvor: »Ahora la democracia – es diferente«

(Jetzt ist die Demokratie eine andre), singt es halbstündlich im Chor aus den Lautsprechern. In der Tat: Sie scheint stärker als je zuvor – fürs Erste.

Bolivien hat gewählt. Das Votum ist eindeutig, das Mandat solide. Die Wählerinnen und Wähler haben sich für den Wandel entschieden. Wie der aussehen wird, ist zwar noch alles andere als klar. Aber die Tonlage hat sich dramatisch geändert. Man dürfe jetzt nicht mehr über die Indios und Mestizos schimpfen, sagt Isabel, eine elegante blonde Mittvierzigerin aus dem Reichenviertel San Miguel von La Paz: »Es weht jetzt ein anderer Wind. Auch ich habe begriffen, dass wir eine Nation von Indios und Mestizos sind.« Es sind überwiegend ausländische Kommentatoren, die davor warnen, das Wahlergebnis und die zukünftige Politik unter rassistischen Gesichtspunkten zu sehen. Das stand bei Evo Morales und seiner MAS auch nie zur Debatte. Hier geht es um zweifellos vorhandene soziale und kulturelle Unterschiede, die bewältigt werden müssen, nicht um Blut und Gene, wie die Angstmacher meinen. Das Projekt der MAS war stets »incluyente«. Auch »weiße« Intellektuelle, wie der Vizepräsident Álvaro García Linera, haben ihren Platz gefunden.

Der designierte Präsident ging nach seinem Wahlsieg zunächst auf eine zweiwöchige Auslandsreise in vier Kontinenten. Was anfangs noch verschiedentlich als Flucht vor den Herausforderungen der kommenden Regierung bewertet wurde, stellte sich bald als kluger Schachzug heraus. Morales besuchte Kuba und Venezuela, Spanien und Frankreich, aber vor allem aufsteigende Mächte im Süden: China, Indien, Südafrika und Brasilien. Es geht um eine außen- und wirtschaftspolitische Neuorientierung. Bolivien ist stolz auf seinen Präsidenten und die Aufmerksamkeit, die er im Ausland genießt. Vier Wochen nach seinem Wahlsieg (54 Prozent) und eine Woche vor seinem Amtsantritt genießt Morales bei Umfragen in vier Städten Sympathiewerte von 65 Prozent. Es gibt allenfalls eine eher heitere Diskussion über die Funktion von Krawatten in der Politik und Morales' Auftreten auf der internationalen Bühne im kurzärmligen Sommerhemd, im bunten Ringelpullover und mit abgegriffener Lederjacke. Die katholische Tageszeitung *Presencia* bemüht sogar einen Anthropologen, der sagt, damit wolle Morales zeigen, dass es ihm um Inhalte gehe, nicht um die Form. Halleluja!

~

Doch die Ruhe nach dem Sturm, die ich Anfang des Jahres 2006 in Bolivien erlebte, war die Ruhe vor dem Sturm. Die gesellschaftliche Polarisierung setzte sich mit umgekehrten Vorzeichen fort. Im September 2008 brachte ein »Zivilputsch« die oppositionellen Departemente im Tiefland an den Rand eines Bürgerkriegs. Und im April 2009 wurde in Santa Cruz eine Terrorzelle ausgehoben, die dem Präsidenten nach dem Leben trachtete. Auch die im Dezember 2005 mit dem Erdrutschsieg von Morales eingeleitete »Revolution mit dem Stimmzettel« setzte sich fort: die Wahlen zur Verfassunggebenden Versammlung und das Autonomiereferendum am 2. Juli 2006, das Abwahlreferendum vom 10. August 2008, das Referendum über die neue Verfassung vom 25. Januar 2009 und schließlich die vorgezogenen Neuwahlen vom 6. Dezember 2009 – manche Beobachter sprachen von einer »Referenditis«. Der versprochene Proceso de cambio, der Prozess des Wandels, war von einer Serie von Wahlen und Abstimmungen begleitet, und Morales hat sie alle mit absoluten Mehrheiten klar gewonnen. Doch verdient dieser Prozess auch den Namen »Revolution«, oder: inwiefern verdient er ihn?

Morales will einer Regierung der sozialen Bewegungen vorstehen. Noch nie waren – vom Präsidenten abwärts – so viele Angehörige indigener Völker und marginalisierter Bevölkerungsgruppen in die Regierungsverantwortung eingebunden. Das ist ein emanzipatorischer Quantensprung. Vizepräsident Álvaro García Linera skizzierte dieses Faktum in einem Vortrag unlängst auf plastische Weise: »Der Präsident ging auf eine Dorfschule, der Vizepräsident auf eine Schule für die städtischen Eliten. Der Präsident musste von früher Kindheit an nebenher arbeiten und seinem Vater helfen. Der Vizepräsident hatte seine Schulzeit bis zum Ende der Sekundarstufe abgesichert. Die Familie des Präsidenten musste in eine andere Region ziehen, weil die Trockenheit ihr Land ruiniert hatte. Der Vizepräsident konnte ins Ausland reisen, um zu studieren. Niemals sind wir uns auf denselben Fiestas begegnet oder haben uns auf den gleichen Schulen gesehen. Wir sind nie in dieselben Parks oder Kinos gegangen und sprachen auch nicht dieselbe Sprache.«

Der Dauerwahlkampf hat die tiefe soziale und kulturelle Zerklüftung des Landes sichtbar gemacht, aber er hat auch zu einer permanenten Politisierung und Demokratisierung beigetragen. Nie zuvor waren die Unterprivilegierten in einem solchen Ausmaß an der Zukunftsgestaltung beteiligt. Der turbulente politische Prozess brachte schließlich eine neue Verfassung hervor, die Bolivien als »plurinationalen Staat« definiert und die ein Rahmen sein will, um verschiedene Realitäten zusammenzuführen: Unterschiedliche Demokratieverständnisse: hier der geheime Wille des Staatsbürgers, der delegiert; dort die öffentliche Konstruktion eines Kollektivwillens. Unterschiedliche Naturverständnisse: hier eine lebendige Naturgesamtheit; dort eine ausbeutbare Ressource. Eine Verfassung, die einen Übergang markiert vom Neoliberalismus hin zu einer keynesianischen Wirtschaftspolitik und klassisch sozialdemokratischer Sozialpolitik.

Mit der Zulassung von Autonomien auf verschiedenen Ebenen wurden Verwaltungsreform und Dezentralisierungen weitergeführt, die Mitte der 1990er-Jahre begonnen worden waren. Ähnliches gilt für die Landreform. Die Nationalisierung der Erdöl- und Erdgasressourcen vom 1. Mai 2006 hat im Ausland für viel Aufregung gesorgt und im Inland Exporteinnahmen und haushaltspolitische Spielräume erweitert. Sie reiht sich ein in eine wirtschafts- und außenpolitische Neuorientierung. Neue sozialpolitische Akzentsetzungen haben stattgefunden, und natürlich wurde mit einem Kokabauern als Präsidenten auch die Koka- und die Drogenpolitik des Landes reformiert. Alles in allem wurde der versprochene Prozess des Wandels eingeleitet, der besonders in Lateinamerika – als möglicherweise beispielgebend – aufmerksam verfolgt wird, dessen Richtung sich abzeichnet, der aber nach der Einschätzung des Vizepräsidenten mehrere Generationen dauern wird. Denn ungleich konkreter als das Ziel dieses Prozesses ist sein Ausgangspunkt: die Überwindung der tiefen bolivianischen Krise.

*Rebellion in den Venen* lautet der Titel eines Standardwerks über Bolivien, das nach achtzehn Jahren Militärdiktaturen zu Beginn der Redemokratisierung geschrieben wurde (Dunkerley 1984), die eine Periode einleitete, wo Bolivien als Musterland der Reformen und politischer Stabilität galt. Schon damals täuschte der oberflächliche Eindruck: Dieter Nohlen (2001) attestierte Bolivien noch »demokratische Normalität«: »Dies ist in historischer und international vergleichender Perspektive ein außerordentlicher Fortschritt.« Drei Jahre später schrieb der Verfassungsexperte Stefan Jost: »Die Regierung Mesa bietet vielleicht die letzte Chance, das politische System zu stabilisieren.« Der kochende Volkszorn hatte inzwischen am 17. Oktober 2003 den amtierenden Präsidenten Gonzalo »Goni« Sánchez de Lozada aus dem Amt gejagt und aus dem Land, das nicht mehr zur Ruhe kam.

Mehrere Ursachen sind dafür verantwortlich. Am deutlichsten sichtbar ist die sozioökonomische Krise: Bolivien belegt Platz 113 (von 177) im Index für menschliche Entwicklung der Vereinten Nationen und ist damit das Schlusslicht Südamerikas. Zwischen 1982 und 1990 war die Kaufkraft eines Mindestlohns im Zuge von Hyperinflation und neoliberaler Strukturanpassung um 70 Prozent gesunken; sie hat sich davon bis heute nicht erholt. 63 Prozent der Bevölkerung lebt unterhalb der Armutsgrenze von zwei US-Dollar pro Tag! Beinahe jeder vierte Bolivianer muss mit weniger als einem Dollar pro Tag auskommen! Es herrscht zudem krasse Ungleichheit: Auf die ärmsten 10 Prozent der Bevölkerung entfallen 0,3 Prozent von Einkommen und Konsum, den reichsten 10 Prozent fallen 47,2 Prozent zu; auf die 20 Prozent der Ärmsten kommen 2,9 Prozent, auf die 20 Prozent der Reichsten 63 Prozent. Bolivien weist damit die markanteste soziale Ungleichheit in Südamerika auf. Mehr als 50 Prozent der Bevölkerung muss sich ganz oder teilweise im informellen Sektor durchschlagen.

Ein lange übersehener oder unterschätzter Faktor ist die soziokulturelle Krise: Bolivien ist das »indianischste« Land Südamerikas. 62 Prozent der Bolivianerinnen und Bolivianer sehen sich als Angehörige eines spezifischen indigenen Volkes. Nach der Verfassungsreform von 1994 verstand sich Bolivien als »multiétnico y pluricultural«. Doch weder die Unabhängigkeit von 1825 noch die Revolution von 1952/53 – und auch nicht die Redemokratisierung ab 1982 sowie die »Reformen der zweiten Generation« Mitte der 1990er-Jahre – vermochten koloniale Strukturen auszuräumen und einen authentischen Prozess des Nation-Building in Gang zu setzen. So sehr man sich nach der Revolution von 1952/53 auf der rhetorischen Ebene um die Hervorhebung von Gemeinsamkeiten (Betonung von »el pueblo« und Mestizentum) bemühte: Inhaltlich stellte sie indianischer Kollektivität das Prinzip des individuellen, freien Staatsbürgers entgegen. Und ihre Landreform war unter dem Motto »Das Land dem, der es bebaut« nicht nur gegen den Großgrundbesitz gerichtet, sondern auch gegen kollektive, andine Eigentums- und Nutzungsformen, denen sie den privaten (Klein-)Bauern gegenüberstellte. »Die Menschenrechte der Indios werden erst anerkannt, wenn sie aufhören Indios zu sein«, resümierte die Soziologin Silvia Rivera Cusicanqui treffend, wenn sie also ihre kulturelle Identität gegen eine westliche tauschen. Der bolivianische Nationalstaat blieb für viele seiner Bürger eine Fiktion. Sie fühlten sich ausgeschlossen. »Indio« wird vielfach noch immer als Schimpfwort gebraucht. Ethnisch-kulturelle Trennlinien verlaufen zudem weitgehend parallel zu jenen zwischen Arm und Reich. Indes: Systeme kollektiver Landnutzung und dörflicher Gemeinschaftsarbeiten sind ungebrochen. Auf dem Lande tritt vor den Wahlen oft die Dorfgemeinschaft zusammen – wie bei allen wichtigen Entscheidungen, die das Dorf betreffen –, um im Konsens zu entscheiden, »wen wir wählen«. Das widerspricht dem Grundsatz freier, gleicher und geheimer Wahlen, wie er in der Tradition der europäischen Aufklärung in diverse bolivianische Verfassungen aufgenommen wurde. Unter der Decke eines nach europäischem Muster gestrickten politischen und gesellschaftlichen Systems lebte eine indianische Parallelwelt weiter, mit ihrer traditionellen Medizin, mit eigenen Mechanismen kollektiver Entscheidungsfindung und Rechtsprechung. Der bolivianische Filmemacher Jorge Sanjinés hat sie in seinem Streifen *La nación clandestina* (Die verborgene Nation) schon 1989 auf den Begriff gebracht. Doch sofern sie im politischen »Musterland« Bolivien überhaupt wahrgenommen wurde, geschah dies meist mit einem Gefühl der Überlegenheit, der Miss- oder gar Verachtung. Die indianische Parallelkultur wurde als vormodernes Relikt angesehen, als Entwicklungshindernis, das es zu überwinden gelte. Zum Teil galt das sogar für die indigene Selbsteinschätzung: Thomas A. Abercrombie berichtet in seiner K'ulta-Studie – von der noch häufiger die Rede sein wird – von einer tiefen Internalisierung der kulturellen Hierarchien der kolonialen- und postkolonialen Gesellschaft: »Civilizarse«, sagen die Menschen, wenn sie (westliche) Sonntagskleider anziehen – »sich zivilisieren«! Indianische Namen wurden nicht selten abgelegt und gegen spanische getauscht. Abercrombie berichtet von synkretistischen Ritualen, bei denen ein bekleidetes Kreuz eine zentrale Rolle spielt, oder von uralten Opferzeremonien, die auf der Schwelle der Dorfkirche durchgeführt werden. Heimlich! Denn er berichtet auch von den Mühen des Forschers, Vertrauen zu gewinnen und überhaupt Zugang zu solchen Ritualen zu bekommen – und von dem unbedingten Bestreben, sie vor der Außenwelt (besonders vor katholischen Priestern und staatlichen Behörden) zu verbergen. *Autonegación* (Selbstnegierung) nennt das der Soziologe Álvaro García Linera.

In engem Zusammenhang mit der sozialen und der soziokulturellen Krise steht die Legitimationskrise der Parteien und des politischen Systems: Nach langen Jahren wechselnder Militärdiktaturen (1964–1982) genießt Bolivien seit einem Vierteljahrhundert wieder demokratische Verhältnisse. Knappe Wahlergebnisse zwangen jeweils zu Koalitionen, auch über ideologische und programmatische Grenzen hinweg, was im Ausland als Zeichen für Stabilität und demokratische Reife der politischen Akteure gesehen wurde. Vor dem Hintergrund der fortgesetzten sozioökonomischen Probleme im Lande sahen die Bolivianerinnen und Bolivianer dieselben Vorgänge aber zunehmend als »politiquería« an, als Gerangel um Posten und Pfründe. Die Parteien – und mit ihnen das politische System – gerieten in eine Legitimationskrise. Sie wurden zunehmend mit Korruption und Nepotismus identifiziert. So erklärt es sich, dass die gewerkschaftlichen oder gewerkschaftsähnlichen Sindicatos, neben Nachbarschaftskomitees, Berufsgenossenschaften und anderen Organisationsformen der Zivilgesellschaft, eine so wichtige Rolle spielen: »Die wesentlichsten Fragen der Gesellschaft werden nicht nur nicht über die Parteien kanalisiert, sondern sie werden ohne deren Beteiligung gelöst. In dieser Hinsicht haben die

Sindicatos eine beträchtliche Überlegenheit und Effektivität«, schrieb der Politologe Jorge Lazarte schon im Jahr 1998.

Die politische Zeitenwende in Bolivien hatte sich seit Längerem abgezeichnet, ohne dass man dies im In- und Ausland zur Kenntnis nehmen oder gar Konsequenzen ziehen wollte. Bereits bei den Wahlen vom Juni 2002 wurden die Altparteien vom Wähler gnadenlos abgestraft. Politische Neuerscheinungen, die sich ausdrücklich nicht als Parteien präsentierten, sondern als »Bewegungen«, gewannen auf Anhieb fast 50 Prozent der abgegebenen Stimmen. Zusammen mit 27,94 Prozent Nicht-Wählern (trotz bestehender gesetzlicher Wahlpflicht) eine schallende Ohrfeige für die traditionellen Parteien.

Andererseits begannen nun als Gegenbewegung Zentrifugalkräfte am Nationalstaat zu zerren. Traditionelle und neue Eliten des Tieflands im Osten, insbesondere in den an Erdöl- und Erdgasvorkommen reichen Departementen Santa Cruz und Tarija, begegneten den sozialen Forderungen und Protestbewegungen, wie sie sich besonders im Hochland artikulierten, mit Autonomieforderungen und Separationsdrohungen. Lange bevor die MAS an der Regierung war, strebte ein Comité Cívico pro Santa Cruz nach mehr Autonomie. Das Departement Santa Cruz kommt für mehr als 30 Prozent des bolivianischen Bruttoinlandsprodukts auf, für 54 Prozent der bolivianischen Exporte; 44 Prozent der ausländischen Investitionen sind dort angesiedelt. Die örtlichen Eliten verstehen sich als das dynamische Herz Boliviens, dessen Rhythmus durch den politischen Radikalismus des Hochlands und den Zentralismus von La Paz gestört werde. Im Konflikt Tiefland gegen Hochland stehen jene, die sich als Gewinner der Globalisierung verstehen, den Globalisierungsgegnern oder -verlierern gegenüber.

Der jetzige Präfekt von Santa Cruz, Rubén Costas, hatte anlässlich von Protesten gegen Benzinpreiserhöhungen bereits im Januar 2005 eine provisorische Regierung von Santa Cruz ausgerufen, damals noch als Vorsitzender des Comité Cívico, was landesweit Empörung hervorrief. Mit den zunehmenden sozialen Protesten im Hochland, dem Sturz von »Goni« Sánchez de Lozada und besonders nach dem erfolgreichen Referendum des Jahres 2004 für eine Verfassunggebende Versammlung wurden die Autonomieforderungen aggressiver, waren zunehmend rassistisch und sezessionistisch unterlegt, bis sie schließlich nach dem Wahlsieg von Evo Morales im Dezember 2005 zum Kristallisationspunkt für die besorgte Oberschicht und die parteipolitisch heimatlos gewordene politische Rechte mutierten.

Einen nicht zu unterschätzenden Krisenfaktor stellt schließlich die Souveränitätskrise dar, die einen politischen und einen wirtschaftlichen Aspekt hat, die beide miteinander verknüpft sind. Die Revolution von 1952/53 war von einem nationalistischen Geist getragen und von der Movimiento Nacionalista Revolucionario (MNR) organisiert. Mit der Wirtschaftskrise und der wachsenden Abhängigkeit des Herrschaftsmodells vom Ausland wurde diese »nationale Kompetenz« – beginnend mit der neoliberalen Strukturanpassung von 1985/86 – jedoch aus den Händen gegeben und macht neben Korruptions- und Nepotismusvorwürfen einen wichtigen Teil der Legitimationskrise der traditionellen Parteien aus. Die traditionsreiche MNR kämpft heute mit Stimmanteilen von 6 Prozent um das politische Überleben und trat zu den Wahlen vom Dezember 2009 gar nicht erst an.

Boliviens Außenhandel war lange Zeit chronisch defizitär: Die Terms of Trade haben von 1980 (100 Prozent) bis zur Jahrtausendwende 2000 (53 Prozent) um 47 Prozentpunkte eingebüßt. Trotz mehrerer Schuldenerlasse bleibt die Auslandsverschuldung erheblich und Bolivien ist in hohem Maße von Vorzugskrediten und Zuschüssen abhängig. Zur Jahrtausendwende entsprachen sie 9,4 Prozent des Bruttoinlandsprodukts und finanzierten praktisch 100

Prozent der öffentlichen Ausgaben. Es gab immer wieder Zeiten, da reichten die Steuereinnahmen nicht aus, um die Staatsbediensteten zu bezahlen. Man kann daher mit Fug und Recht von einem Aid-Regime sprechen.

Diese Abhängigkeit von ausländischer Entwicklungsfinanzierung hat Bolivien zum Experimentierfeld für Politiken und Entwicklungskonzepte werden lassen, die anderswo entworfen wurden, vor allem in Washington: von der wirtschaftlichen »Strukturanpassung« Mitte der 1980er-Jahre über den »Drogenkrieg« bis hin zu den sogenannten neoliberalen »Reformen der zweiten Generation«, die Mitte der 1990er-Jahre weitere Privatisierungen mit neuen Aufgabenstellungen für den Staat verbanden.

Evo Morales und seine MAS haben es verstanden, die nationale Kompetenz an sich zu ziehen und das Ringen um nationale Souveränität glaubwürdig zu verkörpern. Sie sind aus den Reihen der organisierten Kokabauern hervorgegangen. Sie sind – wenn man so will – »Kollateralschaden« einer Drogenbekämpfungs- und Kokavernichtungspolitik, die Bolivien von der internationalen Gemeinschaft unter Führung der USA aufgezwungen und die vor allem auf dem Rücken der Kokabauern (Cocaleros) ausgetragen wurde. Schon bei den Parlamentswahlen von 1997 gewann Evo Morales mit 69 Prozent das landesweit stimmstärkste Direktmandat, damals noch als Gast auf der Liste der kleinen Linkspartei Izquierda Unida (IU). Seinerzeit gewann die IU nur insgesamt vier Mandate: alle vier Direktmandate für ehemalige Führer der Cocalero-Sindicatos des Chapare. Bereits im Jahr 1995 hatte die 12. Nationalkonferenz der Kokaproduzenten die Schaffung eines eigenen »instrumento político« (in Abgrenzung gegen die Altparteien) beschlossen. Zwei Gründungskongresse und diverse Registrierungsversuche beim Wahlgerichtshof scheiterten, bevor schließlich 1999 die MAS gegründet und offiziell registriert wurde.

Bolivien war zum Experimentierfeld der internationalen Entwicklungskooperation geworden: Ausländische Hilfen entsprachen zwischen 8 und 10 Prozent des Bruttoinlandsprodukts und finanzieren praktisch 100 Prozent der öffentlichen Investitionen. Mit einem ehrgeizigen Projekt sogenannter neoliberaler Reformen der zweiten Generation (weitere Privatisierungen, Verwaltungsreformen, Bildungsreform und anderes mehr) versuchte man Mitte der 1990er-Jahre, das Modell zu modernisieren. Die Reformen waren zum großen Teil von ausländischen Entwicklungsagenturen konzipiert und von der Regierung relativ unsensibel von oben nach unten durchgepeitscht worden. Zweimal musste im Jahr 1995 zu ihrer Durchsetzung der Ausnahmezustand verhängt werden.

Noch deutlicher als der Wahlsieg von Evo Morales ist die Absage an das neoliberale Modell ausgefallen: Die politischen Träger des außengesteuerten Reformprozesses in Bolivien sind verschwunden! Die traditionsreiche Movimiento Nacionalista Revolucionario (MNR), die Partei der Revolution von 1952/53, der neoliberalen Strukturanpassung von 1985/86 und der neoliberalen Reformen der zweiten Generation von Mitte der 90er-Jahre, bekam im Dezember 2005 noch 6 Prozent. Die anderen sind unter die Drei-Prozent-Klausel gerutscht und haben aufgehört zu existieren!

Während der Krisenjahre 2000 bis 2005 wurde vor dem »irrationalen Charakter« der Protestbewegungen gewarnt. Ein Wettlauf der Oppositions-Caudillos um stets radikalere Forderungen und Aktionsmethoden habe es der Politik verunmöglicht, Wege aus der Krise zu finden. Da ist etwas dran. Man könnte weiter fragen, wie es so weit gekommen ist! Lag es nicht auch daran, dass stets neue Strategien und Finten ersonnen wurden, um diese Opposition von einer Mitgestaltung des politischen und gesellschaftlichen Lebens fernzuhalten? In Nachbarländern haben sich in ähnlichen Situationen Guerillas formiert! Kaum war die Regierung Morales 2006 im Amt, überwogen warnende Hinweise auf die großen Herausforderungen, vor denen sie stehe. Nicht zuletzt Träger, Vordenker und Trittbrettfahrer des alten Modells im In- und Ausland warnten nun vor Staatsinterventionismus, vor Nationalisierungen, vor einer Kokafreigabe, vor diesem und vor jenem und schlugen nahtlos neue Rezepte des »Social Engineering« vor. Schließlich war man es seit gut zwei Jahrzehnten gewohnt, in La Paz mitzuregieren. In der Tat: Die Herausforderungen sind groß und komplex. Im Ausland sollte man aber zuallererst die Wahlergebnisse zur Kenntnis nehmen, respektieren und die politische Entwicklung genau analysieren – gerade auch im Hinblick auf die eigene Politik der Vergangenheit. Immerhin hat die MAS seit Dezember 2005 alle Volksbefragungen klar für sich entschieden.

Was hat es also mit dieser Krise auf sich in Bolivien, dem Land im Herzen Lateinamerikas, mit jenem *empate catastrófico*, dem katastrophalen Patt zwischen den gesellschaftlichen Blöcken, das immer wieder zu Situationen am Rande der Unregierbarkeit und des Staatsversagens geführt hat, mit jenem »Zusammenstoß der Kulturen«? Welche Gefahren liegen darin, aber auch welche Chancen – und welche Transzendenz? Am 6. Dezember 2009 wurde auf der Basis der neuen Verfassung ein neues Parlament gewählt, das nun Asamblea Legislativa Plurinacional heißt. Die MAS gewann auch diese Wahlen mit eindrucksvollen 64 Prozent, die ihr auch die absolute Mehrheit in beiden Kammern brachten. Gelegenheit, hier eine Bilanz der ersten Regierungsperiode unter Präsident Evo Morales und seinem Proceso de cambio, dem angekündigten Prozess des Wandels, zu ziehen sowie einen Ausblick zu wagen auf das »Neue Bolivien«, das nicht zu verstehen ist ohne das alte.

# Tiwanaku

## Die kulturellen Wurzeln

Das weite Hochtal ist zu beiden Seiten von Hügelketten eingefasst. Spärlich nur wächst *Ichu,* das steifbüschelige Gras der Puna, das den Lamas als Nahrung dient und den Menschen als Baumaterial für die Bedachungen ihrer Hütten. Am Horizont heben sich die verschneiten Gipfel der Cordillera Real vom stahlblauen Himmel ab, der hier zum Greifen nahe scheint. Schon die Landschaft mag im Besucher Gefühle der Verlorenheit im unendlichen Kosmos wecken.

Erst recht die bizarren Monolithen von Tiwanaku, jener siebzig Kilometer westlich des bolivianischen Regierungssitzes La Paz auf 3800 Metern Höhe unweit des Titicaca-Sees gelegenen Ruinenstadt aus vorinkaischer Zeit. Meterhohe Statuen erinnern mit ihren überdimensionierten Köpfen und gedrungenen, beinahe quaderförmigen Körpern tatsächlich an Raumfahrer und inspirierten zu der Frage: »Waren die Götter Astronauten?« Die Mauerreste und Fundamente sind mit erstaunlicher geometrischer Exaktheit ausgerichtet, die Steine über siebzehn Kilometer und mehr von den Steinbrüchen herangeschafft worden – einige von ihnen über hundert Tonnen schwer. Waren Menschen dazu fähig, die weder Motoren kannten noch das Rad? Und stellt nicht das berühmte Sonnentor mit dem gefiederten Zepter- und Schöpfergott Viracocha eine astronomische Glanzleistung dar, einen Jahreszeitenkalender, der sich nach der Sonne beziehungsweise nach dem Mond orientierte?

Der Chronist Pedro Cieza de León berichtet fasziniert von seinem Besuch in Tiwanaku im Jahr 1549. Als er die ortsansässigen Indios gefragt habe, ob die Inka diese Gebäude errichtet hätten, lachten sie nur und sagten: »Lange vorher.« Für Cieza de León stellte sich der Kontrast zwischen den einfachen Lehmziegelhütten der Indios und den Monumentalstrukturen der Ruinen von Tiwanaku so abgrundtief dar, dass sich jeder Gedanke an eine kulturelle Kontinuität verbot. Eine Kultur »verschluckt von den Schatten der Nacht«, hatten schon die Inka gesagt.

Der Jesuit Bernabé Cobo bestätigte in der ersten Hälfte des 17. Jahrhunderts Ciezas Vermutung: »Tatsächlich kann sich keiner der Indios an diese Dinge erinnern; sie sagen alle, dass es so alte Konstruktionen sind, dass ihre Erinnerungen nicht so weit zurück reichen.« Die Gebäude seien viele Jahre vor dem Beginn der Inka-Herrschaft entstanden. Und sie sagen vielfach, dass die Inka ihre Paläste und Tempel in Cuzco und an anderen Plätzen jenen nachempfunden hätten, berichtet der Jesuit.

## Das andine *ayllu*-System

Woher aber kommt dieser Bruch in der Erinnerung? Ist es wirklich nur die Vergessenheit der Jahrhunderte – oder ist er Teil des Kollapses selbst? Liegt in dieser vergessenen Hochkultur vielleicht sogar die Wurzel der unglaublich starken Präsenz von Elementen alter Andenkulturen im zeitgenössischen Bolivien? Wir sprechen hier immerhin von einem Horizont von rund 1500 Jahren. Findet sich in dieser Epoche ein Schlüssel zum Verständnis jener Kultur des Widerstands, die sich über ein halbes Jahrtausend hinweg gegen koloniale und globale Vereinnahmungen formiert hat?

Nach gängiger Lehrmeinung, die auf den großen bolivianischen Archäologen Carlos Ponce Sanguinés und seine Arbeiten in den späten 1950er- und 1960er-Jahren zurückgeht, war Tiwanaku ein zentralisiertes, durch aggressive Eroberungen geschaffenes Reich, das die Südanden dominierte. Dem steht heute eine alternative Sicht gegenüber, wonach Tiwanaku von bedeutender lokaler Macht und Autonomien geprägt war. Seit der zweiten Hälfte der 1980er-Jahre hatte das »Proyecto Wila Jawira« unter Alan Kolata und Oswaldo Rivera Tiwanaku mit einem multidisziplinären Ansatz erforscht. Es ging über die Ausgrabungen hinaus darum, ein Gesamtbild von Tiwanaku als historischem und kulturellem Phänomen zu gewinnen. Gestützt auf dieses Projekt erforscht der Archäologe John Janusek Tiwanaku seit mehr als zwei Jahrzehnten. Er kombiniert sein Fachgebiet mit ethnohistorischen und ethnografischen Ansätzen und vertritt eine Synthese.

Janusek sucht zunächst nach ethnografischen und ethnohistorischen Analogien, die nach seiner Auffassung einen wichtigen Schlüssel zum Verständnis von Gesellschaften darstellen. Er findet sie im *ayllu,* einer auch noch zeitgenössischen Form dörflicher Organisation, die schwierig zu definieren ist: Stamm, Clan, Linie, Verwandtschaft, Fraktion, territoriale Einheit, »jede Gruppe mit einem Anführer«, »Gruppe, die ihren Ursprung auf einen Vorfahren zurückführt«, sind Definitionsversuche, die in der Vergangenheit gemacht wurden. Janusek schlägt vor, *ayllu* als einen flexiblen Begriff für Dorfgemeinschaft zu sehen, und betont das identitätsstiftende Element einer fiktiven oder spirituellen Verwandtschaft: *ayllu* als flexible Bezeichnung für Gemeinschaften, die teilweise auf imaginierten, teilweise auf konkreten Verwandtschaftsbeziehungen beruhen und Zugang zu gemeinsamem Land, rituellen Praktiken, politischen Aktivitäten und die Berufung auf gemeinsame Vorfahren einschließen.

Nukleus des *ayllu* ist der Haushalt – oft im Sinne von mehrere Generationen umfassenden Großfamilien, die auch in mehreren Gebäuden leben können – mit dem asymmetrischen, sich ergänzenden Gegensatzpaar Mann und Frau (*chachawarmi* in Aymara). Dabei kann es durchaus geografische und personelle Überschneidungen geben, kann eine Familie zwei *ayllus* angehören. Würde man den einzelnen *ayllus* Farben geben, so erhielte man eher einen Fleckenteppich als eine einheitliche Landkarte, was seine historischen Wurzeln wohl in der Notwendigkeit hat, verschiedene ökologische Nischen zu nutzen, um die Produktion zu diversifizieren und das Risiko von Ernteausfällen zu vermindern, aber durchaus auch Resultat von Heiratspolitik sein kann. Diese Dispersion stellt gleichzeitig ein formidables Instrument gegen Zentralisierung und Machtzusammenballung dar. *Ayllu* ist ein dynamisches Konzept. Dass viele verschiedene Formen und Größen sozialer Gruppen als *ayllu* angesehen werden, heißt nicht – besonders nicht im Makro-*ayllu*, das mehrere Mikro-*ayllus* umfasst –, dass sie alle gleich wären: Oft gibt es Spezialisierungen auf ein Handwerk, die Landwirtschaft, die Fischerei, spezifische Kontexte sozialer Identität sowie besondere Rollen und Organisationsprinzipien. Ein Makro-*ayllu* beruft sich auf gemeinsame Vorfahren und eine Landschaft mit heiligen Plätzen. Gleich einer ethnischen Gruppe bildet es eine äußerlich erkennbare Einheit meist nur im Falle politischer Auseinandersetzungen oder wichtiger Rituale.

Noch heute – wie im Inkareich – bestimmt eine Dichotomie den Aufbau und die Hierarchie des *ayllu*: linke Hälfte - rechte Hälfte, Oberdorf - Unterdorf, männlich - weiblich, Alasaya - Mayasaya. Mitunter werden diese Teile auch als unterschiedliche Gliedmaßen des Makro-*ayllu* aufgefasst. Ein makro-*ayllu* besteht immer aus Alasaya (oder *arajja* – darüber) und Mayasaya (oder *manqha* – darunter), Anansaya und Urinsaya (wie es bei den Inka hieß). Es wird von einem *mallku* angeführt – was wörtlich so viel heißt wie Kondor. Auch der wichtigste Berg eines *ayllu* im Sinne des Sitzes der Ahnengeister wird *mallku* genannt. Die Führer des Mikro-*ayllu (jilaqatas)* werden gewählt; bei den *mallkus* gibt es eine Tendenz zur Erblichkeit des Amtes, doch sind beide Positionen zustimmungsbedürftig, ihre Inhaber letztlich absetzbar. Eine Führungsposition ist eine privilegierte Verpflichtung, dem *ayllu* zu dienen. Hauptaufgaben sind die faire Verteilung von Ressourcen und die Schlichtung von Streit. Von Führern wird die Einhaltung ungeschriebener, aber strikter Etikette von Gegenseitigkeit, ein Geben und Nehmen in Wort und Tat, erwartet. Als Gastgeber und Organisator lebhafter Zeremonien und Feste muss er regelmäßig seine Großzügigkeit zeigen. Feste muss er auch organisieren, um für öffentliche Gemeinschaftsarbeiten zu mobilisieren.

Von Chiapas bis zum ländlichen Bolivien werden Gemeinderäte nicht durch Wahlen bestimmt – wenngleich sie letztlich auch gewählt werden –, sondern sie qualifizieren sich durch die Erfüllung bestimmter periodischer Verpflichtungen im Zusammenhang mit Heiligenfesten, schreibt der Völkerkundler und Historiker Thomas A. Abercrombie. Die daraus resultierende Verbindung zwischen öffentlichen und religiösen Funktionen nennt er »Fest-Amt-Karrieren«. In der von ihm untersuchten Gegend (Santa Barbara de K'ulta im Departement Oruro) spricht er auch von politischem Synkretismus: Es finden dort zwar Wahlen statt und die lokalen Autoritäten werden von der Präfektur des Departements ernannt, in Wirklichkeit gehen sie jedoch aus einem komplexen System von Zeremonien und Opfern hervor, für deren Durchführung diese Personen verantwortlich waren und die für die Bevölkerung identitätsstiftend wirken. Diese Ämter sind weder erneuerbar noch wiederholbar. Sie sind eigentlich Rollen, die Individuen an einem bestimmten Punkt vier verschiedener »Fest-Amt-Karrieren« zufallen, die *jach'a p'ista t'akis* genannt werden – die großen Fiesta-Pfade. Kleine Fiesta-Pfade im Sinne eines Sponsoring ritueller Feste führen zum Erwachsensein und zur Anerkennung als vollwertiges Mitglied der Gemeinschaft.

Natürlich handelt es sich dabei nicht um statische Phänomene. Sie unterliegen dem sozialen Wandel und sind heute auf dem bolivianischen Altiplano in unterschiedlichen Ausprägungen anzutreffen. Mir geht es keineswegs um eine Überhöhung oder Idealisierung dieser Formen indianischen Zusammenlebens in den Anden. Ich erinnere mich sehr gut an Gespräche auf dem Lande, als es Mitte der 1990er-Jahre um die Einführung der Zweisprachigkeit im Bildungssystem ging, die von den Indígena-Familien zwar begrüßt wurde, aber gleichzeitig meinten sie, besser noch wäre es, wenn die Kinder statt Aymara oder Quetschua Englisch lernten und mit dem Computer umzugehen, damit sie später einen guten Job in La Paz bekämen. Viele Menschen wollen das harte bäuerliche Leben hinter sich lassen zugunsten einer »Modernität«, die sie mit Geldwirtschaft und mit der Stadt identifizieren. Das bestätigen auch ethnohistorische Forschungen wie die von Thomas A. Abercrombie oder Tristan Platt immer wieder. Wenn hier dennoch ein Schwerpunkt auf dieses andine Kulturerbe gelegt wird, dann deshalb, weil die Persistenz dieser Formen gesellschaftlichen Zusammenlebens über fünfhundert Jahre Kolonialismus und kolonial strukturierter Republik hinweg nicht nur bemerkenswert ist, sondern weil sie lange ignoriert oder schlicht übersehen wurde.

## Neue Formen – alte Bedeutungen

Die gesellschaftliche Landschaft in den Südanden zur Zeit ihrer »Entdeckung« durch die spanischen Kolonisatoren im frühen 16. Jahrhundert war alles andere als statisch und über die Jahrhunderte unverändert. Es handelte sich um dynamische Gemeinwesen, Sozialbeziehungen, Handlungsnetzwerke und Kosmovisionen mit mehreren Sprachen und historischen Sprachenfolgen, die sich trotzdem durch kulturelle Kontinuitäten gerade im Mikrokosmos auf

Dorfebene auszeichneten. Regionale Subzentren oder Kleinstädte, *markas*, dienten auch als Zentrum für soziale und zeremonielle Zusammenkünfte. Eine im Jahr 1570 von Vizekönig Francisco Toledo eingeführte Verwaltungsreform verfügte Massenumsiedlungen von Indígenas in sogenannte *reducciones*, also die neuen kolonialen Dörfer und Städte, eine ideale Maßnahme, um deren spirituellen Raum-Zeit-Bezug zu brechen. Doch oft wurden Kompromisse gefunden, neue Dörfer am Ort der alten gegründet oder diese einfach umbenannt. Doppelwohnsitze wurden toleriert, nicht zuletzt aus ökonomischen Gründen. Und in die Struktur Kirche-Plaza der neuen, kolonialen Dörfer wurde der alte Gegensatz zwischen männlich und weiblich, oben und unten, links und rechts hineininterpretiert. Trotz der Einführung kulturell westlicher Ideen und imperialer Transformation, zum Beispiel mehrfache Änderung der Verwaltungseinheiten, hielten sich alte andine Siedlungsformen und Muster sehr hartnäckig. Neue Formen nahmen alte Bedeutungen an und neue Muster wurden von alten Praktiken überlagert, sodass es ungeachtet von Jahrhunderten sozialen und kulturellen Wandels zu einer erstaunlichen Kontinuität kam.

In den Anden rufen Gewebe, Keramikdekorationen, orale Erzählungen, Lieder, Pilgerreisen, Landschaften, Friedhöfe, politische Rituale und komplizierte Trankopfer soziale Erinnerungen hervor, wie sie einer gewissen Gruppe eigen sind. Andine Symbolik erlaubt Gruppenerkennung sowie Rückversicherung der Gruppenidentität und erfüllt darüber hinaus rituell-religiöse Zwecke im Sinne kollektiver Erinnerung. *Ayllu* ist Gemeinschaft, Weltsicht, Landschaft und Ritual, ein metaphorischer Makro-Haushalt. Die Beziehungen zwischen den Menschen werden als naturgegeben (familiär) antizipiert – und diese Sicht wird durch einen Ahnenkult gleichsam historisch untermauert und in die Landschaft übertragen. Bestimmte Eigenarten der Landschaft, Quellen, Seen, Hügel, Berge und andere, werden von den Gruppen, die in ihrer Nähe leben, als heilig angesehen, als *huacas* (in Quetschua), denen machtvolle spirituelle und animistische Kräfte innewohnen. Als Orte des Kontaktes mit den Vorfahren und manchmal auch als Orte des Ursprungs. Jedes *ayllu* – ob mikro oder makro – kennt solche Orte.

Überall in den südlichen Zentralanden waren die *ayllus* geografisch von der Ost-West-Achse des Sonnenverlaufs geteilt, eine kosmische Division, die auf dem Hauptplatz *(plaza)* der Städte oder *markas* im Mikrokosmos nachvollzogen wurde. Alle Wohnhäuser hatten im Idealfall auf ihrer rechten Seite (jener Seite des häuslichen Raumes, die mit männlichen Aktivitäten assoziiert wurde) einen Altar oder *misa*. Ein Ort der Gebete, Trank- und anderer Opfergaben durch die Kernfamilie. Jeder Innenhof hatte andererseits eine Freiluft-*misa* für Opfergaben der ganzen lokalen Abstammungsgruppe. Weiler von miteinander verwandten oder eng zusammenarbeitenden Haushalten hatten andere, mächtigere Plätze, darunter lokale Hügel *(uywiris)* oder andere spirituelle Beschützer, die die Geister entfernter Vorfahren dieser größeren Gruppen beherbergten.

Von herausragender Bedeutung waren und sind die schneebedeckten Berge der Andenkordilleren, über die sich der Kontakt mit den Himmelsgestirnen (wie *inti* die Sonne und *paxi* der Mond) herstellt und die als verantwortlich angesehen werden für das Wetter, das Wasser, das Wohlergehen der Felder, der Herden und der ganzen Gemeinschaft. Der Völkerkundler Johan Reinhard, der im Jahr 1995 knapp unterhalb des Gipfels des 6380 Meter hohen Nevado Ampato in Peru eine Inka-Prinzessin entdeckte, die dort vor fünfhundert Jahren den Berggöttern geopfert worden war, berichtet von einem Bauern, der ihm sagte: »Für uns sind diese Berge lebendig!« Der menschliche Einfluss auf diese Kräfte nimmt freilich mit deren Entfernung oder Größe ab. Die Himmelsgestirne, die das Leben bestimmen und die mit den Schöpfergottheiten Tunupa oder Viracocha in Verbindung gebracht werden, kann man nicht beeinflussen. Man kann sich nach ihnen richten. Die soziale Identität stiftenden Ahnengeister, wie sie in Hausaltären und lokalen Bergen repräsentiert werden und die das tägliche Leben und die sozialen Aktivitäten bestimmen, sind dagegen für Einflüsse eher offen: Opfergaben von Kokablättern, Kräuterverbrennungen, Trankopfer, Opferungen von Lamas – manchmal in tagelanger Abfolge. Auch dabei geht es um Reziprozität: ein Geben und Nehmen.

Beim Trinken auf dem Altiplano ging und geht es um die Erinnerung an vergangene Geschehnisse und Vorfahren und gleichzeitig darum, gegenwärtige soziale Beziehungen zu klären und zu redefinieren. »Sacred drinking«, geheiligtes Trinken, nennt Abercrombie das und berichtet von Trankopferzeremonien, die bis zu sechzig verschiedene Trinksprüche im Sinne von Widmungen umfassen. Diese Feste sind immer verschieden, da unter den sie ausrichtenden Führern eine Konkurrenz herrscht und sie bestrebt sind, den Vorgänger möglichst zu übertrumpfen. Eine Sitte, die sich bis tief hinein in die Mestizo-Schichten der modernen bolivianischen Städte verlängert hat, wo man mit dem Sponsoring oppulenter Feste Ansehen gewinnt und Macht demonstriert.

Opferzeremonien stellen damals wie heute Erinnerungspfade und soziale Landkarten her, die historische und soziale Rückversicherung innerhalb der Gruppe ermöglichen. Durch periodische Pilgerreisen zu gefeierten heiligen Plätzen werden die Erinnerungspfade der *ch'allas, misas* und *willanchas* unmittelbar mit Leben erfüllt und erfahrbar. Von jedem Haus führen solche Pfade zur Dorfkapelle oder -kirche, und von dort führen Pfade, die wie die berühmten Nasca-Linien in Peru von Steinen und Vegetation gesäubert sind, hinaus zu den *uywiris.* Zahllose Heiligtümer auf lokalen Hügeln oder Bergrücken reichen von einfachen »Steinmännern« – die oft gleichzeitig Grenzen markieren – zu regelrechten Kapellen mit inneren Altären: von Menschenhand in situ geschaffene Plätze für Zeremonien für den *uywiri* oder *mallku*, den sie verkörpern – und dergestalt auch für die sozialen Gruppen und ihre Ahnengeister. Noch heute sieht man diese Strukturen an prominenter Stelle in der Landschaft. Oft ragen Sträuße von Zweigen oder Textilbündel aus den Steinhaufen, darum herum ist häufig das Gras verbrannt, liegen Zigarettenkippen und die Verschlüsse von Bierflaschen – Spuren vorangegangener (Trink-)Rituale. Tritt man in eine Kapelle, die normalerweise entweder auf einem markanten Hügel außerhalb des Dorfes steht oder an einem Passübergang an der Hauptstraße, wird man sofort von einem auffallenden Geruch nach Kokablättern und Weihrauch empfangen. Die meiste Zeit über stehen diese Steinhaufen und Kapellen verlassen in der Landschaft, doch in regelmäßigen Abständen – besonders während der alljährlichen Feste – werden sie von Prozessionen oder kleineren Gruppen von Leuten besucht, die kommen, um den jeweiligen Heiligen oder Geistern eine *ch'alla* anzubieten. Diese *ch'allas* sind eine Art gemeinsames Gebet (wobei geopfert und getrunken wird) für Fruchtbarkeit und Wohlstand, inbrünstige Fürbitte für Leben, Gesundheit und Glück des *ayllu* sowie seiner Weiler und Haushalte. Diese Weltanschauung oder Frömmigkeit ist Bestandteil des Alltagslebens und dynamisch. So können sich zum Beispiel die dabei besuchten Plätze je nach Situation auch verändern.

Eine persönliche Anekdote mag zeigen, wie verwurzelt und verbreitet Glaubensvorstellungen und Bräuche dieser Art sind – beziehungsweise der Respekt vor ihnen. Während der Arbeiten zum Forschungsprojekt für nachhaltige Entwicklung »Latautonomy« fuhr ich mit meinem bolivianischen Forschungskollegen Oscar Coca (damals Vorsitzender des dortigen Gemeinde-Zweckverbandes, später Energieminister, heute Ministro de la Presidencia der Regierung Morales) in die subtropische Kokaanbauzone des Chapare. Die Bevölkerung dort besteht ganz überwiegend aus Migranten, die ursprünglich vom Altiplano oder aus den Hochtälern um die Stadt Cochabamba stammen. Zwei Wochen vorher überschlug sich Oscars Auto, aber er blieb wie durch ein Wunder unverletzt. Auf Drängen seiner Mitarbeiter ließ er es sich nicht nehmen, am Ort des Geschehnisses eine *koa* abzuhalten, eine Opferzeremonie, bei der ein Lamafötus, Kokablätter, Konfetti und ähnliches verbrannt sowie Bier getrunken und versprüht wird, um symbolisch die Seele wieder einzufangen. Mit dabei war Silvia Lazarte, Vorsitzende des Gemeinderats von Villa Tunari, der größten Chapare-Gemeinde, und später Vorsitzende der Verfassunggebenden Versammlung. Auch der damalige Bürgermeister von Villa Tunari, Felipe Cáceres (heute Vizeminister für Defensa Social und oberster Drogenbekämpfer der Regierung Morales), ließ es sich nicht nehmen, zu der nächtlichen Zeremonie am Straßenrand dazuzustoßen.

## Entstehung eines Machtzentrums

Über mindestens 600 Jahre (jedenfalls aber von 600 bis 1150) war Tiwanaku die beherrschende Zivilisation in den Südanden gewesen. Nach der Auflösung des Reiches gingen die Gesellschaften des südlichen Titicaca-Beckens nacheinander in zwei Imperien auf: dem der Inka und dem spanischen Kolonialreich, die beide bedeutenden sozialen und politischen Wandel brachten, zum Teil auch eine geografische und siedlungspolitische Neuordnung. Doch schenkt man ethnohistorischen Quellen Glauben, so war die Zentralisierung doch alles in allem relativ schwach geblieben. Koloniale Umsiedelungen in sogenannte *reducciones* waren nicht zuletzt aus wirtschaftlichen Gründen nur begrenzt effektiv. Man konnte die Menschen nicht so einfach von ihren Produktionsstätten entfernen, nur um kulturelle Gemeinschaften zu zerschlagen, deren Wesen man ohnehin kaum verstand. So kam es im Sinne eines Synkretismus zu

Umwertungen wie etwa der bereits erwähnten, dass sich nun in der dörflichen Aufteilung Kirche-Plaza die Dichotomie Alasaya-Mayasaya fortsetzt. Wo größere soziale Zusammenhänge in kolonialer und postkolonialer Zeit geschwächt wurden oder erodierten, übernahmen die Haushalte viele der identitätsstiftenden Funktionen, religiöse Aufgaben, Rituale, wirtschaftliche Funktionen (Handwerk, Landwirtschaft). Schon in Tiwanaku-Zeiten gingen Funktionen des Haushalts über »Haushaltstätigkeiten« im engeren Sinne hinaus.

Nach Alan Kolata war Tiwanaku ein hochzentralisierter, autochthoner Staat mit dicht besiedelten Städten, der vor allem von der Landwirtschaft und landwirtschaftlich erzeugtem Mehrwert lebte, der sich wiederum auf ein zentral organisiertes Wasserbausystem stützte. Die benachbarte Koani Pampa war demnach Heimat einer konstruierten Landschaft von mehr als zweihundert Quadratkilometern erhöhter und bewässerter Felder, die staatlich geschaffen und bewirtschaftet waren. Dazu gehörte die Kanalisierung des Katari-Flusses ebenso wie eine aktive Siedlungspolitik, mit der ein hierarchisches Netzwerk von Siedlungen geschaffen wurde. Künstlich erhöhte Felder kennen wir als Hügelbeete aus dem ökologischen Gartenbau. Sie können Nährstoffe und Feuchtigkeit besser speichern als herkömmliche Felder. In Tiwanaku waren sie zusätzlich von Wassergräben umgeben, die auch als Wärmespeicher und Frostschutz dienten. Die Biomasse, die sich in diesen Gräben entwickelte, diente als organischer Dünger. Solche Felder werfen weit höhere Erträge ab als herkömmliche Äcker.

Tiwanakus Stadtbild selbst entsprach dem konzentrischen Kreis von Wohngegenden mit abnehmendem sozialem Status. Ein künstlicher Graben trennte das heilige Zentrum von den einfachen Wohngegenden und konzentrierte die rituelle Macht auf einer künstlichen Halbinsel. Andere Städte wie Lukurmata und Khonkho Wakane folgten diesem Muster. Nach Kolata sollte dieses Stadtbild als Spiegel oder Erweiterung der natürlichen Struktur des Kosmos wahrgenommen werden und war Ergebnis planmäßigen Städtebaus einer hoch zentralisierten und kontrollierten Gesellschaft. Die Kernstadt mit Palast und Tempelbezirk war von einem System künstlicher Wassergräben umgeben, vielleicht den Inseln des Titicaca-Sees symbolisch nachempfunden. Die Inka sahen später in der Sonneninsel den Ort der Schöpfung und den Mittelpunkt der Welt. In Tiwanaku hatte man einen solchen Ort künstlich geschaffen. Die Gebäude sind an einer Achse ausgerichtet, die exakt vom Eisgipfel des Illimani im Osten zum Titicaca-See im Westen weist.

Die archäologischen Funde zeugen von einem erstaunlich hohen kulturellen Niveau. Die Häuser und Paläste der Eliten hatten Wasserleitungen und Abwasserkanäle. Beim Bau wurden die Steinplatten nicht nur wie bei den Inka in Cuzco exakt aneinander, sondern teilweise mit Aussparungen ineinander gepasst. Zusätzlich verwendete man Metallklammern, um die Steine zusammenzuhalten. Diese Klammern waren entweder gleichzeitig Zierde, oder sie wurden mit kleinen Steinplatten abgedeckt. »Die Jungs verstanden verdammt gut, mit Wasser und Stein umzugehen«, staunt Alan Kolata. An der Akapana und Puma Puncu, zwei der monumentalsten Gebäudestrukturen, wurden regelrechte Wasserspiele gefunden. Die Eliten hier umgaben sich mit großer Pracht. Die Fassaden wichtiger Gebäude waren farbig und hatten Einlagen aus Edelmetallen, die in der Höhensonne prachtvoll gestrahlt haben müssen. Zu rituellen Anlässen trugen Krieger und Fürsten Masken aus Pumafellen oder Kondorgefieder. In den Händen trugen sie dabei Trophäenköpfe ihrer Gegner, aus edlem Gestein kunstvoll modelliert. Die spektakulären Chachapuma-Figuren, die hier gefunden wurden, interpretiert Kolata daher nicht als eigentliche Pumafiguren, sondern als Darstellung solcher Zeremonien.

Die Archäologen fanden keine Märkte. Austausch erfolgte über Lamakarawanen, Tauschhandel oder Kolonialstrukturen. Neuere

Forschungen über Viehhaltung und Lamakarawanen gehen andererseits von der gleichzeitigen Existenz relativ autonomer Gemeinschaften und halbautonomer Handelszentren aus. Staatlich organisierte Lamakarawanen hätten den Kontakt zu Kolonien hergestellt, die beispielsweise Mais produzierten, der auf dem Altiplano kaum gedeihen kann. Der Zusammenhalt habe sich demnach eher über wirtschaftliche und theologische Bande hergestellt als über politische Beherrschung, jedenfalls in der von den Archäologen als Tiwanaku IV bezeichneten Blütephase zwischen 500 und 800. Eine Kontrolle des Hinterlandes habe kooperativer lokaler Führer bedurft. Die erhöhten Felder sind demnach ursprünglich von seenahen Bevölkerungsgruppen entwickelt und gepflegt worden, zunächst unabhängig von Aufstieg und Fall andiner Großreiche. Tiwanaku selbst sei ein religiöses und handwerklich-industrielles Zentrum gewesen. Im Zentrum von Tiwanaku zeichnet sich im Rahmen noch laufender Forschung ab, dass auch dort verschiedene Gruppen phasenweise einen bestimmten Grad von Autonomie behielten. Waren es Siedlungen bestimmter Volksgruppen in der Hauptstadt? Es könnte sein!

Über mindestens 700 Jahre entwickelte sich Tiwanaku bis zu seiner Blüte. Die Archäologen unterscheiden bei dieser sogenannten späteren Formativen Periode »Late Formative 1« (200 v. u. Z.–300) und »Late Formative 2« (300–500).

Tiwanaku war gegen Beginn unserer Zeitrechnung bereits eine bedeutende Siedlung, wenngleich noch etwas dispers. Die Besiedelung von Tiwanaku-Stadt, siebzig Kilometer vom heutigen La Paz entfernt auf 3800 Metern Höhe gelegen, befand sich damals etwas abseits, aber auch unterhalb der späteren Hauptmonumente Akapana und Kalasasaya. Zwischen 300 und 500 kam es zu einer ersten dramatischen Ausweitung der Wohngegenden und zum Bau der ersten Monumentalstrukturen, zunächst des Halbunterirdischen

Tempels (21,5 × 28,5 Meter) und später der Kalasasaya-Plattform (117,5 × 132,7 Meter). Tiwanaku – und seine Schwesterstadt Lukurmata – waren jeweils von Ansammlungen kleinerer Ortschaften umgeben. Gleichzeitig entstanden bereits im LF 1 in der Region weitere zeremonielle Zentren: Kala Uyuni (ca. 20 Hektar), Khonkho Wakane, Cachachi Pampa, Kanamarka. Zur selben Zeit entstand im nördlichen Titicaca-Becken, im heutigen Peru Pukara, zwischen 200 v. u. Z. und 200 die beherrschende Kultur dort, mit umfangreichen Handelsnetzwerken in niedriger gelegenen Tälern (oder agroökologischen Nischen) im Westen wie im Osten. Keramikgefäße und Trompeten aus dieser Zeit, die in Tiwanaku und Lukurmata gefunden wurden, sind streng im Pukara-Stil gestaltet.

Um das Jahr 200 kommt es zum Niedergang von Pukara. Kala Uyuni wird ganz aufgegeben. Tiwanaku wächst bis zum Jahr 500 zum Siedlungs- und rituellen Zentrum von überregionaler Bedeutung mit einem Quadratkilometer Größe an. Funde von zeremonieller und besonders kostbarer Keramik aus dieser Zeit in bestimmten Siedlungen innerhalb von Tiwanaku und Lukurmata deuten darauf hin, dass es in dieser Periode zur Herausbildung sozialer Schichten sowie zu einer Arbeitsteilung kam. Andererseits zeigte keines der Wohngebiete in Tiwanaku-Stadt oder Lukurmata Anzeichen einer direkten Verbindung ihrer Bewohner mit landwirtschaftlicher Tätigkeit – ganz im Gegensatz zu den umliegenden kleineren Siedlungen. Lukurmata und besonders Tiwanaku wurden zu bedeutenden nicht-produktiven Zentren in ihren jeweiligen Tälern, deren Einwohner spezifische Rollen und einen hohen Status hatten. Um das Jahr 500 verschwinden dekorierte Gefäße fast ganz aus normalen Haushaltskontexten, ein Zeichen für weitere Statusdifferenzierung.

In dieser Zeit entstand mit dem Halbunterirdischen Tempel der erste Monumentalbau: Die Köpfe in den Mauern sollen mythische oder herausragende Vorfahren darstellen. Hinweise für Endokannibalismus wurden aus dieser Zeit gefunden und eine große Zahl von Räuchergefäßen *(qeya sahumadors)* und Inhalationsinstrumenten, was auf den Konsum bewusstseinsverändernder Substanzen hindeutet.

Tiwanakus Weltanschauung verschmolz am Beginn seiner Blütephase zu einem synkretistischen kulturellen Phänomen, das zusammen mit seiner Betonung der Integration und der kommunalen Vertrautheit auch soziale und politische Verhältnisse hervorbrachte, die nicht nur akzeptabel, sondern in hohem Maße attraktiv waren. Monumente wie der Halbunterirdische Tempel oder die Kalasasaya entstanden in kollektiver Arbeit. Sie mussten nicht nur Sinn haben, um zu bedeutsamen rituellen Plätzen zu werden, sondern sie verkörperten und verstärkten die gemeinsamen Werte der Gemeinschaft, resümiert Janusek.

Um das Jahr 500 war Tiwanaku eine ausgedehnte Siedlung um eine künstliche Plattform (Kalasasaya) und den Halbunterirdischen Tempel herum. Mit dem Niedergang von Pukara wurde Tiwanaku zum wichtigsten religiösen und politischen Zentrum im Titicaca-Becken. Während der folgenden 300 Jahre (Tiwanku IV) wuchs die Stadt um das Sechsfache an, bis sie um das Jahr 800 herum (Tiwanaku V) sechs Quadratkilometer umfasste. Die Bevölkerung von Tiwanaku-Stadt war indessen mit 10 000 bis 20 000 Einwohnern wohl geringer, als man ursprünglich angenommen hatte (47 000). Tiwanaku war nun ein kosmopolitisches Zentrum, das verschiedene Gruppen einschloss, die seine Weltsicht teilten, von denen aber viele ihre eigenen sozialen Netzwerke, kulturellen Neigungen und sozialen Identitäten pflegten. Im mittleren und oberen Tal von Tiwanaku gab es während Tiwanaku IV rund hundert Orte – ebenfalls eine dramatische Zunahme. Erhöhte Felder entstanden hier, die von denen der benachbarten Koani Pampa ganz verschieden waren. Auch dies deutet auf eine gewisse Autonomie hin. Anders als im Falle anderer Zentralorte, wie Uruk in Mesopotamien und Teotihuacan in Mexiko kam es hier nicht zu einem Vakuum auf dem Lande oder einer Bevölkerungsimplosion. Keramikfunde deuten vielmehr auf eine Verbreitung ritueller Praktiken hin. Ein rechtwinkliger Graben von 900 Metern Länge umgibt die Stadt, der zumindest teilweise künstlich geschaffen wurde. Der Halbunterirdische Tempel und die Kalasasaya-Plattform stehen so im Zentrum einer künstlichen Halbinsel. Spätere Monumente, insbesondere Puma Punku, brechen mit dieser Symmetrie. Schon Kolata hatte hinter dem Städtebau einen Masterplan gesehen. Ziel war die Trennung des religiösen vom populären Sektor. Janusek vermutet, dass der Graben während LF 2 (300–500) entstand und der Aushub zum Bau der Kalasasaya-Plattform verwendet wurde.

Auch die riesige Akapana-Pyramide entstand – als künstlich geschaffener heiliger Berg und Sitz der Ahnengeister *achachilas,* wie Kolata meint – im frühen Tiwanaku IV, wohinein auch der Baubeginn von Puma Punku fällt, der aber wohl später fertiggestellt wurde und dessen Südseite überhaupt unvollendet blieb. Die Steinplatten der Portale von Puma Punku gehören zu den größten, die je bei Neuweltmonumenten verbaut wurden. Es gibt einige von mehr als 100 Tonnen Gewicht. Mit dem Mollo Kuntu entstand in der Phase von Tiwanaku IV ein weiterer künstlicher Berg in Tiwanaku. Versunkene Innenhöfe im Stil des Halbunterirdischen Tempels bilden im Zentrum dieser Monumentalstrukturen jeweils eine Art abgeschlossenes Allerheiligstes gegenüber dem großen, öffentlichen Raum davor. Breite und massive Treppen und Portale führten dorthin, deren starke Abnutzung auf langjährige massive Benutzung hindeutet.

Alle diese Monumente sowie die Wohnhäuser folgen seit LF 2 einer Abweichung von 6 bis 8 Grad von der Nordrichtung. Nur Abwasserkanäle verliefen in anderer Richtung. Die meisten Eingänge oder Treppen wiesen nach Osten oder Westen.

Janusek geht davon aus, dass diese Bauwerke in mehreren Phasen entstanden und das Werk von Kollektivarbeiten waren, die ihrerseits jeweils mit religiösen Zeremonien verbunden waren: »Machtvolle Riten der Erneuerung während dieser Ereignisse umfassten massive Opferungen von Menschen, Kameloiden (Lamas, Alpakas, R. L.), Speisen und Getränken sowie zeremoniellen Gefäßen, wie sie etwa auf der Fundamentterrasse der Akapana gefunden wurden. Jeder Komplex war Zentrum eines bestimmten religiösen Kults, eines Segments der entstehenden Leit-Kosmologie von Tiwanaku, aber jeweils auch das Zentrum einer bestimmten rituellen Gruppe oder Fraktion«, meint Janusek. Unterschiedliche Kulte erwuchsen nebeneinander und bildeten in einem gewissen Maße konstituierende Segmente einer entstehenden dominierenden Ideologie. »Tiwanaku wurde von vielen koexistierenden Ideologien und unterschiedlichen religiösen Gruppen gebildet«, schreibt Janusek.

Die Entstehung eines Töpferviertels, *Ch'iji Jawira* (Tiwanaku IV und V) und andere Indizien deuten auf eine zunehmend markante Arbeitsteilung hin. Die dort gefundene Keramik weist eine enge Verwandtschaft mit der Cochabamba-Keramik auf. Allgemein legen Bauweise und Keramikfunde weiterhin eine konzentrische Statusdifferenzierung nahe. Wohngegenden mit hohem Status konzentrierten sich um die Monumentalkomplexe im Stadtzentrum herum. Der Graben begrenzte diese Viertel gegenüber einer sich ausbreitenden städtischen Peripherie.

Im Gegensatz zum Inkareich wurden hier jedoch keine großen Vorratslager gefunden, nur kleinere in verschiedenen Wohngegenden. Das einzige Lager in Tiwanaku-Stadt selbst wurde in einer Wohngegend gefunden. Die Verbreitung des damals auf dem Altiplano hochwertvollen Produkts Mais in peripheren Wohngegenden könnte auf eine Verbindung oder Zuordnung dieser Viertel zu den warmen Tälern hindeuten, wo Mais produziert wurde (Cochabamba, Moquegua).

Auch verschiedene Formen von Schädeldeformationen, wie sie im Tiwanaku-Reich vorkamen, waren in Tiwanaku-Stadt präsent. Die Archäologen vermuten, dass auch solche Deformationen jeweils für bestimmte Regionen typisch waren. Handelte es sich um Menschen aus diesen »Kolonien« und lebten sie womöglich in eigenen Vierteln im Sinne eines zeitgenössischen Chinatown oder Little Italy?

Die Wohnhäuser jener Zeit (Tiwanaku IV) wiesen bereits eine schlagende Ähnlichkeit zu den zeitgenössischen Hütten der Aymara heute auf. Das Begraben von Föten von Kameloiden unter Fußböden und Wänden von Wohnhäusern war eine gängige rituelle Praxis. Noch heute geben die Aymara einen Lamafötus oder eine menschliche Plazenta als Fruchtbarkeits- und Glücksbringer ins Fundament eines neuen Hauses. Unter einem dieser Wohnkomplexe fand man ein Kleinkind beerdigt. Freilich wurden Tote nicht grundsätzlich so bestattet, sondern es handelte sich offenbar um ausgewählte Tote. Begräbnisse waren damals – wie heute – offenbar eng mit dem Alltagsleben verbunden. Es bleibt unklar, welche Vorstellung die Menschen von der Beziehung Verstorbener zu ihren Familien und sozialen Gruppen hatten, aber sie scheinen eine bedeutsame Rolle für die Bildung und periodische Wiederbelebung von Gruppenerinnerung und -identität gespielt zu haben.

Beginnend etwa mit dem Jahr 500 taucht abrupt ein neues Repertoire von Keramik auf, und zwar vielerorts. Gewisse religiöse Feste waren nun nicht mehr zentralisiert, sondern allgemeine Praxis im ganzen Reich. Die neue urbane Landschaft bestand jetzt aus großen Wohnsektoren, die von Mauern umgeben waren – das hervorspringendste Merkmal für soziale Abgrenzung unter einer ganzen Reihe von Indizien für zunehmende soziale Schichtenbildung. Solche abgegrenzten Gruppen unterhielten unterschiedliche sozioökonomische Netzwerke, Wirtschaftspraktiken, kollektive Erinnerungen und Identitäten. Möglicherweise stellten diese Gruppen, die jeweils aus mehreren Haushalten bestanden, »Verwandtschaften« dar, die rituell auf einen oder mehrere Vorfahren ausgerichtet waren, die unter dem Wohnbereich begraben lagen; Verwandtschaftsgruppen oder Sippen, den auf dem Altiplano noch heute so verbreiteten *Mikro-ayllus* sehr ähnlich (wenn auch nicht damit identisch), vermutet Janusek. Handelte es sich um die Stadt einer Kernelite mit wohnhaften Repräsentanten aus allen Regionen eines lose verbundenen Reiches? Tiwanaku war sozial und ideologisch klar kosmopolitisch, aber es war auch gekennzeichnet von einem dominierenden Set an Praktiken, Technologien und Stilen.

Gleichzeitig entstand im benachbarten Katari-Tal mit Lukurmata eine kleinere Version von Tiwanaku mit unterschiedlicher Geschichte und regionaler Identität, Zentrum einer semiautonomen Region mit beträchtlicher lokaler Macht. Im Katari-Tal gab es nun 51 Siedlungen mit Tiwanaku-Bevölkerung; mehr als 100 Prozent Zuwachs im Vergleich zu LF 1. Auch in Lukurmata gab es einen Graben natürlichen Ursprungs, der von Menschen erweitert wurde. Der beherrschende Berg – und wichtigste *achachila* im Sinne des Sitzes von Ahnengeistern – ist hier nicht der Illimani, sondern der 6368 Meter hohe Illampu. Die Architektur von Lukurmata ist ebenso exakt auf ihn ausgerichtet wie jene von Tiwanaku auf den Illimani (6438 Meter). Hier wurde mehr Tiwanaku-Stil-Keramik gefunden als in Tiwanaku selbst. Man ist versucht zu sagen, dass Lukurmata mehr »Tiwanaku« war als Tiwanaku selbst, schreibt Janusek.

Eine weitere Parallele liegt in der Bestattung der Toten in oder in der Nähe von Wohngegenden. Hier waren die Begräbnisstätten sogar zum Teil sichtbar und zugänglich. Der Wunsch, manche Verstorbene in unmittelbarer Nähe der Lebenden zu behalten, weist auf eine Art von Kult mit lokalen Vorfahren hin, der sich in Zeremonien an den Grabstätten verstorbener Verwandter und Vorfahren ausdrückte. Die Möglichkeit eines unmittelbaren Zugangs zu den sterblichen Überresten mag darin begründet gewesen sein, dass diese Bestandteil periodischer wichtiger Zeremonien waren, wie später die mumifizierten früheren Inka-Herrscher und wie in einer verbreiteten Praxis in einigen andinen Regionen des 15. Jahrhunderts, vermutet Janusek.

## Das Fest der Toten

Wenn bei uns mit Allerheiligen die langen Abende vorweihnachtlicher Besinnlichkeit beginnen, herrscht auf der Südhalbkugel Hochfrühling. Die christlichen Feste, die von den Spaniern in Lateinamerika eingeführt wurden, tragen die gleichen Namen, doch ihre Inhalte und Rituale sind eng mit indianischen Traditionen verbunden.

Am Mittag des Tages vor Allerheiligen kehren die Seelen der Toten zurück. Tagelange Vorbereitungen unterbrechen den Alltag. Auf den Friedhöfen bieten Handwerker ihre Dienste an, um Grabstätten auszubessern und zu schmücken. In den Anden werden Blumenaltäre aus weißen Lilien, Gladiolen und Hortensien von den Angehörigen in den Häusern unlängst Verstorbener errichtet. In Mexiko ist es die gelbe Cempasúchil-Blume, die Blume der 400 Leben, die schon im Aztekenreich in Ritualen verwendet wurde, die mit dem Tod zu tun hatten. Kerzen und Räucherstäbchen sollen den Toten den Weg weisen.

Der Überlieferung nach kehren die Seelen aus dem Totenreich zurück, um mit ihren Angehörigen zusammen zu sein und den Duft der Speisen und Opfergaben einzuatmen. Oder sie unterbrechen ihre Reise dorthin, um sich zu stärken. Die Lieblingsspeisen und Getränke der Verstorbenen werden serviert. Auf dem Lande wird eine Ziege oder ein Schwein für das Festessen geschlachtet. »Frische« Tote, die vor weniger als drei Jahren gestorben sind, werden üppiger versorgt als »ältere« Tote, die bereits die Gnade Gottes genießen. Handelt es sich um verstorbene Kinder, so werden nur Speisen ohne Knoblauch und keine alkoholischen Getränke serviert. Im bolivianischen Andenhochland gehören gemäß der Tradition der Quetschua- und Aymara-Indianer Kokablätter und Zigaretten mit zur obligatorischen Wegzehrung. Zuckerrohr dient den Wanderern zwischen den Welten als Spazierstock. Treppen und Pferde aus Brot sollen beim Aufstieg ins Totenreich behilflich sein, ein Brotlaib in Form des Mondes den Weg weisen, dessen Ziel durch ein Kreuz aus Brot symbolisiert wird. Dies alles wäre freilich nutzlos ohne die *t'anta wawas,* Puppen aus Brot, die die Toten repräsentieren. Während die Seelen der Verstorbenen die Speisen und Getränke genießen, werden sie von Gebeten und Segenssprüchen ihrer Angehörigen begleitet; zuweilen wird auch ein Priester hinzugezogen, der eine Messe liest.

Am Mittag des 2. November, dem eigentlichen Totenfest, verabschieden sich die Toten aus dem Reich der Lebenden. Familienangehörige und Freunde gehen auf den Friedhof, um die Gaben dort zu verzehren. Was übrig ist, bleibt dort. Nichts von dem, was für die Toten bereitet wurde, darf wieder mit nach Hause genommen werden. So endet das Totenfest in einer ausgelassenen Fiesta mit Tanz und Trinkgelagen, denn man freut sich schließlich darüber, dass der Verstorbene dem Himmel wieder ein Stück näher ist.

In den Städten finden diese Fiestas heute auf den Straßen in der Umgebung der Friedhöfe statt. In La Paz versucht am 2. November stets ein Großaufgebot der Polizei, den Besucheransturm auf dem Zentralfriedhof zu regeln und »unwürdige Exzesse«, insbesondere Alkoholkonsum zu unterbinden. Auf dem Lande, wo die indianischen Traditionen noch lebendiger sind, finden die Fiestas mit Musikkapellen und großen Mengen *chicha* (Maisbier) nach wie vor direkt auf den Gräbern statt.

## Tiwanaku und Lukurmata

Auch in Lukurmata gab es handwerklich spezialisierte Stadtviertel, zum Beispiel das von den Archäologen so genannte Misiton 1, wo Musikinstrumente hergestellt wurden, vor allem Panflöten. Wie später im 16. Jahrhundert für Gegenden im ganzen Andenraum dokumentiert, so war auch hier bereits die Verwendung menschlicher

Knochen und Häute bei der Herstellung zeremonieller Flöten und Trommeln verbreitet. Es ist unklar, welche Vorstellung damit verbunden war.

Die gefundenen Schädelverformungen unterscheiden sich von denen in Tiwanaku, und die Statusdifferenzierung war nicht annähernd so deutlich oder charakteristisch wie in Tiwanaku. Janusek sieht einen zunehmenden Hegemonisierungsprozess, in dessen Verlauf Lukurmata immer deutlicher auf den zweiten Rang verwiesen wurde. Der lokale Wunsch, die Ideale, Objekte und Praktiken der prestigereichen neuen Ordnung zu akzeptieren, nachzuahmen und sich anzueignen, war fundamental für den Prozess der regionalen Integration. Einer Ordnung, die, wenngleich elegant in ihren Visionen und Verheißungen, doch auch hegemonial in ihrer Reichweite und ihren Zielen war. Doch Lukurmata und die Region des Katari-Tals, obwohl nunmehr in einen zentralisierten Staat eingebettet und in gewissem Maße dessen entstehendem politischem, ökonomischem und kulturellem System untergeordnet, blieben doch – zumindest in der Epoche von Tiwanaku IV – innerhalb der Hegemonie von Tiwanaku eine halbautonome politische Einheit.

Tiwanaku V, die Zeit nach 800, wurde lange als Phase der militärischen Expansion von Tiwanaku angesehen. Heute weiß man jedoch, dass Tiwanaku die Wari-Kultur, die zwischen 600 und 1100 koexistierte, zu der viele stilistische Parallelen bestehen und die ihr Zentrum nahe der heutigen peruanischen Stadt Ayacucho hatte, niemals erobert hat. Unter direkter Kontrolle von Tiwanaku lagen vielmehr nur das südliche Titicaca-Becken, das Cochabamba-Tal und das Moquegua-Tal südlich von Arequipa im heutigen Peru.

In Tiwanaku selbst kam es zu einer noch markanteren Elitenbildung beziehungsweise der Herausbildung weniger egalitärer Strukturen. Wir sehen das Entstehen einer Art königlichen Dynastie und priesterlichen Elitekaste. In der Umgebung kommt es zu einer weiteren Verdreifachung der Anzahl der Dörfer. Doch viele der lokalen Gemeinschaften blieben auch jetzt noch halbautonom. Der Puma-Punku-Komplex scheint als rituelles Zentrum immer wichtiger geworden zu sein – hochtechnisiert im Bau, doch paradoxerweise unvollendet geblieben. Bei einer prominenten Toten aus dieser Epoche wurde eine Halskette mit Jaguarzähnen gefunden: ein Hinweis auf weit ins tropische Tiefland reichende Kontakte.

Eine Kontinuität von Stil und urbaner Ordnung unterstreicht den konservativen Charakter der Ideologie und Kultur von Tiwanaku – ein über viele Generationen hinweg gleichbleibendes Weltbild. Doch es gibt auch Wandel: Auf der Akapana-Pyramide entstand ein Wohnkomplex, offenbar für Priester. Die dort gefundene Keramik stammte aus dem Katari-Tal; stammten auch die Priester dieses Komplexes von dort? Eine Tendenz zur Massenproduktion von Keramik bei abnehmender stilistischer Vielfalt und Qualität wird erkennbar. Städtische Erneuerung und die Expansion der Siedlungen im Hinterland markieren einen Wandel, der das Gemeinwesen und den gesamten Raum der südlichen Zentralanden veränderte. Ab 800 erlebte die Region die Konsolidierung eines Zentralstaates. Doch räumliche Trennung und soziale Diversität blieben elementar für Tiwanakus städtische und ländliche Gesellschaft. Die Führer von Tiwanaku trieben Politiken des Wandels und der Integration in größerem Maßstab voran. Doch nicht alle Gegenden, die man einst der Einflusssphäre Tiwanakus zuordnete, waren tatsächlich unter seiner politischen Herrschaft. Tiwanakus direkte politische und kulturelle Hegemonie blieb selbst im Titicaca-Becken selektiv, erst recht in entfernteren Regionen, wie den wärmeren Tälern (Moquegua, Cochabamba u.a.). Tiwanaku war kein zusammenhängender Territorialstaat mit harten Staatsgrenzen, sondern eher ein zentralisiertes Gemeinwesen mit fortlaufenden Knotenpunkten von Autoritäten, strategischen Interaktionen und Einflüssen.

Lukurmata erlebte ab 800 einen krassen Bedeutungsverlust als religiöses Zentrum. Monumente wurden teilweise abgetragen, ihre Steine als Grabplatten verwendet. Ganze Siedlungen wurden verlassen. Dagegen gewannen viele kleinere Siedlungen im Katari-Tal an Bedeutung. Lagerhäuser entstanden und sogenannte *kamani*-Unterstände, wie sie den Bauern noch heute zur Überwachung der Felder dienen. Besonders ab 900 kam es zu einer dramatischen Ausweitung des Produktionssystems der erhöhten Felder im Katari-Tal, das nun in eine landwirtschaftliche Produktionsstätte für Tiwanaku umgewandelt wurde. Saisonarbeiter wurden hier eingesetzt, vor allem zur Ernte.

Auch an der Peripherie des »Reiches«, auf der Sonneninsel im Titicaca-See und in den Tälern von Moquegua und Cochabamba, kam es zwischen 750 und 850 zu einem Wandel. Der Einfluss von Tiwanaku blieb dort insgesamt aber mehr strategisch als territorial und auf Siedlungen oder Regionen mit einer bestimmten wirtschaftlichen, politischen oder religiösen Funktion konzentriert. Die Sonneninsel erlebte eine vollständige Reorganisation ihrer Siedlungen. Nach 800 wurde sie zur integrierten Provinz des Tiwanaku-Staates mit Wegenetzen zwischen wichtigen Orten, die einen Pilgerverkehr zu aufkeimenden zeremoniellen Plätzen erlaubten. Moquegua, 300 Kilometer von Tiwanaku entfernt, wurde zu einer Kolonie für die Maisproduktion. Tiwanakus Hegemonie war dabei offenbar sehr komplex und flexibel. So erlebten zur selben Zeit im nördlichen Titicaca-Becken lokale ethnische Gruppen und Gemeinschaften unabhängig von Tiwanaku eine Blüte. Während die Bucht von Puno eng mit Tiwanaku verbunden war, wie ein monumentaler Komplex von Plattformen auf der Estevez-Insel zeigt, weisen Gegenden nördlich und südlich der Bucht wenig Anzeichen für eine direkte Interaktion mit dem Kernstaat von Tiwanaku auf. Im nordwestlichen Becken, vormals Pukara-Gebiet, entstand ein Folge-Gemeinwesen. Auch im Titicaca-Becken selbst schufen die Führer von Tiwanaku strategisch platzierte Enklaven politischer Kontrolle, intensiver Produktion und wirtschaftlicher Interaktion.

Im Zentrum von Tiwanaku finden die Archäologen nun Anzeichen für eine Zunahme von Konsumritualen. Ein Ausdruck von Elitenkonkurrenz? Und es gab Abwanderungen, die Reaktion auf wachsende staatliche Kontrolle sein könnten oder aber Begleiterscheinung staatlich gelenkter Ansiedlungen in den »Kolonien«.

Rotierende Arbeitsgruppen bevölkerten die Koani Pampa, wo sie jeweils ähnliche Gebäude bewohnten. Üppige Feiern mit Tiwanaku Lagerungs- und Serviergefäßen hielten die Moral aufrecht und bekräftigten ein Ideal von Reziprozität zwischen Arbeitern und Führungseliten. Feiern reproduzierte das Staatssystem, vermutet Janusek.

Doch darf man sich die Abwertung Lukurmatas durchaus konfliktiv denken. Solche Konflikte mögen zusammen mit einer starken Trockenperiode zur Auflösung von Tiwanaku geführt haben. Die Theorie, dass die Aymara-Einwanderung Ursache dafür gewesen sei, hält Janusek für unwahrscheinlich. Er meint, dass klimatische Veränderungen bereits bestehende Ungleichgewichte in den regionalen soziopolitischen Verhältnissen verstärkten und diese zunehmend fragil werden ließen. Ab 1000 bricht eine Siedlung in Tiwanaku-Stadt (»Akapana East«) zusammen. Die Abwanderung erfolgte jedoch nicht abrupt, sondern sukzessive. Gleichzeitig gibt es Anzeichen für eine Trockenheit. Nach 1100 muss man dann von einer schweren Trockenheit sprechen, mit einem Rückzug der Titicaca-Seeufer um Kilometer und einer drastischen Absenkung des Grundwasserspiegels. Zwischen 1000 und 1150 kam es zu einer graduellen Entvölkerung auf dem gesamten Altiplano. Es ist wohl denkbar, dass es gleichzeitig zu sozialen Spannungen und Auseinandersetzungen kam. Wenn sich die Eliten als Garanten oder Vermittler zur kosmischen Ordnung der Welt in Szene gesetzt hatten: Was mochte passieren, wenn diese nun plötzlich nicht mehr funktionierte?

Zerstörte Monolithen mögen Ausdruck intraelitärer Auseinandersetzungen im Sinne eines Bilderstreits oder konkurrierender Gottheiten und Kulte sein. Der sogenannte Putuni-Monolith – womöglich Darstellung eines vergötterten Vorfahren – wurde geköpft und begraben, vielleicht parallel zur Zerstörung des Putuni-Palastes. Das Gesicht einer der markantesten Chachapuma-Figuren (die nicht einen Puma darstellen, sondern Gottheiten, Herrscher oder Priester im Pumafell) ist zerschlagen. Auch der sogenannte Riesenmonolith wurde geköpft, was in diesem Fall eine beträchtliche Anstrengung durch hochmotivierte Eiferer erforderte. Von andern Monolithen sind nur die Podeste oder zersplitterte Fragmente bekannt.

Theoretisch sind diese Zerstörungsakte auch lange nach dem Staatszerfall denkbar. Doch folgt man den Texten der Chronisten, so wäre ein solches Vorgehen – etwa für die Inka – völlig untypisch. Man geht vielmehr davon aus, dass die Inka gewisse Teile von Tiwanaku selbst als heilig ansahen und rekonstruierten, um ihre eigene imperiale Identität und die kollektive Erinnerung zu stärken. Sie errichteten in Tiwanaku nördlich von Puma Punku ein regionales Verwaltungszentrum. Ein solches Zerstörungswerk passt eher zu einer Politik der »Ausrottung des Aberglaubens«, wie sie von der spanischen Kolonialmacht betrieben wurde, die die Ruinen von Tiwanaku als Steinbruch für Kirchen und Brücken selbst im siebzig Kilometer entfernten La Paz benutzte. Das Ausmaß spanischer Zerstörungswerke bleibt indessen unklar. Anzeichen für christlich motivierte Zerstörungen im engeren Sinne hat man nur an zwei Stellen gefunden: Am sogenannten Suñawa-Monolith und vor allem am Ponce-Monolith, der 1957 von einem bolivianischen Archäologenteam unter dem Kalasasaya-Boden mit einem Kreuz begraben gefunden wurde.

Die Monolithen wurden in der Kolonialzeit eher aus dem Blickfeld gerückt und – im Falle des Ponce-Monolithen – sogar (christlich) begraben, argumentiert Janusek. Er geht davon aus, dass sie lange vorher rituell »getötet« wurden, zu einer Zeit, als sie noch große Bedeutung und Kraft besaßen. Und wenn es sich tatsächlich um vergötterte Vorfahren von Tiwanaku-Eliten gehandelt hat, dann richteten sich solche Zerstörungen gegen das ideologische Fundament der Macht selbst und die Legitimität dieser Eliten. Sie mögen demnach Audruck von Rivalitäten unter Elitefraktionen gewesen sein oder der Unzufriedenheit mit dem Staatskult als solchem, der in der Sicht der Menschen nun womöglich nicht mehr in der Lage war, die kosmischen (sprich: agroökologischen und klimatischen) Bedingungen für ein gutes Leben zu gewährleisten. Janusek meint, es habe sich nicht um einen Volksaufstand gehandelt, sondern um eine von Eliten angeführte Bewegung (möglicherweise solchen, die aus dem Katari-Tal stammten). Hat man im Niedergang von Lukurmata eine Verletzung der universellen Dichotomie und eine Ursache der Agrarkrise gesehen? Es könnte zumindest sein. Die Trockenheit brachte jedenfalls das System der Landwirtschaft auf erhöhten Feldern zum Erliegen und gefährdete den Zugang zu den so geschätzten Seeressourcen wie Fisch und Wasservögeln. Sie untergrub damit einen Pfeiler der Elitenlegitimation von Tiwanaku: das System der Reziprozität und der identitätsstiftenden Feste und Zeremonien.

## Untergang einer Hochkultur

Bis zum Ende des 12. Jahrhunderts waren jedenfalls viele Siedlungsmuster, Praktiken und Ideale in der Gegend deutlich verändert. Zur Inkazeit war die wichtigste *marka* (regionales Subzentrum, Kleinstadt) des südlichen Titicaca-Beckens Caquiaviri, fünfzig Kilometer südlich von Tiwanaku gelegen. Nach dem mächtigen Zentralstaat scheint es eine Rückkehr zu semiautonomen Kleinstrukturen gegeben zu haben. Moquegua scheint zunehmend autonom geworden zu sein. Die sogenannte Pacajes-Kultur bildete sich heraus. Im Tiwanaku-Tal wurden 90 Prozent, im Katari-Tal 82 Prozent aller Siedlungen weiterhin genutzt. In Tiwanaku-Stadt rückte das Siedlungszentrum nach Westen, wo noch heute die Ortschaft Tiwanaku liegt. Historische Dokumente weisen darauf hin, dass es während der Kolonialzeit im südlichen Titicaca-Becken profunde ethnische und regionale Unterschiede gegeben hat. Es herrschte wieder ein duales Prinzip sozialer und räumlicher Ordnung: Urko-Pacajes und Uma-Pacajes. Die Grenze zwischen Urkosuyu und Umasuyu lief im 16. Jahrhundert irgendwo zwischen Tiwanaku- und Katari-Tal, wo heute die Grenze zwischen den bolivianischen Provinzen Ingavi und Los Andes verläuft.

Die Zahl der Ortschaften wuchs, aber sie wurden kleiner, das Siedlungssystem heterarchisch. Etwa 40 Prozent der Siedlungen der frühen Pacajes-Periode lagen auf erhöhten Feldern, weshalb man annehmen darf, dass diese obsolet geworden waren. Weidewirtschaft spielte nun eine größere Rolle. Die Bevölkerung nahm ab und wurde mobiler. Es war eine chaotische und gefährliche Zeit mit lokalen Konflikten, Bevölkerungswanderungen und womöglich Hungersnöten. Auf den Hügeln zwischen den beiden Tälern entstanden Befestigungen, die eine Rückkehr zu lokalen Identitäten und spannungsgeladenen Beziehungen zwischen Katari- und Tiwanaku-Tal markieren.

Neue Praktiken erscheinen, wie das Eingraben von Keramiken. Zwei Gefäße wurden gefunden, in denen Kinder bestattet wurden. Noch wichtiger aber wurde die Form der überirdischen Bestattung in sogenannten Begräbnistürmen oder *chullpas*. Diese Begräbnistürme stellten in konfliktreichen Zeiten gleichzeitig weithin sichtbare Zeichen für den historischen Besitzanspruch der auf dem Land lebenden Gruppe und ihrer Vorfahren dar. Die Keramik wurde einfacher und weniger formenreich, das Design ganz allgemein einfacher. Rituelle Feste blieben wichtig, aber auf kleinerer, lokaler Stufe, bis sie später im Inkareich wieder zu Großereignissen wurden, wie beim Inti Rayimi zur Wintersonnenwende.

Der Niedergang von Pukara (200) hatte zu einem politischen und ökonomischen Vakuum im Titicaca-Becken geführt, das den Aufstieg von Tiwanaku ermöglichte. Verschiedene Autoren vermuten, Handelsnetzwerke hätten sich durch den Anstieg des Seespiegels verändert. Andere Theorien betonen die Anziehungskraft ritueller Feste, wie sie von den Tiwanaku-Eliten organisiert wurden. Janusek resümiert: Mindestens so wichtig für den Erfolg von Tiwanaku sei dessen Fähigkeit gewesen, (multikulturelle) Diversität zu integrieren »durch eine flexible und elegante Weltsicht, sowie ein Set von prestigeträchtigen Gütern und Praktiken, die jeder Gruppe gute Gründe gaben, Teil von Tiwanaku zu sein und sich mit dessen Zentren, Führern und rituellen Spezialisten zu identifizieren«. Dies sei, so Janusek, ebenso bedeutsam wie wechselnde politische Allianzen, veränderte Handelsnetzwerke und veränderte Umweltbedingungen: die Herstellung eines integrativen Reiches gemeinsamer Werte und Praktiken im Rahmen einer breiten, imaginierten Gemeinschaft, der sich Gruppen unterschiedlicher Ideologie, produktiver Praktiken und ethnischer Identitäten angehörig fühlen konnten.

Trotz seines großen Einflusses und weitreichenden Prestiges war Tiwanakus Kontrolle außerhalb der Kernzone in hohem Maße strategisch, auf bestimmte Regionen begrenzt und auf spezifische Formen der Produktion gerichtet, wie die erhöhten Felder des Katari-Tals oder den Maisanbau in Moquegua. Wie viele meinen, waren die Hauptorte – und insbesondere Tiwanaku selbst – Annäherungen an die »ideale Ordnung der Welt«. Wohngegenden und religiöse Bauwerke in Tiwanaku und Lukurmata orientierten sich an unverletzlichen kosmischen Abläufen wie dem täglichen Lauf der Sonne. Das rituelle und das alltägliche Leben waren an heiligen Himmelskörpern und natürlichen Erscheinungen orientiert, indem visuelle Pfade und symbolische Resonanzen mit diesen wichtigen Kräften hergestellt wurden. Tiwanaku und Lukurmata waren machtvolle Symbole, denen sich städtische und ländliche Gruppen verbunden und zugehörig fühlten. Tiwanaku war ein kosmopolitischer Ort. Seine vielfältigen Monumente und rituellen Plätze ermöglichten – nicht zuletzt für Pilger aus der gesamten Einflusssphäre – aufregende spirituelle Erfahrungen. Tiwanaku war ein synkretistisches religiöses Phänomen, das von auffälliger ritueller Diversität und von Wandel gekennzeichnet war. Wenn auch von der Tiwanaku-Ideologie geformt und mit ihren Repräsentationen ausgedrückt, blieben doch auch urbane Gruppenidentitäten in lokalen Werten und einzigartigen rituellen und häuslichen Praktiken begründet.

Der US-amerikanische Geograf und Pulitzerpreisträger Jared Diamond untersuchte in seinem Buch *Kollaps* die Gründe für den Untergang beziehungsweise den Fortbestand historischer Kulturen. Seine Kernthese lautet: »Gesellschaften gehen durch ökologische Krisen unter, die sie selbst verursachen.« Dafür seien fünf Faktoren maßgeblich: Umweltschäden, Klimaveränderungen, feindliche Nachbarn, Verlust freundlicher Handelspartner und die Unfähigkeit einer Gesellschaft, mit ihren Problemen umzugehen; die vier ersten können für den Untergang einer Gesellschaft entscheidend sein, der letzte ist es immer. Im Falle der andinen Hochkultur von Tiwanaku scheint eine historische Trockenheit in Verbindung mit internen Konflikten für Niedergang und Auflösung verantwortlich gewesen zu sein. Tiwanakus Zentralstaat selbst, spekuliert Janusek, habe schließlich das alte Prinzip der andinen Dualität, verkörpert in der Koexistenz der benachbarten Schwesterstädte Tiwanaku und Lukurmata, verletzt und angesichts der Trockenheit eine Legitimationskrise heraufbeschworen.

Die Arbeiten der Archäologen laden zu Vergleichen mit der Gegenwart ein und fördern bemerkenswerte kulturelle »rote Fäden« zutage, die von Tiwanaku bis in die heutige Zeit reichen: Die hohe spirituelle Bedeutung der Geografie – Berge, Hügel, Seen, Gestirne – und die Ausrichtung der Architektur nach ihnen; Bergkulte, Totenkulte, die »Verankerung« von Gebäuden in Raum und Zeit durch Fundamentbeigaben; die universellen Prinzipien der Dichotomie und der Reziprozität und in diesem Zusammenhang die große Bedeutung von Opferzeremonien, rituellen Festen und Kollektivarbeiten. Wir kennen im Einzelnen nicht die soziale Organisation der semiautonomen Gruppen, die Tiwanaku bildeten. Aber es könnte durchaus sein, dass sie bereits der heutigen *ayllu*-Struktur ähnelten, wie wir das für das Reich der Inka wissen.

# La Nación Clandestina

## Persistenz und kultureller Wandel

### Inkareich und Conquista

Das »Reich« von Tiwanaku zerfiel in zahlreiche sogenannte *señoríos* (Herrschaften oder Fürstentümer) von denen zumindest das Colla-Reich mit seinem Zentrum Hatuncolla bei Puno im heutigen Peru einige Größe erlangte. Unter Chuchi Capac, einem Zeitgenossen des achten Inka Viracocha, dehnte es sich bis in die Nähe von Cuzco, Arequipa und Potosí aus. Gleichzeitig erfolgte unter Viracocha eine Gegenbewegung im Sinne einer Expansion des Inkareiches in Richtung auf das Land der Collas. Die Eroberung des Collasuyu erfolgte schließlich durch den nachfolgenden Inka Pachacutec (und dessen Sohn Huayna Capac) – unter Bruch eines Freundschaftspakts, den die Väter geschlossen hatten. Es folgten diverse Aymara-Aufstände gegen die Herrschaft der Inka. Ein rebellischer Zug blieb bestehen – ebenso die dörfliche Organisationsform des *ayllu*. Und zwar bis zum heutigen Tag.

### Inka: Die Söhne der Sonne

Nur 95 Jahre lang bestand das Tahuantinsuyu, das Reich der vier Regionen, bis es ab 1532 von einer Handvoll Glücksritter erobert wurde. Ab 1438 war das Reich der Inka aus dem Tal von Cuzco heraus expandiert. Inka Pachacutec, der Welterneuerer oder Weltenwender, wie er sich nannte, dehnte es bis ins heutige Chile und Ecuador aus. Er ließ auch die meisten Monumente bauen, darunter Machu Picchu. Unter seinem Sohn Huayna Capac wuchs das Reich um Bolivien (Collasuyu) und den Norden Ecuadors.

Mit ihrem System indirekter Herrschaft assimilierten die Inka die Leistungen ihrer Vorläuferkulturen und generalisierten sie im ganzen Reich. 40000 Straßenkilometer und ein System der Vorratshaltung hielten ihren »despotischen Wohlfahrtsstaat« zusammen. Doch die Expansion erfolgte zu rasch: Zu wenig homogen, zu sehr zentralisiert und von einem Erbfolgekrieg zerrissen, hielt das Tahuantinsuyu der spanischen Conquista (Eroberung) nicht stand.

Geblieben sind monumentale Baudenkmäler und die Aufzeichnungen spanischer Chronisten. Die vorinkaischen Hochkulturen, die das Fundament des Tahuantinsuyu bilden, werden wohl für immer ein Mysterium bleiben. Doch eines steht fest: Dieser kulturelle Sockel ist enorm solide. Tiwanaku zum Beispiel bestand 1500 Jahre lang.

---

Das Privateigentum an Produktionsmitteln war ein prägendes Element für die Entwicklung Europas und der europäischen Ideengeschichte vom Liberalismus bis zum Marxismus, die heute das politische Denken weltweit prägt. In vielen anderen Regionen der Welt spielte Privateigentum dagegen nie eine vergleichbare formationsbestimmende Rolle, auch nicht in Südamerika. Dort bildeten sich Produktionsweisen, Gesellschaften und politische Systeme heraus, wie sie für den Kampf mit der Natur um die Lebensmittel in den entsprechenden agroökologischen Kontexten angemessener waren: Die temporäre Nutzung verschiedener ökologischer Zonen ist dort charakteristisch. Vor allem aber große Gemeinschaftsaufgaben wie die Besiedelung von Flusstälern, die Trockenlegung von Sümpfen und die Regulierung von Überschwemmungsgebieten (in Vorderasien, aber auch bei den vorinkaischen Küstenkulturen des heutigen Peru), die Bewässerung sowie Landgewinnung und Erosionsschutz durch Terrassenbau: Aufgaben, die zu periodischen gemeinsamen Anstrengungen mehrerer Gemeinwesen zwangen und staatliche Strukturen hervorbrachten. Noch heute funktionieren im Andenhochland alte Terrassensysteme, die von kunstvoll angelegten, manchmal kilometerlangen Wasserleitungen versorgt werden. Zu ihrer Anlage waren kollektive Arbeiten der Dorfgemeinschaften nötig. Und wie soll entschieden werden, wessen Felder wann und wie lange Wasser daraus bekommen, wenn nicht kollektiv und bei einer so existenziellen Frage am besten im Konsens? Ob die Felder nun kollektiv oder familiär genutzt wurden, das Land blieb unter diesen Umständen Gemeineigentum.

Wissen war nötig, Planung und Organisation: Wissen über Jahreszeiten, Niederschläge, Wasserstände und Agrarzyklen, Planung und Bau von Kanälen, Dämmen, Terrassen, Vorratshäusern und Tempeln, Formen von Buchhaltung und Buchführung zur Erfassung der Lagerbestände. Opferrituale an die Götter mussten organisiert werden, um sich deren Wohlwollen zu sichern. Es entstand eine Herrschaftselite und Priesterschaft sowie eine Beamtenkaste.

Marx nannte sie vage »asiatische Produktionsweise«, ihre politische Ausprägung »orientalische Despotie«. Der Sozialwissenschaftler Immanuel Wallerstein und andere sprachen später von »Wasserbaugesellschaften«.

Die ökonomische Despotie der Inka beruhte auf der Kontrolle von zwei Dritteln der gesellschaftlichen Arbeit im Rahmen einer Dreiteilung des Bodens. Nur ein Drittel diente zur Selbstversorgung des Dorfes *(ayllu)*, ein Drittel war für den Inka bestimmt (Staat) und ein Drittel für den Sonnengott (Inti), wobei in der Inka-Theokratie Staat und Religion letztlich identisch waren. Der Verwaltungsaufbau war hochkomplex und nicht selten situationsabhängig. So gab es auch Umsiedelungen unterworfener Völker. In aller Regel aber streckten diese freiwillig die Waffen und wurden dafür belohnt. Die Herrscher blieben in ihren Positionen, waren aber weisungsgebunden und tributpflichtig. Auch die Glaubensvorstellungen wurden respektiert und in den inkaischen Pantheon aufgenommen.

Die Gemeinden – im Hochland *ayllus* – blieben so weitgehend autark. Die Ortsvorsteher, *mallkus,* waren für die Organisation der Gemeinschaftsarbeiten auf diesen Feldern und für die Tributzahlungen nach Cuzco verantwortlich und haftbar. Man kann sie als unterste Ränge der Bürokratie im Inkastaat ansehen; die Bevölkerung als Gemeinfreie oder Staatssklaven. Das Herrschaftswissen war streng zentralisiert. Der Inka sorgte als großer Patriarch für Gerechtigkeit, auch für Verteilungsgerechtigkeit. Es entstand eine umfangreiche Infrastruktur inklusive Vorratshaltung für Notfälle. Ein despotischer Wohlfahrtsstaat!

Die Inka verstanden es – im Sinne einer indirekten Herrschaft –, die gegenseitigen Bindungen, die zwischen den Lokalfürsten und deren untergebener Bevölkerung bestanden, in ein staatliches Steuersystem zu verwandeln, ohne dieses System der persönlichen Bindungen und Verpflichtungen zu zerstören. Freiwillige Gemeinschaftsarbeit blieb aus der Sicht der einzelnen Haushalte gerechtfertigt und wert, geleistet zu werden. Der Dienst gegenüber dem *mallku* war freiwillig; er musste darum bitten und als Gegenleistung seinerseits Verpflichtungen erfüllen. Er war wiederum persönlich dem Inka verpflichtet. Neben der Herstellung von Sicherheit, dem Zugang zu Land und Herden sowie einer relativen Autonomie gehörten dazu Feste. Der Chronist und Kolonialfunktionär Polo Ondegardo meinte sogar, dass die meisten dieser sogenannten *prestaciones* aus Gemeinschaftsarbeit für Opferzwecke verwendet worden seien, insbesondere Maisbier *(chicha),* Textilien und Kameloide wie Lamas.

Um das Jahr 1520 herum – in Spanien kam es zu Aufständen gegen Karl V. und in der Karibik bereitete Hernán Cortés die Eroberung des heutigen Mexiko vor – macht sich ein Aymara-*mallku* namens Inka Colque auf den Weg nach Cuzco. Inka Colque ist Herrscher über die »Fürstentümer« Killka, Asanaqui, Awllaka-Urukilla und Siwaruyu-Arakapi im heutigen Departement Oruro in Bolivien, unweit des Poopó-Sees gelegen. Er wird von einer Gruppe junger Männer begleitet, die er um die Ableistung ihres turnusmäßigen Arbeitseinsatzes (*mita*) für das Inkareich gebeten hat. Mit einem Bankett und ausgiebigen Trankopfern von *chicha* empfängt er sie und eröffnet ihnen, dass ihre *mita* diesmal in persönlichen Diensten für den Inka selbst besteht.

Inka Colque ist eine imposante Erscheinung, in verschwenderische Inka-Gewänder gekleidet mit Bordüren aus Gold- und Silberfaden. Zur Inspektion seiner Ländereien und ihrer Menschen bewegt er sich in einer Sänfte, die von fünfzig Gefolgsmännern getragen wird. Das Recht auf diese Fortbewegungsart, die Kleidung und den Titel Inka hat er sich durch Verdienste um das Inkareich in Kriegs- und Friedenszeiten erworben. Nachdem sein Fürstentum an die Inka gefallen war, half er ihnen bei der Eroberung von Nachbarvölkern. Bei einer Inspektionstour des Sapa-Inka Huayna Capac (Pachacutecs Sohn) in das Qollasuyu (oder Collasuyu, es gibt verschiedene Schreibweisen, die heutigen Hochlandvölker Boliviens bevorzugen jene mit Q) war er von diesem selbst zum *unu mallku*, zum Herrn über zehntausend Haushalte, ernannt worden. Von seinen Untergebenen wird er gefürchtet, aber auch für seine Großzügigkeit bei Geschenken und rituellen Festen geschätzt.

Der Gruppe von jungen Männern, die ihn nach Cuzco begleitet, gehört auch sein Enkelsohn Guarache an, der dort die Sprache des Imperiums, Quetschua, erlernen und auf andere Aufgaben vorbereitet werden soll, wie es für zukünftige Herrscher üblich ist. Die Gruppe nimmt den Capac Ñan, das bis zu zwölf Meter breite, gepflasterte Kernstück eines 40 000 Kilometer umfassenden Wegenetzes, das von der Hauptstadt Cuzco aus das ganze Reich umspannt. Sie übernachten und verpflegen sich in regelmäßig am Weg angelegten Rasthäusern, sogenannten *tambos*. Die Gruppe wandert auf dem Capac Ñan nach Norden durch Gebiete einst verfeindeter Nachbargruppen. Im Verwaltungszentrum Hatuncolla, nördlich des Titicaca-Sees gelegen, wird die Erinnerung an einen vorinkaischen Fürsten lebendig gehalten – auch wenn nach der Eroberung mit dessen Haut eine rituelle Trommel bespannt wurde, mit der man jetzt das Taktmaß für die Heldenepen der Inka schlägt. In Hatuncolla wird die Gruppe Reisender mit großen Mengen von Speisen und Getränken empfangen. Nachdem man ihnen ihre Nachtquartiere gezeigt hat, gehen sie direkt zur großen Halle am Hauptplatz, wo viele überdimensionale Tonkrüge auf sie warten, die zur Lagerung von *chicha* verwendet werden. Inka-Priester reichen ihnen Keramikbecher, deren Bemalung Szenen aus der mythischen Vergangenheit zeigen, und sagen ihnen zu jedem Becher, welcher *huaca* sie den Trank widmen sollen. Mit vielen Trinksprüchen wird so ein Ahnenstammbaum angerufen, der die lokale Vergangenheit mit jener des herrschenden Inka verwebt.

Am Morgen danach setzen sie ihre Reise nach Cuzco fort, dem Nabel der Welt, wie die Inka ihre Hauptstadt bezeichnen, wo sie an weiteren Zeremonien teilnehmen werden. Durch sie werden die jungen Männer den rituellen Kalender der Inka kennenlernen, wie er in lyrischen Tänzen und Gesängen, aber auch in Opferzeremonien ausgeführt wird. Auf rituellen Erinnerungspfaden, die von Cuzcos Qoricancha, dem Sonnentempel, ausgehen – einer davon folgt ihrer Reiseroute und entspricht dem Weg der mythischen Begründer des Reiches Manco Capac und Mama Ocllo von der Sonneninsel im Titicaca-See nach Cuzco –, werden sie langsam in die religiös fundierte politische Organisation des Reiches eingeführt. Und sie werden den tieferen spirituellen Wert der Arbeit verstehen, die sie später auf Inka-Feldern verrichten, wenn sie beispielsweise Mais für *chicha* produzieren. Anders als die anderen wird der junge Guarache in Cuzco bleiben, um in den »Schulen« für die privilegierten Eliten eroberter Völker die kosmopolitischen Werte des Reiches zu erlernen.

Eine fiktive Geschichte, erzählt vom Völkerkundler und Historiker Thomas A. Abercrombie als Einstieg für seine herausragende Studie *Pathways of Memory and Power. Ethnography and History Among an Andean People* über die Menschen von K'ulta im heutigen Departement Oruro. Er hat die Geschichte erfunden, doch sie beruht auf fundierter Kenntnis der Inka-Gesellschaft. Eine direkt an Philipp II. von Spanien gerichtete, sogenannte *probanza*, eine von einer offiziellen Anhörung und von Zeugen beglaubigte Aufzeichnung aus dem Jahr 1575 über die Geschichte und die Dienste und Verdienste seiner Familie für das Kolonialreich, stellt eine der wichtigsten historischen Quellen Abercrombies dar. Ihr Autor ist Juan Colque Guarache, erblicher Herrscher des Volkes der Killka und Sohn des in Cuzco erzogenen Guarache.

Hernando de Aldana, einer von Francisco Pizarros Männern, war von relativ niedriger Herkunft aus der spanischen Extremadura. Doch er war sprachbegabt und vielleicht der erste Spanier, der Quetschua erlernte. Jedenfalls spielte er als Emissär eine entscheidende Rolle bei der Gefangennahme von Inka Atahuallpa durch die Spanier in Cajamarca. Bei der Neugründung von Cuzco als spanische Kolonialstadt ließ sich Aldana dort nieder, spielte eine wichtige Rolle bei der Verteidigung der Stadt gegen die inkaische Belagerung und gehörte ab 1537 dem Stadtrat an, bevor er 1546 wegen des Verdachts, gegen Pizarro zu konspirieren, gehängt wurde. Für seine Verdienste hatte er 1534 eine große *encomienda* (Tributrechte; siehe weiter unten) bekommen, im noch nicht eroberten Süden, dem Qollasuyu, wie die Inka die Gegend nannten, die vier Jahre später zur Provinz Charcas wurde.

Nach dem Tod von Huascar und Atahuallpa setzten die Spanier Manco Inka ein, einen weiteren Sohn des verstorbenen Huayna Capac und Gefolgsmann Huascars im Bruderkrieg, der sich als normaler Indio verkleidet hatte, um den Anhängern Atahuallpas zu entwischen. Er hatte Pizarro Ende des Jahres 1533 außerhalb von Cuzco erwartet, um sich ihm zu ergeben. In seinem Gefolge befand sich Guarache, ein *mallku* aus dem Qollasuyu. Dessen Sohn, Juan Colque Guarache, erzählte in seiner *probanza* aus den 1570er-Jahren, dass sein Vater dem Kriegsrat von Manco oder Huascar – das bleibt unklar – angehörte. Hatte jener also vielleicht eine Rolle gespielt, als sich Manco den Spaniern ergab? Und hatte er dabei mit dem Quetschua-Sprecher Aldana zu tun?

Der Conquistador Miguel de Estete berichtet von den Feierlichkeiten zu Mancos »Inthronisation«: Die verstorbenen Inka, jeder begleitet von seinen eigenen Gefolgsleuten, wurden in einer Prozession auf den Platz getragen, die von Manco Inka in seiner Sänfte angeführt wurde, die Sänfte mit Huayna Capacs Mumie an seiner Seite. In Haucaypata, der heutigen Plaza de Armas von Cuzco angekommen, wurden die Mumien auf ihre Sitze gestellt. Die Feiern wurden von Gesangsrezitationen begleitet, in denen die Eroberungen dieser Herrscher, ihr Mut und ihre Verdienste bestätigt wurden. Sie dauerten von Sonnenaufgang bis zur Abenddämmerung, wo die Mumien wieder an ihren jeweiligen Aufenthaltsort gebracht wurden. Insgesamt dauerten die Inthronisationsfeiern über einen Monat lang. Die Mumien aßen und tranken dabei symbolisch mit den Lebenden. Riesige Mengen Speisen und *chicha* wurden geopfert.

Manco blieb aber eine Art Gefangener der Spanier, die begannen, das Reich systematisch zu plündern und sein wertvollstes Gut, die Arbeitskraft der Menschen, als Encomienda unter verdiente Conquistadores zu verteilen. Guarache, »Herr über zehntausend Haushalte«, wurde Hernando de Aldana als Encomienda übergeben. Juristisch ausgedrückt war es die Weitergabe seiner Tributrechte, denn es waren keine Landrechte im eigentlichen Sinn. Sie erfolgte daher auch vier Jahre bevor das Territorium der Killka tatsächlich erobert wurde. Zwischen 1534 und 1538 hatten die Spanier andere Sorgen: die Kämpfe zwischen den Anhängern Pizarros und Almagros, die Rebellion des Manco Inka einschließlich der Belagerung Cuzcos.

Die Organisation der Kolonialverwaltung über sogenannte Encomiendas, also Tributrechte, die jeweils auf zwei Generationen von der Krone an verdiente Conquistadores vergeben wurden, war eine verkappte Leibeigenschaft, die mit der Christianisierung der Indios durch den Encomendado (daher wörtlich etwa: der Beauftragte) gerechtfertigt wurde und die mit Zwangsarbeit *(mita)* für je vier Monate im Jahr gekoppelt war. Sie wurde bereits 1503 in den Kolonien eingeführt. Die Indios wurden offiziell nicht als Sklaven angesehen, sondern als »freie Menschen«, die durch ihre Arbeit für Leistungen des Conquistadors bezahlten, insbesondere für die Bekehrung zum christlichen Glauben. Sie hatten kein Recht, den Wohnort frei zu wählen. Vielmehr erfolgte bald – ebenfalls zum Zwecke der Christianisierung – eine Umsiedlung in sogenannte *reducciones*, koloniale Dörfer oder Städte.

Die Vergabe von Encomiendas konnte indessen erst vorgenommen werden, nachdem in Cuzco die Souveränität der Krone hergestellt war, was symbolisch durch das Aufstellen eines Pfeilers geschah, wie es ihn in jeder Gemeinde Kastiliens gab und wo Verbrecher bestraft wurden für Taten, die sie auf dem Gemeindegebiet begangen hatten. Er wurde auf dem Hauptplatz errichtet, auf einer Plattform, die man über Treppenstufen erreichte, dort, wo Mancos »Inthronisation« stattgefunden hatte. Vierzig Jahre später sollte dort der letzte direkte Inka-Nachfahre, Túpac Amaru, exekutiert werden.

Das Qollasuyu war wahrscheinlich die bevölkerungsreichste und sicherlich die am reichsten mit den begehrten Edelmetallen ausgestattete unter den vier Weltregionen des Inkareiches: Cuntisuyu, Chinchaysuyu, Antisuyu und eben Qollasuyu. Im Jahr 1538 führten die Brüder Gonzalo und Hernando Pizarro eine Armee von mehreren Hundert Spaniern und einigen Tausend indianischen Verbündeten ins Qollasuyu, wo sie immer wieder auf Widerstand trafen. Für ihren Widerstand zahlten die Lokalfürsten bitter: Vielleicht 200 Anführer der Qolla und der Pakax wurden in Pucarani in einem Gebäude zusammengepfercht und mit diesem verbrannt. Die Inka-Infrastruktur mit ihren Wegen, Rasthäusern und Speichern war noch intakt und erleichterte der spanischen Expedition das Vorankommen sehr. Doch die Eroberung durch die Inka lag hier noch nicht lange zurück und das Gebiet zerfiel wieder in die Territorien diverser Lokalfürsten, die in ihrem jeweiligen Eigeninteresse handelten. Auch die Inka-Kontrolle über die Silberminen von Porco und die Mais-Kornkammer in den Tälern von Cochabamba war bereits verloren gegangen.

Die Berichte über die spanische Expedition von 1538 sind fragmentarisch. Doch wahrscheinlich folgte sie dem Capac Ñan, einer Route, die sich aufdrängte und die von Diego de Almagros Chile-Expedition drei Jahre vorher bereits bekannt war. Nach der Niederschlagung einer größeren indigenen Offensive manifestierten die Spanier ihren Besitzanspruch auf das Territorium durch die Gründung der Stadtgemeinde La Plata. Bei Cochabamba sollten sie noch einmal auf heftigen Widerstand durch vielleicht mehrere Tausend Soldaten stoßen, der erst gebrochen werden konnte, nachdem Verstärkung aus Cuzco angefordert worden war.

Nicht überraschend wurde der Lokalfürst Cuysara, auf dessen Gebiet sich die Silberminen von Porco befanden, als Encomienda Gonzalo Pizarro, einem der Brüder des Eroberers Francisco Pizarro, zugeteilt. Hernando, ein weiterer Bruder, und Francisco Pizarro selbst sicherten sich andere Qollasuyu-Encomiendas. Wieder andere Teile des Kuchens gingen an Francisco Pizarros General Pedro de Hinojosa und eben an Hernando de Aldana. Es ist unwahrscheinlich, dass die Encomenderos überhaupt wussten, wo die ihnen zugeschriebenen Pätze im Einzelnen lagen, geschweige denn, in welcher Beziehung die Menschen zu diesem Land standen, die darauf lebten. Für die konkrete Inbesitznahme der Encomiendas musste formal derselbe Weg zum Gemeindestatus beschritten werden wie in Cuzco: Die Stadt La Plata (das heute Sucre) wurde gegründet, Heimatgemeinde der Encomenderos der Provinz Charcas.

Theoretisch beinhalteten Encomiendas keine Landrechte, sondern das Recht, von einer Gruppe von Indios über ihren Lokalfürsten Tribute zu erheben. Das konnte freilich nur im Namen der »gerechten Sache« geschehen, für die die Conquista stand: die Evangelisierung. In den 1540er- und 1550er-Jahren scheint indessen wenig evangelisiert worden zu sein, aber es wurden Tribute erhoben und die Indios in die Bergwerke zur Zwangsarbeit geschickt. Mit der Niederschlagung ihrer Rebellion gegen den Vizekönig von Neu-Kastilien (später Peru) im Jahr 1548 waren die Pizarros aus dem Spiel und viele Encomiendas wurden neu aufgeteilt, was sich noch häufiger wiederholen sollte. Die *mallkus* lernten, sich mit ihren jeweiligen Herren gut zu stellen, wie sie es zuvor mit den Inka getan hatten. Für sie blieb mehr oder weniger alles beim Alten, nur dass sie jetzt nicht mehr Cuzco verpflichtet waren, sondern den spanischen Encomenderos.

Am Hof Felipe II. zu Madrid machte man sich durchaus Gedanken um den rechtlichen Status der eroberten Territorien und gab bei Vizekönig Francisco Toledo eine entsprechende Studie in Auftrag, mit deren Durchführung Pedro Sarmiento de Gamboa betraut wurde. Diese kam hinsichtlich Alto Perú zu dem Schluss, dass auch die Inka hier Eroberer gewesen waren. Einen moralischen und rechtlichen Vorsprung leitete man aus der Verbreitung des christlichen Glaubens ab. Der letzte Inka, Túpac Amaru, wurde am 24. September 1572 in Cuzco von den Spaniern hingerichtet.

Als die Spanier ins Qollasuyu vordrangen, fanden sie dort eine Parallelstruktur vor: den rigiden Zentralismus des Inkareiches und die teilweise intakten Strukturen der einverleibten Aymara-Fürstentümer; daneben marginalisierte Kulturen wie die der Uros. Eine Bestandsaufnahme unter Vizekönig Toledo zum Zwecke der tributarischen Zonierung ergab einen veritablen Flickenteppich, was sich auch auf die politischen Loyalitäten auswirkte. Viele Kaziken hatten während des Inka-Bruderkriegs Huascar unterstützt und kollaborierten nun mit den spanischen Conquistadores, die dessen Widersacher Atahuallpa ausgeschaltet hatten.

Die alten andinen Eliten lernten schnell die notwendigen Umgangsformen der spanischen Bürokratie, und die ethnische wurde bereits hier (noch im 16. Jahrhundert) auch zur Klassenbeziehung. Potosí war nun mit seinem Silberberg Cerro Rico der Mittelpunkt der andinen Welt, und indianische Kaziken organisierten für die Spanier die modernen *mitas* dorthin. Jährlich waren es 14000 indianische Zwangsarbeiter. »Blutberg« nannten sie ihn. Thomas A. Abercrombie berichtet aus seiner Feldforschung, dass in K'ulta noch im Jahr 1978 eine Zeremonie durchgeführt wurde, die an die Abreise der jungen Männer zur *mita* nach Potosí erinnerte: auf dem Friedhof!

Doch die Kaziken, die die *mita* nach Potosí organisierten, setzten auch die Tradition der *chicha*-Gelage und des Geschichtenerzählens fort. Colque Guarache war besonders bekannt dafür – und er beschäftigte eigens Schneider, die für ihn weiterhin die statusträchtigen *cumbi*-Gewänder der Inkazeit anfertigten. Viele Priester beklagten prompt den Alkoholismus der Indios und sahen sehr klar den Zusammenhang mit ihrem alten Glauben. Ob sie ihn auch verstanden? Ein Dominikaner aus Potosí klagte: »Immer wenn sie betrunken sind, praktizieren sie ihren alten Aberglauben und ihre Riten.«

Historiker berichten von permanenten Konflikten und Unruhen im Vizekönigreich Alto Perú, zunächst vor allem um Potosí mit seinem Silberberg Cerro Rico, das um 1580 bereits eine reiche Stadt war. Ñuflo de Chávez gründete am 26. Februar 1561 die Stadt Santa Cruz de la Sierra – vom Hochland her kommend; doch blieb die Stadt umstritten zwischen den Conquistadores, die von Westen, und jenen, die von Osten kamen. Zugleich gab es Indígena-Aufstände der Chiriguanos, die sich gegen die »neuen Herren« richteten, egal aus welcher Richtung sie kamen. Santa Cruz wurde im Jahre 1622 an seinen heutigen Standort am Río Piray verlegt.

Am Ende der Conquista gab es nur Sieger und Besiegte, die spanischen Adligen und Soldaten – und die indigenen Völker. Bald fungierten aber indigene Kaziken – der Name kommt aus der Karibik – als Statthalter der Spanier, deren Aufgabe die Eintreibung der Steuern und die Organisation der Zwangsarbeiten war. Im ehemaligen Qollasuyu hießen sie meist *curacas* oder *mallkus*. Sie bekamen Privilegien und Ehrungen, durften zu Pferd reiten und Waffen tragen, bekamen schließlich Boden oder Minen als Encomienda übertragen. Sie stellten das Schlüsselstück der Kolonisierung dar, das Scharnier zwischen den wenigen Spaniern und der Masse der Indígenas. Unter Vormundschaft der Spanier bestand so ein Teil des Inka- oder Aymara-Herrschaftsapparats an der Basis fort. Parallel dazu existierten – trotz Inquisition und Ausrottung des Aberglaubens – teilweise uralte Glaubensvorstellungen und Muster dörflicher Organisation weiter.

Die *mita* wurde in Anlehnung an die im Inkareich übliche gleichnamige Praxis öffentlicher Arbeiten im Dienste des Inka von Vizekönig Toledo im Jahr 1572 offiziell wieder eingeführt, um den Arbeitskräftebedarf in den mittlerweile entdeckten Minen von Huancavelica und Potosí zu decken. Alle Männer zwischen 18 und 60 Jahren waren für vier Monate im Jahr zur Zwangsarbeit verpflichtet. Auswahl und Organisation der *mita* war Aufgabe des Kaziken. Nahrungsmittel hatten die Zwangsarbeiter selbst mitzubringen; sie erhielten einen geringen Verdienst.

In den ersten Jahren nach der Conquista hatten die Spanier andere Interessen als die Evangelisierung: rauben, plündern und sich um die Beute streiten. Dann folgten Vizekönig Toledos »Visita general« und seine Reformen, die neue Institutionen und klare Grenzziehungen schaffen wollten. Die über das Land verteilten Indios sollten nach spanischem Stil in Städten zusammengefasst werden. Ein Ziel dieser Maßnahme war die Entfernung der Menschen von den Begräbnisplätzen ihrer Vorfahren, ein Mittel die häufige, aktive Zerstörung ihrer Dörfer und *chullpas*. Als Hauptziel der *reducciones* wurde die Evangelisierung und die Ausrottung des Aberglaubens genannt. Kaziken vermittelten zwischen der alten und der neuen Ordnung.

Doch *ayllus* blieben die wichtigsten Grundbesitzer. Sie bekamen in den neuen *reducciones* Straßen oder ganze Straßenzüge zugewiesen. In den Pfarreien waren Taufbücher und Eheregister nach *ayllus* gegliedert. Und häufig kehrten die Indios nach der Gründung der *reducciones* gleichsam unmittelbar wieder zu ihren Feldern und Herden auf dem Lande zurück – und nicht selten mit Duldung, um ökonomischen Schaden zu vermeiden. Doch natürlich kam es auch zu sozialem Wandel im Sinne von Auflösungserscheinungen der alten Strukturen. Das Phänomen der *forasteraje* wurde für die Kolonialherren zum Alptraum: Menschen zogen fort und ließen sich in anderen Gebieten nieder, nachdem sie mit den dortigen Kaziken die (Tribut-)Bedingungen dafür ausgehandelt hatten. Gebietsreformen führten zu Rechtsstreitigkeiten (die Tradition, mit Prozessionen dörfliche Territorien zu umrunden, hat darin ihren Ursprung).

Im Jahr 1697 entschied Vizekönig Melchor de Portocarrero y Lasso (Graf von Monclova), dass für die *mitayos* derselbe Lohn bezahlt werden müsse wie für freie Arbeiter. Das spanische Königspaar Fernando und Isabella sahen die Indios als Untergebene an wie Spanier auch und bemühten sich um eine einheitliche Gesetzgebung. Im Jahr 1720 wurde unter Felipe V. der *mita*-Zwang abgeschafft. In der neuen Welt sah man das anders: Die »Ausrottung des Aberglaubens« und die Christianisierung sollten nicht dazu führen, dass aus den Indios Spanier würden. Ein »Letztes Abendmahl« aus dem Kloster Santa Catalina in Arequipa im heutigen Peru spricht Bände: Nur einer der Jünger trägt keinen Bart und hat braune Haut: Judas. Die Botschaft ist klar: Der Verräter ist Indio!

Immer wieder kam es zu Spannungen zwischen dem spanischen Hof und dessen Repräsentanten in der neuen Welt in der Frage der Indianergesetzgebung. Indianerschutzgesetze waren bereits 1517, 1524, 1535 und 1540 erlassen worden, bevor ein weiteres, im Jahr 1542 unter Karl V. erlassenes, zur Erhebung führte. Ein Aufstand 1730/31 richtete sich gegen die Statthalter des Vizekönigs; gefordert wurde unter anderem Steuergerechtigkeit. Die Bürgermeister sollten aus dem Ort kommen, in dem sie dann die Amtsgeschäfte führten: eine klare Stoßrichtung gegen die Bevormundung durch Spanien und für mehr Eigenständigkeit der Kreolen. Eine weitere Rebellion wurde 1739 bei Oruro aufgedeckt und erstickt – ein Vorspiel zum Aufstand des Túpac Amaru II.

Die Stadt Potosí war mit ihrem Silberberg Cerro Rico das Herz der Kolonialökonomie. Nach einer Volkszählung unter Vizekönig, Juan de Mendoza y Luna (Marqués de Montesclaros) aus dem Jahr 1611 hatte Potosí 150 000 Einwohner: 66 000 Indios, 40 000 Spanier, 3000 Spanier aus Potosí, 35 000 kreolische Spanier, 6000 Schwarze; Potosí gehörte damit zu den größten Städten der Welt!

José Gabriel Condorcanqui – alias Túpac Amaru II. (in Anlehnung an den letzten direkten Nachfahren der Inka-Dynastie) – sprach Castellano und kleidete sich auf spanische Art. Am 4. November 1780 rief er die Rebellion aus und belagerte Cuzco. Wie der Historiker Jan Szeminski nachgewiesen hat, berief sich Túpac Amaru darauf, im Namen Gottes zu kämpfen, und versprach Loyalität gegenüber Gott und König. Priester wurden fast immer verschont. Doch die Entscheidungsschlacht im Januar 1781 wurde verloren, und im März erfolgte eine Gegenoffensive, die zur Gefangennahme des Rebellenführers führte. Túpac Amaru musste der Hinrichtung seiner Frau und seiner Kinder zusehen, bevor ihm selbst die Zunge herausgeschnitten und er gevierteilt wurde.

In Alto Perú hatte die Rebellion ihr Zentrum in Chayanta nahe Potosí und wurde vom Kaziken Tomás Katari angeführt. Ursprünglich ging es ihm um seine Position als Kazike und den Kampf gegen einen von Spanien eingesetzten Widersacher. Katari wird als einfacher, wenig gebildeter Mensch und Analphabet beschrieben, der in Bonifacio Chuquimqamani jedoch einen gebildeten Berater hatte. Er galt aber als besonders kühn, ja wild. Er belagerte La Paz. Andrés Túpac Amaru, Sohn des getöteten Túpac Amaru, nahm die Provinz Larecaja ein und belagerte das Städtchen Sorata drei Monate lang bis zum Sieg, bevor er in die Belagerung von La Paz eingriff.

Heutige indigenistische Mythenbildungen gehen manchmal auf spanische Aufzeichnungen zurück, nach deren Vorstellung sich »Indio« und »Christ« per se ausschlossen. Tatsächlich aber waren alte und neue Glaubensvorstellungen längst Symbiosen eingegangen. So berichten Zeitgenossen über vielerlei Akte der Hingabe an das Christentum durch die Rebellen, taten sie aber als Spott ab. Katari ließ demnach Messen lesen und holte sich Rat von einem tragbaren *retablo* der Jungfrau von Copacabana. Einer der Priester in Túpac Kataris Begleitung wurde Zeuge, wie dieser zwei seiner Leutnants zum Tode verurteilte, weil sie sich über die Jungfrau von Copacabana lustig gemacht hatten.

Im März 1781 beginnt die Rebellion des Túpac Katari und schnell fallen ihm die Provinzen Sica Sica, Carangas, Pacajes, Yungas, Omasuyos und Chuquito zu. Anschließend belagert er mit 40 000 Mann die Stadt La Paz. Während dieser ersten Belagerung von 109 Tagen sterben dort 10 000 Gefolgsleute der Spanier – zumeist an Hunger. Wegen ihrer mangelhaften Bewaffnung gelingt es den Indios trotzdem nicht, die Stadt einzunehmen. Ein Versuch, mithilfe von Deichen und Kanälen die Stadt zu überfluten – wie Andrés Túpac Amaru dies in Sorata getan hatte –, scheitert. Die Vizekönige aus Lima und Buenos Aires kommen der Stadt rechtzeitig zu Hilfe. Ein Amnestieangebot – ausgenommen die Anführer – führt zu Verrat im Indioheer. Bartolina Sisa, die Frau von Katari, hatte eine aktive Rolle im Kampf gespielt. Sie wurde gefangen genommen und gehängt, Túpac Katari gevierteilt und sein Kopf nach La Paz geschickt. Doch der Aufstand dauerte noch eine Zeit lang an. In Oruro, wo er von Sebastián Pagador angeführt wurde, kam es schließlich zu einer Spaltung zwischen Indios und Criollos. Pagador wird bei einer Plünderung von Indios umgebracht. Die Rebellion von Andrés Túpac Amaru beziehungsweise Túpac Katari war die größte während der spanischen Kolonialzeit in Peru und Alto Perú.

Der Unabhängigkeitskrieg dauerte schließlich 16 Jahre lang von 1809 bis 1825. Er war ideen- und zeitgeschichtlich eingebettet und inspiriert von der Aufklärung, der Französischen Revolution (1789), der Unabhängigkeitserklärung der USA (1776) und dem Einmarsch Napoleons in Spanien (1809). Die wichtigsten Erhebungen waren die von La Paz (1809) und Chuquisaca. Die Todesurteile gegen die Rebellen wurden im Januar und Februar 1810 verkündet. Pedro Domingo Murillo prophezeite damals vor seiner Exekution: »Die Flamme, die ich entzündet habe, kann niemand auslöschen!« Heute ist in La Paz der Platz nach ihm benannt, an dem Parlament und Präsidentenpalast liegen.

## Die schwierigen Anfangsjahre der Republik

Die schwierigen Jahre, die die Audiencia de Charcas zur Unabhängigkeit von Spanien führten und zur Autonomie von den beiden Vizekönigreichen (Peru und Río de La Plata), zu denen sie gehört hatte, ließen die neue Republik Bolivien in einer politisch instabilen und wirtschaftlich desaströsen Situation entstehen. Die Befreiung erfolgte im Februar 1825. General Antonio José de Sucre gewährte Alto Perú eine Autonomie, was Simón Bolívar ablehnte, weil es im Gegensatz zu seinen panamerikanischen Vorstellungen stand. Am 10. Juli 1825 trat in Sucre (Chuquisaca) die Verfassunggebende Versammlung zusammen. Die Unabhängigkeitserklärung erfolgte am 6. August 1825 – der seitdem Boliviens Nationalfeiertag ist. Das ursprüngliche Territorium der neuen Republik Bolivien betrug rund 2,5 Millionen Quadratkilometer, also mehr als das Doppelte der heutigen Fläche des Landes. Der Verfassungsprozess war am 9. Dezember 1826 abgeschlossen. Es folgten unruhige Jahre und weitere drei Verfassungen (1831, 1834 und 1839), doch die erste legale Amtsübergabe erfolgte erst 1855 durch Präsident Manuel Isidoro Belzú an seinen Nachfolger inmitten von Protesten und Unruhen; die meisten Präsidenten waren Militärs. Der während der Auflehnung gegen die spanische Bevormundung geprägte Grundsatz der Missachtung der Gesetze lebte weiter: »Obedeséase pero no se cumpla!« (Gehorche ihnen, aber erfülle nicht!). Für die indianische Bevölkerungsmehrheit änderte sich nichts; sie blieb von der politischen Teilhabe ausgeschlossen. Aber auch die indianische Organisation des Mikrokosmos auf dem Lande blieb bestehen. Ein Beispiel für die sozialdarwinistische Haltung der weißen Eliten gegenüber der indigenen Bevölkerung ist folgendes Zitat von Gabriel René Moreno (1834–1908), eines bedeutenden Schriftstellers und Intellektuellen jener Zeit: »Wird der Indio zur Weiterentwicklung unserer Rasse ausgelöscht wie [...] das Schnabeltier? Wenn die Auslöschung der Inferioren eine Bedingung unseres Fortschritts darstellt, wie unsere modernen Weisen sagen, und was auch ich glaube, ist die Konsequenz davon unumkehrbar, egal wie schmerzvoll dies sein möge. Es ist wie eine Amputation, die wehtut, aber den Wundbrand heilt und einen vor dem Tod bewahrt.« Dem ist eigentlich nichts hinzuzufügen, außer vielleicht, dass nach Gabriel René Moreno noch heute eine der wichtigsten Universitäten des Landes benannt ist – jene von Santa Cruz de la Sierra.

Land und Leute waren nach dem Unabhängigkeitskrieg ausgeblutet. Potosí hatte mit 9000 Einwohnern nicht einmal mehr ein Zehntel seiner vergangenen Größe, Chuquisaca 4500, La Paz 40 000, Cochabamba 30 000 und Santa Cruz 6000 Einwohner. Andererseits: Mitte des 19. Jahrhunderts war Bolivien nach Brasilien, Argentinien und Peru das viertgrößte Land Südamerikas und hatte nach Brasilien und Peru die meisten Einwohner.

Den »unruhigen« ersten Jahren der Republik folgten nach offizieller Geschichtsschreibung die »Jahre der Konfusion« von 1861 bis 1878 mit acht Regierungen, von denen jene von Mariano Melgarejo mit sechs Jahren die längste war. Wer politische Ambitionen hatte, schreckte auch vor Mord nicht zurück. Bei einem der zahlreichen Aufstände wurde der Präsidentenpalast beinahe niedergebrannt, weshalb er Palacio Quemado heißt, der verbrannte oder brenzlige Palast. Machismo ging vor Staatsklugheit. Dem notorischen Frauenheld Melgarejo sagte der Volksmund ein Verhältnis mit der Ehefrau des Präsidenten José María de Achá – Doña Gertrudis Antezana – nach, den er zunächst unterstützte, dann aber im Jahr 1861 stürzte. Bereits 1854 war er wegen eines Umsturzversuchs zum Tode verurteilt worden. Doch hatte ihn eine Gruppe von Damen gerettet, die für seine Begnadigung eingetreten war. Seine Liebe zu einer Juana Sánchez kostete ihn schließlich das Leben. Am 23. November 1871 wurde er von seinem Schwager ermordet, nachdem er Anfang des Jahres gestürzt und mit nur fünf Gefolgsleuten nach Lima entkommen war. Einen Umsturzversuch des aus dem europäischen Exil zurückgekehrten Belzú wehrte er vorher noch ab, indem er persönlich den Palacio Quemado erstürmte. Er oder einer seiner Soldaten – darüber ist sich die Geschichtsschreibung nicht ganz einig – haben Belzú dabei getötet.

Die wirtschaftliche Lage war gut, der Bergbau florierte. Doch politisch folgte eine Kapriole der anderen. Melgarejo schickte, so wollen die Chronisten wissen, eines Tages zu Pferde eine Entsatzarmee los, um Frankreich im Krieg gegen Preußen zu Hilfe zu eilen. Ein »ernüchternder« Platzregen habe dem Unternehmen freilich lange vor Erreichen der Atlantikküste ein Ende gesetzt. Zur großen Erleichterung Preußens, wie man sich vorstellen kann. Melgarejo wird auch dafür verantwortlich gemacht, dass Queen Victoria die Beziehungen zu dem Andenland abbrach und angeblich seine Tilgung von allen Landkarten anordnete. Weil er bei einem Saufgelage nicht mithalten konnte, habe Melgarejo den Botschafter ihrer Majestät auf ein Maultier gebunden und durch La Paz getrieben, nackt und mit dem Gesicht nach hinten. Melgarejo berief unter anderem den Botschafter Chiles in sein Kabinett und trat große Gebiete des Staatsterritoriums an Brasilien und Chile ab. Die Grenze zu Chile wurde unter ihm entlang des 24. Breitengrades fixiert. Die vielen Ungereimtheiten des Vertrags waren schließlich ein Ausgangspunkt für den Ausbruch des Salpeterkriegs.

Es folgte die Epoche der Oligarchen. Wahlen lösten nun formal Waffen als Mittel der Regierungsbildung ab, doch nur weniger als fünf Prozent der Erwachsenen waren stimmberechtigt: Männer, die lesen und schreiben konnten und über Geld – mindestens 12 000

Pesos – verfügten. De facto gab es zwischen 1880 und 1930 nur zweimal einen Machtwechsel (1899 und 1920) – beide Male gewaltsam. Die zwei Parteien, Liberale und Konservative, unterschieden sich in ihren Grundideen kaum.

Der Historiker (und spätere Präsident) Carlos D. Mesa spricht von Apartheid: »Die Apartheid hatte seit Vizekönig Toledo (1570) in einem kuriosen Zusammenleben von Spaniern, Criollos, Mestizen und Indios bestanden, diskriminierend aber überwiegend friedlich. Das blieb auch im 19. Jahrhundert so, doch wurden nun die ›kommunikativen Röhren‹ und die kulturellen Interaktionen zerschlagen zugunsten einer Politik, die der indigenen Mehrheit nur den Rücken zuwandte und den Raub und die Nutzung ihres wertvollsten Reichtums im Sinn hatte: des Bodens.« Angeblich aus Modernisierungs- und Produktivitätserwägungen und unter der Prämisse, die Indios seien unwissend, unfähig und an der Stagnation der Landwirtschaft schuld, wurde ein Prozess der Feudalisierung in Gang gesetzt. Dazu die Stimme eines Hacendado, eines Großgrundbesitzers aus jenen Tagen: »Das Land dem ignoranten, rückständigen Indio ohne Mittel, Kapazität oder Willen, um anzubauen, zu entreißen und der unternehmerischen, aktiven und intelligenten weißen Rasse zuzuführen, ist tatsächlich die gesündeste Transaktion in der sozialen und ökonomischen Ordnung Boliviens. Die Enteignung aus den toten Händen des Indio bedeutet, das Land wieder nützlich, produktiv und bereichernd für die ganze Menschheit zu machen.«

Am 20. März 1866 verabschiedete Präsident Mariano Melgarejo ein Dekret, wonach Indígenas für teures Geld Besitztitel für ihr Land erwerben mussten, was in vielen Fällen einer Enteignung gleichkam. Zwei Jahre später wurde alles Gemeindeland zu Staatsland erklärt. Die »frei« gewordenen Ländereien wurden verkauft oder versteigert, um die Staatskasse zu sanieren. Noch im Jahr 1860 waren 65 Prozent des Bodens Gemeindeland gewesen und 480 000 Indios waren Grundbesitzer, denen 80 000 Hacendados gegenüberstanden. Es gab Proteste und Aufstände dagegen. Die Maßnahmen mussten teilweise rückgängig gemacht werden. Unter Präsident Tomás Frías erfolgte im Jahr 1874 die sogenannte *ex-vinculación*. Privatbesitz der Indios wurde nun zwar anerkannt, nicht aber Gemeindeland. Es kam alles in allem zu einem Prozess der Bodenkonzentration, der einherging mit einer Zunahme der Leibeigenschaft und sklavenähnlicher Arbeitsverhältnisse auf dem Lande. Die indianische Bevölkerung wurde enteignet und ausgebeutet, im günstigsten Falle als Entwicklungshindernis betrachtet und diskriminiert. Dies war die Periode, in der nicht-indianische politische und wirtschaftliche Eliten sich auch auf Gemeindeebene durchsetzten. Nach dem Zensus von 1890 hatte Bolivien 1,7 Millionen Einwohner und geschätzte 91 000 *salvajes*, »Wilde«, wie man die indigenen Völker des östlichen Tieflands und des Chaco bezeichnete, das man noch kaum erschlossen hatte (weshalb man über deren Zahl nur Mutmaßungen anstellen konnte).

Die bolivianisch-chilenisch-peruanischen Grenzstreitigkeiten in der Pazifikregion gehen auf alte, koloniale Gebietsdefinitionen zurück. Nach ihrer Unabhängigkeit und Staatwerdung beanspruchten Bolivien und Chile das wüstenhafte Gebiet gleichermaßen. Als in den 1860er-Jahren die reichen Salpetervorkommen der Region sich als Rohstoff und Dünger sowie für die Herstellung von Schießpulver lukrativer zu Geld machen ließen, entwickelte sich die Gebietsfrage zunehmend konfliktiv. In Verträgen von 1866 (unter Melgarejo) und 1874 hatten sich Bolivien und Chile auf eine Grenzziehung entlang des 24. Breitengrades geeinigt – unter der Bedingung, dass die auf bolivianischem Gebiet lebenden Chilenen 25 Jahre lang keine Steuern zu zahlen bräuchten. Eine nicht sehr weitsichtige Festlegung. Als der bolivianische Präsident Hilarión

Daza wegen der Wiederaufbaukosten nach einem Seebeben trotzdem eine Sondersteuer erhob, weigerten sich die chilenischen Salpeterunternehmen zu zahlen. Bolivien enteignete sie, Chile besetzte daraufhin die Hafenstadt Antofagasta, und Bolivien – das mit Peru einen geheimen Beistandspakt unterhielt – erklärte Chile am 1. März 1879 den Krieg, der mit einem Friedensvertrag von 1884 offiziell beendet wurde. Dieser Pazifik- oder Salpeterkrieg wurde für Bolivien zum traumatischen Ereignis. Eigenes politisch-taktisches Unvermögen (Bolivien hatte es versäumt, eine eigene Flotte aufzubauen) und chilenische militärische Überlegenheit führten zur Niederlage und zum Verlust der Küstenprovinz Litoral. Bolivien ist seither ein Binnenland. Auch Peru verlor Gebiete an Chile. Die peruanische Hauptstadt Lima war sogar von chilenischen Truppen besetzt. Bolivien empfindet den Verlust bis heute als ungerecht und die Forderung nach Rückgabe des Küstenstreifens ist Verfassungsbestandteil. Bis zur Annäherung zwischen Staatspräsidentin Michelle Bachelet und Morales galt Chile als historischer Erzfeind, und die Gebietsfrage liefert zwischen den drei beteiligten Ländern bis heute Konfliktstoff.

Anfang des 20. Jahrhunderts erlebte Bolivien einen Kautschukboom: Die Städte Riberalta, Guayaramerín, Villa Bela, Cobija und Porvenir wuchsen. Der 1851 in Santa Cruz geborene »Kautschuk-Patiño« Nicolás Suárez kontrollierte schließlich 60 Prozent der Kautschukproduktion in Bolivien, bevor der Boom in den 1920er-Jahren abebbte und in den 1940er-Jahren ganz zusammenbrach, weil inzwischen in Indien, Ceylon und Malaysia effektiver produziert wurde. Ein Engländer namens Winkleman hatte illegal Pflanzen aus Brasilien dort eingeführt.

Im Jahr 1899 begann auch der sogenannte Arce-Grenzkonflikt mit Brasilien, mit Höhepunkten 1902 und 1903. Ausgangspunkt dafür war wiederum ein von Melgarejo unterzeichneter Vertrag aus dem Jahr 1867, in dem Gebiete an Brasilien abgetreten wurden – angeblich gegen ein Rennpferd. Bolivien lenkte im militärischen Konflikt gegen Brasilien schließlich ein und verlor gegen Kompensation und einige Leistungen Brasiliens schließlich 190 000 Quadratkilometer seiner Fläche. Zum Vergleich: Die an Chile verlorene Provinz Litoral war nur 120 000 Quadratkilometer groß.

Unter Präsident Eliodoro Villazón (1909–1913) übernahm der Deutsche Hans Kundt als Leiter einer Militärmission des Kaiserreiches die Organisation des bolivianischen Militärs (1911). Kundt kehrte nach Deutschland zurück und war während des Ersten Weltkriegs Regimentskommandant an der Ostfront. Wieder in Bolivien war er einer der wichtigsten Militärs im Chaco-Krieg.

## Der Bettler auf dem goldenen Thron

Ein Ressourcenboom zog ins Land. Im Jahr 1897 entdeckte Manuel Cuéllar nahe Camiri ein oberirdisches Ölvorkommen. Doch zunächst noch wichtiger wurde die Entdeckung von Simón Patiño: Im Jahr 1900 fand er bei Oruro die Veta la Salvadora: Zinn für die Industrien Nordamerikas und Europas. Bolivien wurde der zweitgrößte Zinnproduzent nach Malaysia. Daneben spielten Silber, Wolfram, Wismut und Kupfer eine gewisse Rolle. Die sogenannten Zinnbarone Simón Patiño, Carlos Víctor Aramayo und Mauricio Hochschild kontrollierten nun die Wirtschaft und die Politik bis zur Revolution von 1952/53.

Es waren Bolivianer, doch ihren Lebensmittelpunkt und ihren Firmensitz wählten sie im Ausland. Patiño lebte in Paris und in den USA. Auch die Verhüttung fand im Ausland statt. In Bolivien gab es nur eine dreiprozentige Exportsteuer. Der so reiche Bergbau trug nur 17 Prozent zur Staatskasse bei. Das bolivianische Ressourcentrauma hat hier seine Wurzel: So reich das Land an Rohstoffen war, konnte es davon doch nie profitieren, weil die Gewinne stets ins Ausland flossen, ob die aus dem Silber während der Kolonialzeit oder die aus dem Zinn in der Zeit der Republik.

Die Achse Potosí–Sucre hatte längst an Bedeutung verloren und wurde nun durch eine Achse Oruro–La Paz überflügelt. La Paz wurde Regierungssitz. Im Jahr 1899 war sogar Oruro für einige Monate Hauptstadt.

Bolivien war durch seine Lage im Zentrum Südamerikas und nach dem verlorenen Salpeterkrieg auch durch seinen Binnencharakter weniger offen für ausländische Einflüsse und Modernisierungen, war stärker auf sich selbst bezogen. Die Minenstadt Oruro war vielleicht der Motor der nun anbrechenden Epoche des Liberalismus, die viele technische Neuerungen brachte: Eisenbahn, Strom, Telefon, Automobile (das erste im Jahr 1903), in der sich aber auch das Gefälle zwischen Stadt und Land, Indigen und Weiß, zwischen Arm und Reich weiter vergrößerte. Am 15. September 1925 wurde Lloyd Aereo Boliviano gegründet und startete mit einer einmotorigen »Junkers 13«. Drei Jahre später verfügte Lloyd über sechs Maschinen und erfüllte eine wichtige Kommunikationsfunktion in dem weithin unerschlossenen Land. Am 3. März 1929 sendete das erste *Radio Nacional*; 1933 folgte *Radio Illimani*.

Es gab über lange Zeit keinen Zensus mehr, doch ein Buch von 1920 beziffert die Gesamtbevölkerung auf 2,14 Millionen und weist La Paz mit 135 000 Einwohnern klar als das Zentrum des Landes aus, vor Cochabamba mit 40 000 und Oruro mit 30 000 Einwohnern.

*Teufelsmetall* heißt der Romanklassiker von Augusto Céspedes über jene Zeit des Zinnbooms. Es gab keine Arbeitsgesetze, keine Schutzmaßnahmen. Die Arbeitsbedingungen waren schlicht und ergreifend brutal. Die durchschnittliche Lebenserwartung der Bergarbeiter lag unter 35 Jahren. Doch mit dem technischen Fortschritt waren auch neue Ideen ins Land gekommen. Aus den Reihen liberaler Dissidenten ging 1914 erstmals auch eine Partido Socialista hervor. Mit der Federación Obrera del Trabajo (FOT) entstand ein Vorläufer des späteren Gewerkschaftsbundes COB, und 1926 erschienen erstmals explizit kommunistische Ideen in Bolivien. In Uncía, dem Zentrum des Patiño-Imperiums mit 10 000 Einwohnern, schlossen sich die Arbeiter am 1. Mai 1923 zu einer Föderation zusammen und verlangten kurz darauf die Entlassung des chilenischen Geschäftsführers, dem permanente Missbräuche vorgeworfen wurden. Der Protest wurde militärisch niedergeschlagen: das sogenannte Massaker von Uncía mit 9 Toten und 5 Verletzten. Ein Fanal in der Geschichte der bolivianischen Arbeiterbewegung.

Ende der 1920er-Jahre kommt es zu Gebietsstreitigkeiten mit Paraguay. Als Binnenland war Bolivien gezwungen, sich auch zum Atlantik hin zu orientieren. Paraguay blockierte bolivianische Ölexporte über den Río Paraguay. Nach fünfzig Jahren einer oberflächlichen politischen Stabilität, die auf die unruhige Zeit zwischen 1839 und 1880 gefolgt war, schlitterte Bolivien in den Chaco-Krieg. Kriegsursache waren Spekulationen um Ölvorkommen dort, die sich Standard Oil (Bolivien) und Royal Dutch Shell (Paraguay) streitig zu machen versuchten. Das schließlich tatsächlich gefundene und geförderte Öl war letztlich unbedeutend. Der Chaco ist ein 290 000 Quadratkilometer großes Gebiet mit damals gerade einmal 70 000 Einwohnern. Als es 1932 zum Kriegsausbruch kam, erwiesen sich schon bald das Klima und der Hunger als die schlimmsten Gegner. Bolivien wurde in aller Welt als Aggressor wahrgenommen und hatte schließlich 50 000 Tote und 20 000 Gefangene zu beklagen.

Zur gleichen Zeit kam es zwischen 1932 und 1934 zu einer Reihe von Indianeraufständen auf dem Altiplano. Die entstehende Arbeiterbewegung und die politische Linke waren gegen den Krieg. Im Jahr 1936 wurde Standard Oil schließlich beschuldigt, Öl an Argentinien geliefert zu haben, das Paraguay im Krieg unterstützte, was schließlich zur Nationalisierung von Standard Oil führte. Es war dies die erste Nationalisierung in Südamerika. Der US-Ölmulti wurde mit 1,7 Millionen US-Dollar entschädigt. Am 21. Dezember 1936 wurde die staatliche Ölgesellschaft Yacimientos Petrolíferos Fiscales Bolivianos (YPFB) gegründet.

Der verlorene »dumme Krieg« (wie er auch genannt wurde) führte zu einer »Nationalisierung des Bewusstseins« und einem Umbruch: Ein anwachsendes Klassenbewusstsein traf auf ein Gefühl, etwas anderes verdient zu haben, weil man ja für Bolivien gekämpft hatte. Die Dominanz des Liberalismus verlor sich in den Strömungen Nationalismus, Marxismus, Faschismus. Stets in Verbindung mit der Gewerkschaft FOT entstanden verschiedene sozialistische Parteien, 1936 die trotzkistische POR (Partido Obrero Revolucionario), 1940 die marxistische PIR (Partido de la Izquierda Revolucionaria) – sowie 1937 die faschistische Falange Socialista Boliviana (FSB).

Anfang der 1940er-Jahre war Simón Patiño ein internationaler Geschäftsmann von Rang, Aramayo saß in Paris und Hochschild erreichte den Höhepunkt seiner Produktion nicht nur in eigenen Minen, sondern auch als Aufkäufer. Alle drei Zinnbarone wehrten mehrere Versuche von Steuererhöhungen ab. Die Zinnpreise hatten 1920 ihren Höhepunkt. Doch natürlich wirkte sich die Depression von 1929 auch auf das Zinn aus – im Jahr der Rekordförderung in Bolivien, als Zinn 70 Prozent der bolivianischen Exporte ausmachte.

Während des Zweiten Weltkriegs trat Bolivien der Anti-Hitler-Koalition bei und brach im Jahr 1942 die Beziehungen zu Deutschland und Japan ab; Deutsche und Japaner wurden ausgewiesen. Der bolivianische Beitrag zur Koalition bestand vor allem in Zinnlieferungen für die alliierte Kriegswirtschaft, die 1945 das zweithöchste Niveau nach 1929 erreichten. Es erfolgte in dieser Zeit eine enge Anlehnung an die USA. Standard Oil erreichte eine weitere Entschädigung über 1,7 Millionen US-Dollar. Die sozialistischen Parteien verloren wegen ihrer Nähe zur Sowjetunion gegenüber der MNR an Einfluss. Die 1941 gegründete Movimiento Nacionalista Revolucionario (MNR) wurde zur einflussreichsten Partei des 20. Jahrhunderts in Bolivien. Ursprünglich ohne klare Programmatik und sogar mit gewissen faschistoiden Zügen (Antisemitismus), setzte sich schon bald eine linke politische Linie um Víctor Paz Estenssoro innerhalb der MNR durch.

Im Juni 1944 wurde in Huanuni, einer Mine des Patiño-Imperiums mit Unterstützung der MNR die Minenarbeitergewerkschaft Federación Sindical de Trabajadores Mineros de Bolivia (FSTMB) gegründet. Erster Exekutivsekretär war Juan Lechín. 1946 wurde mit der »Tesis de Pulacayo« das erste explizit politische Dokument der Arbeiterbewegung verabschiedet. Im Jahr 1945 tagte ein Primer Congreso Indigenal. Eine seiner Kernforderungen war, dass sich Indios auf den Straßen der Städte frei bewegen dürfen! Einschlägige Initiativen fanden ein abruptes Ende, als derjenige, der den Kongress einberufen hatte, nämlich der damalige Präsident Gualberto Villarroel López, von einem Mob vor dem Präsidentenpalast aufgeknüpft wurde.

Zu diesem Zeitpunkt hatte Bolivien (nach einem Zensus von 1950) rund 3 Millionen Einwohner; 63 Prozent davon Indígenas. 69 Prozent waren Analphabeten. 70 Prozent der Bevölkerung arbeiteten in der Landwirtschaft, nur 8 Prozent in der Industrie, davon wiederum mehr als 50 Prozent im Bergbau. Die Indios auf dem Lande hingen völlig vom Großgrundbesitzer ab. Bis 1945 bestand Leibeigenschaft, die von Präsident Villarroel abgeschafft wurde. Dieses System der faktischen Gratisarbeit war ein vorzügliches Ruhekissen, das es den Großgrundbesitzern erlaubte, auf Modernisierung zu verzichten. Mehr als zwei Drittel der Bevölkerung arbeiteten in der Landwirtschaft, und doch mussten 20 Prozent der Lebensmittel importiert werden. Stützpfeiler der Wirtschaft war der Bergbau, der nach wie vor von den Zinnbaronen Patiño, Hochschild und Aramayo kontrolliert wurde. Auch hier wurde auf Modernisierung verzichtet. Etwaige Verluste wurden in anderen Weltregionen ausgeglichen, und die Abgaben an den Staat waren lächerlich gering. Es existierte praktisch keine städtische Mittelschicht, aber es gab krasse Klassengegensätze zwischen (Indio-)Bauern und (Minen-)Arbeitern einerseits und einem kleinen Kern »traditioneller Familien« sowie einer verschwindend kleinen Bourgeoisie andererseits. Vor diesem Hintergrund muss die Tragweite der Revolution von 1952/53 gesehen werden.

Politisch gärte es: Am 21. Juli 1946 wurde Präsident Villarroel ermordet. Ein Massaker an Minenarbeitern in der Mine Siglo XX löste im Mai 1949 eine Rebellion aus. Der repressive Präsident Mamerto Urriolagoitia (1949–1951) kontrollierte die Lage noch einige Zeit, doch die MNR gewann an Stärke und bekam bei den Wahlen von 1951 mit 43 Prozent die relative Mehrheit der Stimmen. Um eine Regierungsübernahme zu verhindern trat Urriolagoitia zurück und setzte eine Militärjunta ein, die die Wahlen annullierte. Rivalitäten innerhalb der Junta ermöglichten am 9. April 1952 einen Putsch. Die Revolution brach aus. Im Zentrum der Geschehnisse stand La Paz. Eine überragende Rolle spielten die bewaffneten Milizen der Bergarbeiter. Nach gewaltsamen Auseinandersetzungen mit 490 Toten und über 1000 Verletzten handelte am 11. April Revolutionsführer Hernán Siles Zuazo mit General Juan José Torres in Viacha einen Waffenstillstand aus. Die Revolution hatte gesiegt.

# Zwei gescheiterte Modelle

## Staatskapitalismus und Neoliberalismus

### Die Revolution von 1952/53

Nach der mexikanischen (1910) und vor der kubanischen (1959) war die bolivianische die zweite Revolution in Lateinamerika. Sie stellte den Übergang von einer semifeudalen zu einer staatlich kontrollierten Wirtschaft dar, mittels Nationalisierung des Bergbaus und einer Landreform. Die eigentliche Revolution aber lag sicherlich in der Änderung der politischen Spielregeln mit der Einführung des allgemeinen Wahlrechts, die einen nie zuvor erlebten emanzipatorischen Schub für die marginalisierte Bevölkerungsmehrheit darstellte, auch wenn es letztlich sowohl ökonomisch als auch politisch-emanzipatorisch eine »halbe« oder »unvollendete« Revolution war. Die Einführung des allgemeinen Wahlrechts – auch für Frauen, Analphabeten, Arme und Indios – öffnete eine Türe der politischen Mitentscheidung für 70 Prozent der Bevölkerung.

Gleich mehrere charismatische Figuren führten die Revolution an: Víctor Paz Estenssoro (1907–1971), der vielleicht prägendste Politiker im Bolivien des 20. Jahrhunderts, stammte aus Tarija, war Anwalt und begann seine berufliche Karriere im Büro für Statistik. Hernán Siles Zuazo führte die Revolutionsjunta an, die auf die Rückkehr von Paz Estenssoro aus dem Exil wartete. Juan Lechín war in der ersten Regierung Minister für Bergbau und Erdöl, Ñuflo de Chávez Minister für Bauernfragen und Walter Guevara Arce war Außenminister.

Juan Lechín Oquendo, geboren 1914 und Minenarbeiter in Catavi/Siglo XX, war federführend bei der Gründung des Gewerkschaftsbundes Central Obrera Boliviana (COB) am 17. April 1952, sechs Tage nach dem Sieg der Revolution. Er war bis 1987 Exekutivsekretär des Gewerkschaftsbundes COB. Es herrschte eine Symbiose. Von 1952 bis 1958 war der COB vollständig von der MNR vereinnahmt, beziehungsweise es gab umgekehrt in der ersten Zeit nach der Revolution die direkteste Arbeiterbeteiligung in der Geschichte Boliviens, praktisch ein Co-Gobierno« (Gemeinschaftsführung/Koalition) MNR/COB, Paz Estenssoro/Lechín Oquendo. Die Revolution von 1952/53 war keine proletarische gewesen, sondern eine von mehreren Klassen getragene nationale Revolution, wurde aber bald von der kleinen Arbeiterklasse maßgeblich kontrolliert.

Das Landreformdekret wurde am 2. August 1953 in Ucreña bei Cochabamba unterzeichnet. Die Landreform war ursprünglich keine Priorität der Revolution gewesen. Sie wurde erst nach massiven bäuerlich-indigenen Protesten eingeleitet. Bewaffnete Bauern hatten nach der Revolution bereits mit Landbesetzungen begonnen. Großgrundbesitzer kontrollierten 95 Prozent des Bodens auf dem Altiplano und in den fruchtbaren Hochtälern. Von der Landreform wird später (siehe S. 156 ff.) noch eingehender zu sprechen sein. Sie leistete im Drei-Millionen-Einwohner-Land Bolivien die Integration von zwei Millionen Menschen als Wirtschaftssubjekte. Gerade sie wird aber zu Recht häufig als unvollendet bezeichnet: Es kam sogar zu Produktionsrückgängen. Ins Tiefland reichte sie praktisch gar nicht und im Hochland schuf sie Minifundien mit geringer Produktivität. Sie war ein reines Umverteilungsprogramm und nicht von Programmen der Mechanisierung und Produktivitätssteigerung begleitet. Die indianische Kollektivwirtschaft wurde nicht berücksichtigt und der Gedanke an eine Anerkennung indigener Territorien existierte schlicht und ergreifend nicht. Besonders die indigenen Völker im Tiefland waren eine vergessene Größe.

Die Nationalisierung des Bergbaus vom 31. Oktober 1952 war die erste in Lateinamerika. Die Minen und ihre Infrastruktur gingen an den Staat über. Zu dessen Kontrolle wurde die Corporación Minera de Bolivia (COMIBOL) geschaffen. Im Jahr 1952 erbrachte der Bergbau 80 Prozent der Staatseinnahmen. Das darf indessen nicht darüber hinwegtäuschen, dass die COMIBOL unter Kapitalknappheit litt, Maschinen und Infrastruktur veraltet waren. Hohe Produktionskosten und geringe Konkurrenzfähigkeit kennzeichneten den Sektor, dazu kam zwischen 1951 und 1955 ein beträchtlicher Verfall der Zinnpreise. Es wurde weiter versäumt, eigene Hochöfen zu bauen, sodass die Abhängigkeit von denen der Zinnbarone bestehen blieb. Es kam zu Produktionsrückgängen, und eingeführte Privilegien für Bergarbeiter verstärkten inflationäre Tendenzen.

Eine Bildungsreform (1955) führte erstmals eine verpflichtende, unentgeltliche Grundschule ein. Und eine Militärreform (ab 1953) brachte erstmals in der Geschichte des Landes einen Austausch der Führungsränge und deren Öffnung für Angehörige unterer Gesellschaftsschichten (die ironischerweise zehn Jahre später die MNR-Regierung stürzten).

Mit der Revolution von 1952/53 begann die Erschließung des Tieflands im Osten: Die Straße von Cochabamba nach Santa Cruz und zwei Eisenbahnlinien dorthin wurden fertiggestellt. Unzweifelhaft hat die erste Revolutionsregierung den Grundstein für die spätere steile Entwicklung von Santa Cruz und des Oriente gelegt. Die Revolution stellte Bolivien in den Kontext der modernen Welt, indem sie große Teile der Bevölkerung erstmals in das wirtschaftliche und politische Geschehen integrierte – wenn auch nur zu einem gewissen Grade.

Die ersten Wahlen mit allgemeinem Wahlrecht zeigten die MNR auf dem Gipfel ihrer Popularität. Sie erreichte – auch dank eines Wahlbetrugs – 82 Prozent der Stimmen. Die Falange Socialista Boliviana (FSB) erhielt als wichtigste Oppositionspartei 14, die Kommunisten kamen auf 2 Prozent.

Die Regierung Siles Zuazo (1956–1960) führte erstmals eine Sozialgesetzgebung ein. Aber Bolivien litt unter dem Problem der Inflation – 100 Prozent in den Jahren 1952 bis 1956. Die unpopuläre Politik der Inflationsbekämpfung in Kooperation mit dem Weltwährungsfonds (IWF) sollte schließlich zum Bruch des Co-Gobierno führen, zu Flügelkämpfen innerhalb der MNR und einer Spaltung des COB. Putschversuche der FSB scheiterten; für Oppositionelle gab es Gefangenenlager. Paz Estenssoro und Lechín gewannen die Wahlen von 1960, doch seit dem Ende der Arbeiterkontrolle und der Einheit führten ständige Streiks auch aus nichtigen Anlässen zu einer Destabilisierung – aber auch dazu, dass die Streikwaffe stumpf wurde. Lechín selbst kritisierte diese inflationäre Streikneigung. Doch ab 1963 war die MNR-Regierung mit einer offenen Arbeiteropposition konfrontiert.

So kam es bereits während des Revolutionsprozesses zum Verlust der Einheit, zu Abspaltungen und Sektierertum, der »bolivianischen Krankheit«: Aus der MNR ging die Partido Revolucionario Auténtico (PRA – Guevara Arce, 1960) hervor, die Partido Revolucionario de la Izquierda Nacional (PRIN – Lechín Oquendo, 1963) und die MNRI (Siles Zuazo, 1964). Auch der Einfluss des Auslands, die Rolle des IWF und die Stellung im Kalten Krieg spielten bei diesen Richtungskämpfen eine Rolle. Vor allem der Einfluss der USA wuchs, erst als wichtigster Abnehmer der Zinnexporte, dann ab 1961 als Geber von finanziellen Mitteln im Rahmen von Kennedys »Allianz für den Fortschritt« zur Eindämmung revolutionärer Bestrebungen nach dem Vorbild Kubas.

Wie auch immer: Die Einheit war von kurzer Dauer und ging verloren. Die MNR scheiterte in ihrer revolutionären Phase an Flügelkämpfen, persönlichen Ambitionen und an Spaltungen. Was folgte, waren achtzehn Jahre Militärdiktatur nach dem Putsch der Generäle René Barrientos Ortuño und Alfredo Ovando Candia im November 1964, den Teile der MNR (Siles Zuazo, Lechín und Guevara) unterstützten, schließlich kam Barrientos selbst aus ihren Reihen. Die Gesellschaft der Unterstützer des Putsches war überhaupt eine illustre und reichte von oppositionellen MNRistas über die Faschisten der FSB bis zu Teilen der Kommunisten. Es sollte nicht der letzte Ausbruch der »bolivianischen Krankheit« bleiben. Schon im Jahr 1971 unterstützte die MNR auch den Putsch von Hugo Banzer; Siles Zuazo unterstützte ihn allerdings nicht, was zum Bruch mit Paz Estenssoro führte.

## Die Militärregierungen 1964–1982

Es war die Zeit der Globalisierung des Kalten Krieges – auch in Südamerika: Der Vietnamkrieg trat ab 1964 in seine heiße Phase. Die Entwicklungen in Guatemala mit der Wahl des Linksliberalen Jacobo Arbenz 1951 und die kubanische Revolution 1959 hatten die USA alarmiert. Die Machtübernahme durch den links orientierten General Velasco Alvorado in Peru 1968 und der Wahlsieg von Salvador Allende in Chile 1970 bestärkten die Anhänger der Dominotheorie, die befürchteten, ein Land nach dem anderen könnte in den Einflussbereich der Sowjetunion geraten. Seit Präsident Lyndon B. Johnson stand die Lateinamerikapolitik Washingtons unter der Doktrin der nationalen Sicherheit. Umstürze und antikommunistische Militärregimes wurden eingesetzt oder unterstützt ohne Rücksicht auf Demokratie und Menschenrechte: Guatemala (1954), Paraguay (1954), die Militärregierungen in Brasilien (ab 1964), Pinochet in Chile (1973), Uruguay (1973), Argentinien (1976). Einige der notorischsten Menschenrechtsverbrecher und Diktatoren waren Absolventen der U.S. Army School of the Americas in Fort Benning, Georgia: Leopoldo Galtieri (Argentinien), Efraín Ríos Montt (Guatemala), Manuel Noriega (Panama) und Hugo Banzer (Bolivien). Auch der bolivianische Putschgeneral von 1964, René Barrientos Ortuño, war in den USA zum Pilot ausgebildet worden, aber schon vor jener Zeit, im Jahr 1945 – und er war Vizepräsident unter Paz Estenssoro gewesen. Er setzte gegen die unbotmäßigen Mineros ein Streikverbot durch und fror die Löhne ein. Am 23. Juni 1967 kam es in der Johannisnacht zu einem der schwersten Massaker an Bergarbeitern, die sich mit der Guerilla von Che Guevara, die sich in diesen Jahren in Bolivien zu formieren versuchte, solidarisch erklärten, ohne dass indessen irgendeine Verbindung mit ihr bestand; mindestens 87 Menschen, darunter Frauen und Kinder, wurden im Minenzentrum Llallagua vom Militär erschossen.

In ihrer ersten Phase war die Putschregierung in Bolivien noch keine ausgesprochene Rechtsdiktatur. Die Regierung von General Ovando (1969/70) war sogar eher links orientiert, mit Ministern wie Marcelo Quiroga Santa Cruz (Energie), der am 17. Oktober 1969 Gulf Oil nationalisierte. Unter General Ovando wurde bei Oruro die erste Verhüttungsanlage gebaut. Doch der Druck nahm zu: innerhalb der Militärs vonseiten rechter Offiziere und von außen. La Paz und Washington waren ins Mark erschrocken durch den Guerillafokus des Che Guevara (1966/67). Folgebewegungen wie die Guerilla von Teoponte im Norden von La Paz, die zahlenmäßig größer war als die Gruppe von Che, aber in militärischen Dingen völlig unerfahren, hielten die Alarmbereitschaft aufrecht. Sie wurde im Oktober/November 1970 zerschlagen.

Hinter den Kulissen tobte ein Machtkampf zwischen linken und rechten Fraktionen des Militärs. Ovando trat am 6. Oktober 1970 zurück, und nach einem Ringen mit dem rechten General Rogelio Miranda übernahm einen Tag später von der Luftwaffenbasis El Alto aus General Juan José Torres, unterstützt durch einen Generalstreik des COB, die Macht. Torres vertiefte den Kurs von Ovando, ohne über ein Programm zu verfügen. Er stand unter extremem Druck von rechts und von links. Eine Einigung mit dem COB scheiterte an persönlichen Ambitionen und radikalen Forderungen; der COB verlangte ein Co-Gobierno mit einer 51-prozentigen Beteiligung für sich und verbreitete eine revolutionäre Stimmung und Euphorie. Óscar Zamora von der prochinesischen Partido Comunista Marxista Leninista Maoista (PCMLM) organisierte zusammen mit einer Unión de Campesinos Pobres (UCAPO) bewaffnete Landbesetzungen. (1979 taucht Zamora als MNR-Senator wieder auf und 1993 als Vizepräsidentschaftskandidat von Ex-Diktator Hugo Banzer; im Vorfeld der Wahlen vom Dezember 2009 wollte er mit seiner »Revolutionären Linksfront«, FRI, erneut auf den Plan treten.) Eine Asamblea Popular entstand als Gegenentwurf zum Parlament. Juan Lechín war ihr Präsident. Währenddessen kam es in Lima zu einer Einigung zwischen Paz Estenssoro und Siles Zuazo, dem sogenannten MNR-Einheitspakt, der indessen gleich wieder gebrochen wurde, als Paz Estenssoro 1971 den Banzer-Putsch unterstützte. Die revolutionäre Phase nach 1952 und die Linke scheiterten letztlich an politischem Radikalismus und persönlichen Ambitionen. Das Resultat waren achtzehn Jahre Militärdiktaturen!

Im April 1971 wurde die Movimiento de la Izquierda Revolucionaria (MIR) gegründet (offizielles Gründungsdatum ist der 7. September), der Antonio Araníbar, Oscar Eid und Jaime Paz Zamora angehörten und die sich durch einen heroischen Kampf gegen die Banzer-Diktatur auszeichnen sollte. Im Mai 1971 erfolgte die Gründung der Partido Socialista durch Marcelo Quiroga Santa Cruz, von der sich 1979 wiederum unter Marcelo Quiroga die Partido Socialista 1 abspaltete. Von der MIR spaltete sich im April 1984 eine Fraktion MIR-Masas ab und im Dezember 1984 die Movimiento Bolivia Libre (MBL) unter Antonio Araníbar.

Wie auch immer: Die nationalistische und die revolutionäre Linke war und blieb heillos gespalten. Am 19. August 1971 stürzte Hugo Banzer von Santa Cruz aus die schwache Regierung Torres – unterstützt von weiten Teilen der Streitkräfte und der MNR sowie der FSB, aber auch von der städtischen Mittelklasse, die sich vor dem Chaos auf der Linken ängstigte. Am 21. August erklärte sich Banzer zum Präsident. Er regierte mit harter Repression. Die Universitäten wurden geschlossen. Alle Aktionen des Gewerkschaftsbundes COB und der linken Parteien kamen zum Erliegen. Die Diktatur nahm nun ein blutigeres Gesicht an: Colonel Andrés Selich befahl ein Massaker an 20 inhaftierten Studenten. Der Banzer-Putsch hinterließ 98 Tote und 560 Verletzte. Im Jahr 1974 setzte das Militär beim sogenannten Massaker von Tolata bei Cochabamba Panzer gegen protestierende Bauern ein. Auch in den Nachbarländern gab es zu dieser Zeit Militärdiktaturen, und die Vereinigten Staaten unterstützen uneingeschränkt den rechten Militarismus in ihrem Hinterhof. Politische Gegner ließ man verschwinden. Zwischen den Diktaturen in Bolivien, Brasilien, Argentinien, Uruguay, Paraguay und Chile gab es eine geheime Zusammenarbeit zur Verfolgung und zum Austausch politischer Gefangener, die »Operación Condor«. Torres, Lechín und viele andere gingen ins Exil. Torres wurde schließlich 1976 im argentinischen Exil entführt und ermordet.

Dagegen fanden sich die historischen Erzgegner MNR und FSB nun Seite an Seite in der Unterstützung des Banzer-Putsches und in der von ihm geschaffenen Frente Popular Nacionalista (FPN). Banzer hatte eine günstige Exportkonjunktur bei Zinn und Gas vorgefunden, und seine Regierung brachte Wachstum, wirtschaftliche Stabilität und eine Verbesserung des Lebensniveaus, aber keine strukturelle Entwicklung. Banzer nahm die zu jener Zeit auf den internationalen Finanzmärkten günstigen Kredite auf. Damit wurde der Grundstein für die Öl- und Gas-Infrastruktur und die Exporte nach Brasilien gelegt. Doch die Verschuldung kletterte während Banzers Amtszeit von 460 Millionen (1971) auf 3 Milliarden US-Dollar (1978). Das Geld floss zum großen Teil in Prestigeobjekte, in Kredit- und Landgeschenke an seine Unterstützerklientel im Oriente, dem östlichen Tiefland, unter anderem im Rahmen eines 60 Millionen US-Dollar umfassenden Baumwollprojekts. Es kam zu einem Bauboom und einem Anwachsen der Viehwirtschaft im Departement Santa Cruz. In Banzers Amtszeit wurde auch das illegale Kokaingeschäft in Bolivien groß, dessen führende Köpfe der ersten Stunde nicht wie in Kolumbien Emporkömmlinge und Kleinkriminelle waren, sondern Großgrundbesitzer, Viehzüchter und hohe Militärs – ebenfalls überwiegend aus dem Oriente.

Spätestens seit 1974 herrschte offene Diktatur, und es kam zu Erosionserscheinungen auf der Rechten: Paz Estenssoro wurde wegen zunehmender Kritik an der Regierung ins Exil geschickt, Colonel Andrés Selich von Sicherheitskräften des Regimes totgeschlagen. Parteien und gewerkschaftliche Aktivitäten wurden 1974 ganz verboten. Die Anknüpfung von diplomatischen Beziehungen mit der Regierung Pinochet in Chile (1975) und ein in der Folge geplanter Gebietstausch zwischen beiden Ländern lösten schließlich einen Proteststurm aus. Und nach der Ermordung von Ex-Präsident Torres im argentinischen Exil nahm die Kritik auch im eigenen Lager zu. Der Wirtschaftsboom ging zu Ende, und unter dem neuen US-Präsidenten Jimmy Carter nahm auch der internationale Druck auf Bolivien zu. Ein Hungerstreik von fünf Bergarbeiterfrauen (darunter die legendäre Domitila Chungara, die 1976 das Buch *Wenn man mir erlaubt zu sprechen …* veröffentlichte, siehe Viezzer 1977) löste eine Lawine aus. Tausende schlossen sich an. Banzer rief schließlich im Jahr 1977 Neuwahlen aus. Nicht er kandidierte (wegen seiner Unpopularität), sondern sein Innenminister Juan Pereda Asbún, der die Wahlen gewann, die aber wegen offensichtlichen Wahlbetrugs annulliert wurden. Pereda akzeptierte die Annullierung nicht und putschte. Banzer verließ unter Tränen den Regierungspalast.

Es folgten vier chaotische Jahre (1978–1992) mit neun Regierungen, zwei verfassungsmäßigen und sieben De-facto-Regierungen. Am 17. Juli 1980 putschte General Luis García Meza, um die Umsetzung vorangegangener Wahlen zu verhindern, die Siles Zuazo mit 38,7 Prozent vor Paz Estenssoro mit 20,1 Prozent gewonnen hatte. COB-Zentrale und Präsidentenpalast wurden gestürmt, Marcelo Quiroga Santa Cruz erschossen und Juan Lechín festgenommen. Banzer unterstützte die García-Meza-Diktatur bis zum April 1981. Bereits im März war der Jesuit und Journalist Luis Espinal nach Drohungen von García Meza gefoltert und ermordet worden. Am 2. Juni stürzte ein Sportflugzeug mit Vizepräsidentschaftskandidat Jaime Paz Zamora und vier weiteren UDP-Führern unter ungeklärten Umständen ab. Nur Paz Zamora überlebte, mit schweren Verbrennungen. Das Flugzeug gehörte dem Lufttaxi-Unternehmen von Luis Arce Gómez, García Mezas späterem Innenminister. Zwei Tage vor den geplanten Wahlen war ein Demonstrationszug der UDP mit Handgranaten angegriffen worden; es gab 2 Tote und 13 Verletzte.

Die sogenannte Narcokratie unter García Meza und seinem Innenminister Luis Arce Gómez war der barbarische Höhe- und Schlusspunkt der bolivianischen Militärdiktaturen. Am 15. Januar 1981 wurden acht von neun Führungsmitgliedern der MIR beim Massaker in der Calle Harrington in La Paz ermordet. Nach den Vereinigten Staaten unter Präsident Carter hatte praktisch die gesamte demokratische Staatenwelt die diplomatischen Beziehungen zu Bolivien abgebrochen: Wegen des diktatorischen Charakters seiner Regierung, der notorischen Menschenrechtsverletzungen, aber auch, weil spätestens unter García Meza das illegale Kokaingeschäft vom Präsidentenpalast protegiert, wenn nicht sogar geleitet wurde. García Meza (in Bolivien) und Luis Arce Gómez (in den USA) wurden später wegen einer Reihe von Delikten, darunter Kokainhandel, zu Haftstrafen verurteilt. García Meza wurde am 15. März 1995 von Brasilien an La Paz ausgeliefert und ist der einzige lateinamerikanische Ex-Diktator, der im eigenen Land verurteilt wurde und eine Haftstrafe verbüßt. Auch Arce Gómez wurde inzwischen nach Verbüßung seiner Haft von den USA an Bolivien überstellt.

Schließlich wurde der Druck zu groß: Mehrere Putschversuche aus den Reihen des Militärs erzwangen zunächst den Abgang von Arce Gómez, dann die Machtübergabe an eine Übergangsjunta am 4. August 1981. Schließlich wurde – statt Neuwahlen auszuschreiben – das Wahlergebnis von 1980 anerkannt und Siles Zuazo vom Parlament zum Präsidenten und Jaime Paz Zamora zum Vizepräsidenten gewählt. Die Epoche der Militärdiktaturen war vorüber.

Die Militärregierungen ließen das staatskapitalistische Modell der Revolution von 1952/53 ungebrochen, ja der Anteil der Staatswirtschaft hatte sogar noch zugenommen. Die Wirtschaft war zerrüttet, das Land tief verschuldet und international isoliert. Drogenhändler, wie »Kokainkönig« Roberto Suárez, standen im Zenit ihrer Macht.

## Redemokratisierung und Neoliberalismus

Die Regierung von Präsident Siles Zuazo markierte den Übergang zur Parteiendemokratie, zu verfassungsmäßigen Wahlen, geordneten Machtübergaben und Koalitionsregierungen. Er genoss bei seiner Machtübernahme 1982 große Unterstützung auch über Parteigrenzen hinweg. Und auch das internationale Ansehen verbesserte sich. Anfang 1983 lieferte die bolivianische Regierung Klaus Barbie (alias Altmann, den »Schlächter von Lyon«), der als Militär- und Geheimdienstberater für Hugo Banzer und García Meza gearbeitet hatte, an Frankreich aus. Indes: die Rahmenbedingungen waren äußerst schwierig, Erfahrung und Programmatik mangelhaft. Schon bald prägte Streit um Sachthemen und Posten die Koalition, die zudem mit einer Wirtschaftskrise konfrontiert war. Bereits im Januar 1983 zog sich die MIR aus der Koalition zurück, begleitet von Parteispaltungen, von denen bereits die Rede war (siehe S. 90). Die Opposition aus MNR und ADN blockierte Krisenlösungen. Der COB unter Führung von Juan Lechín trieb die Regierung mit Lohnforderungen und der Forderung nach einer Regierungsbeteiligung (Co-Gobierno) in die Enge. Ministerwechsel waren an der Tagesordnung. In knapp drei Jahren der UDP-Regierung gab es 7 Kabinette und 80 Minister; mehr als 1000 Streiks, darunter vier Generalstreiks von 4, 7, 9 und 16 Tagen, bei denen auch der Präsidentenpalast und die Residenz von Wasser und Strom abgeschnitten waren. Bei den »Jornadas de Marzo« von 1985 paralysierten 12000 Bergarbeiter den Regierungssitz. Die Führung der Arbeiterbewegung glaubte irrtümlicherweise, eine revolutionäre Machtübernahme stünde unmittelbar bevor.

Am 30. Juni 1984 wurde Präsident Siles Zuazo bei einem Putschversuch zehn Stunden lang vom Militär entführt. Einmal trat er einen viertägigen Hungerstreik an, um Parteien und COB zur Vernunft zu bringen. Schließlich trat er 1985 zurück, um den Weg für Neuwahlen zu ebnen, die nur sieben Jahre nach dem Ende seiner Diktatur Hugo Banzer mit 32,8 Prozent der Stimmen gewann, vor Paz Estenssoro mit 30,4 Prozent und Jaime Paz Zamora mit 10,2 Prozent. Die Linke wurde dabei von der enttäuschten Bevölkerung regelrecht abgestraft. Das Parlament wählte Víctor Paz Estenssoro mit 94 gegen 51 Stimmen zum Präsidenten, und Banzer unterstützte in der Folge dessen Regierung im Rahmen eines »Pakts für die Demokratie«.

Ein wesentlicher Grund für den Vertrauensverlust der Linken war eine unhaltbare Hyperinflation, deren Folgen gerade zulasten ihrer Kernklientel gingen, der Lohnarbeiter, aber auch der städtischen Lohn- und Gehaltsempfänger in der Beamtenschaft und im Dienstleistungsbereich.

Die Inflation kletterte von 123 Prozent (1982) über 276 Prozent (1983) und 1282 Prozent (1984) auf historische 8767 Prozent (1985).

Erneut scheiterte die bolivianische Linke an sich selbst: Eine Mischung aus hohen Erwartungen, politischem Radikalismus und persönlichen Ambitionen schwächte die Mitte-links-Regierung der UDP, bis sie aufgeben musste. Was man sich am Ende einhandelte, war eine radikale neoliberale »Strukturanpassung« nach dem Zuschnitt des IWF, die zweite in Lateinamerika nach Chile und die erste unter einer Demokratie.

Víctor Paz Estenssoro begann seine Präsidentschaft mit einer Brandrede vom 29. August 1985: »Bolivia se nos muere« (Bolivien stirbt uns weg). Das Dekret 21 060 leitete die neoliberale Strukturanpassung ein und das Ende des staatskapitalistischen Modells, das Paz Estenssoro selbst mit eingeführt hatte. Sein Planungsminister Gonzalo Sánchez de Lozada, der mit der Umsetzung der neoliberalen Deregulierung betraut war, sagte nicht ganz unrealistisch: »Die Inflationsbekämpfung war nicht unsere wichtigste Aufgabe, sondern die einzige!« Und sie gelang: Die Inflation wurde auf ein erträgliches Maß heruntergefahren und nach zwei Jahren konnte man zu bescheidenen Wachstumsraten zurückfinden.

| *Inflationsrate* | *Wachstumsrate* |
|---|---|
| 8767,00 Prozent | –0,97 Prozent (1985) |
| 65,99 Prozent | –2,49 Prozent (1986) |
| 10,67 Prozent | 2,60 Prozent (1987) |
| 21,52 Prozent | 2,96 Prozent (1988) |
| 16,00 Prozent | 2,83 Prozent (1989) |

Doch die sozialen Kosten der wirtschaftlichen Stabilisierung waren hoch. Der COB antwortete auf das Dekret 21 060 mit einem 15-tägigen Generalstreik. Die Regierung erklärte daraufhin den Ausnahmezustand und verhaftete Gewerkschaftsführer, darunter auch Juan Lechín. Verschlimmert wurde die Situation noch durch den Zinnkrach vom Oktober 1985, den Absturz der Weltmarktpreise für Zinn. 23 000 von 30 000 Bergarbeitern wurden entlassen und reagierten mit einem »Marcha por la vida« (Marsch für das Leben) von Oruro nach La Paz. Wieder wurde der Ausnahmezustand ausgerufen. Der Niedergang des Bergbaus und der staatlichen COMIBOL läuteten auch das Ende der traditionellen Gewerkschaftsmacht in Bolivien ein. Es kam zu einem massiven Anstieg der Arbeitslosigkeit und des informellen Sektors.

Die Wahlen vom 7. Mai 1989 gewann Sánchez de Lozada von der MNR (25,7 Prozent) vor Hugo Banzers ADN (25,2 Prozent) und Jaime Paz Zamora von der MIR (21,8 Prozent). Jaime Paz, der vor den Wahlen noch verkündet hatte: »Von Banzer trennen uns Ströme von Blut«, ließ sich im Rahmen eines »Acuerdo Patriótico« (Patriotisches Übereinkommen) mit den Stimmen der ADN zum Präsidenten wählen. In den Augen vieler Bolivianerinnen und Bolivianer wurde Sánchez de Lozada auf diese Weise um seinen Wahlsieg betrogen. Das Acuerdo Patriótico war so ein Meilenstein auf dem Wege zur Legitimationskrise der traditionellen Parteien und des politischen Systems in Bolivien. Bei Kommunalwahlen Ende 1993 fielen MIR (9,3 Prozent) und ADN (11,4 Prozent) jeweils auf einen historischen Tiefstand, und Banzer gab kurzfristig den Parteivorsitz ab (bevor er dann 1997 erneut Präsident wurde – diesmal gewählt).

Die Schwächung der Linken schuf Raum für neue, populistische Parteien: CONDEPA und UCS. Bereits 1989 trat mit dem prominenten Volksmusiker und Besitzer einer Radio- und Fernsehstation, Carlos »Compadre« Palenque mit seiner Partei CONDEPA (Conciencia de Patria – vaterländisches Gewissen) ein Politiker neuen Typs auf die politische Bühne. Ihm folgte der Bierbrauer Max Fernández mit seiner Unión Cívica de Solidaridad (UCS). Beide Gruppierungen – besonders CONDEPA – kritisierten die neoliberale Politik und wandten sich in erster Linie an Unterprivilegierte, Indios und Mestizen, wobei sie vor allem Identifikationsmöglichkeiten boten und weniger Inhalte. Palenque war durch seine TV-Programme populär, die Unterprivilegierten Gelegenheit zur (folgenlosen) öffentlichen Klage über ihre Alltagssorgen gaben. CONDEPA erzielte in La Paz und Umgebung beachtliche Erfolge, und Palenques Frau Mónica war zwischenzeitlich sogar einmal Bürgermeisterin von La Paz. Max Fernández starb 1995 bei einem Flugzeugabsturz; Carlos Palenque im März 1997 an Herzversagen. Beide Parteien verloren nach dem frühen Tod ihrer Gründer rasch an Gewicht, doch dass sie solches überhaupt gewinnen konnten, war bereits Zeichen der tiefen Krise des Parteiensystems und besonders der sich auflösenden parteipolitischen Linken.

Die Präsidentschaftswahlen von 1993 gewann erneut Gonzalo Sánchez de Lozada (MNR) mit 35,6 Prozent vor Hugo Banzer (ADN) mit 21 Prozent und den politischen Neuerscheinungen CONDEPA (14,3 Prozent) und UCS (13,8 Prozent). Im Rahmen seines »Plan de Todos« leitete Sánchez de Lozada die neoliberalen Reformen der zweiten Generation ein, die erstmals ernsthafte Privatisierungen und eine uneingeschränkte Marktwirtschaft nun wieder mit einer stärkeren Rolle des Staates in der Struktur- und Sozialpolitik verbanden. »Goni« holte sich den Aymara-Intellektuellen Víctor Hugo Cárdenas als Vizepräsidenten zur Seite, und eine Verfassungsänderung definierte Bolivien in der Präambel als multiethnischen und plurikulturellen Staat.

Die neoliberale Strukturanpassung von Mitte der 1980er-Jahre war Voraussetzung für einen bitter benötigten Stand-by-Kredit des

IWF gewesen, der wiederum in der internationalen Finanzwelt als grünes Licht für eine weitere Finanzzusammenarbeit gewertet wurde. Bolivien war dadurch wieder kredit- und förderungswürdig geworden. Waren in der vorangegangenen staatskapitalistischen Epoche vor allem die Minengesellschaft COMIBOL und die Mineralexporte zur Budgetfinanzierung herangezogen worden (auch ein Grund für die Stagnation der COMIBOL), so füllten nun unter marktwirtschaftlichem Vorzeichen internationale Geber dieses Loch. Bolivien wurde zum Vorzeigeland und Hätschelkind internationaler Entwicklungsorganisationen und bilateraler Geber in einem Maße, dass man von einem Aid-Regime sprechen muss (siehe S. 178). Indes: Der wirtschaftliche Motor wollte nicht anspringen. Die Wachstumsraten blieben niedrig, die Verteilung blieb aus. Die Armut nahm zu oder blieb zumindest gleich. Dem übergestülpten privatwirtschaftlichen Chassis fehlte schlicht der Motor. Die Zinnmonopolisten Patiño, Aramayo und Hochschild waren lange Vergangenheit. Bolivien hatte jede Menge Wettbewerbsnachteile – die extreme Geografie, die Binnenlage, mangelnde Infrastruktur und Bildung, eine ineffiziente und korrupte Verwaltung und so weiter – und das Land hatte nie eine Klasse von Privatunternehmern hervorgebracht. Erst unter der Präsidentschaft von Jaime Paz Zamora (1989–1993) hatte es erste zaghafte Privatisierungsversuche gegeben.

Unter Sánchez de Lozada setzte sich nun – nicht zuletzt mithilfe internationaler Entwicklungsorganisationen – die Erkenntnis durch, dass die »unsichtbare Hand des Marktes« (Adam Smith) allein nicht ausreicht, um die Bedingungen für einen tragfähigen Entwicklungsprozess zu gewährleisten. Die sogenannten neoliberalen Reformen der zweiten Generation wurden durchgeführt. Doch allem voran eine ernsthafte Privatisierung. Fast ein Jahrzehnt nach der neoliberalen Deregulierung wurde die Privatisierung der Erdöl- (YPFB), der Telefon- (ENTEL), der Elektrizitäts- (ENFA), der Flug-

(LAB) und der Eisenbahngesellschaft (ENFE) in Angriff genommen. Damit verbunden waren Rekordinvestitionen in Höhe von 1,67 Milliarden US-Dollar durch die neuen Eigner, aber auch allzu entgegenkommende Verträge mit einem chilenischen Investor im Zusammenhang mit der Bahnprivatisierung, die zu gewalttätigen Protesten in La Paz führten. Die vereinbarten Steuern und Abgaben für den privatisierten Erdöl- und Erdgassektor wurden als »exzessiv liberal« kritisiert. Sánchez griff unter anderem ein altes Projekt aus dem Jahr 1974 auf und realisierte Gasexporte nach Brasilien über eine 1970 Kilometer lange Pipeline nach São Paulo und weiter nach Porto Alegre. Doch es gab nach wie vor keine nennenswerte Verarbeitung und Binnennutzung des Energiereichtums.

Das »Ley de la Participación Popular« (Gesetz für Bürgerbeteiligung) stellte das Herzstück der neoliberalen Reformen der zweiten Generation dar. Wie die anderen Maßnahmen wurde es unter maßgeblicher Beteiligung internationaler Entwicklungsagenturen konzipiert und relativ unsensibel durchgesetzt, was Proteste hervorrief. Doch zum ersten Mal in der Geschichte des Landes erhielten Gemeinschaften und Dörfer auf dem Lande den Status einer juristischen Person und ein eigenes Budget – nicht weniger als 20 Prozent des nationalen Budgets. Dazu wurden 311 Gemeinden geschaffen. Zur gleichen Zeit ging eine ganze Reihe von Funktionen (öffentliche Arbeiten, Schulen, Hospitäler sowie allgemeine Entwicklungsaktivitäten) in ihre Verantwortung über. Hierzu müssen sie jährliche und fünfjährliche Entwicklungspläne erstellen. Parallel dazu wurden 20 000 Organizaciones Territoriales de Base (OTB) geschaffen; genauer: 12 000 ländliche Gemeinschaften und 8000 Nachbarschaftskomitees erlangen als OTB den Status von Rechtspersonen, ohne formal ihre Struktur ändern zu müssen. Diese OTB haben weitreichende Kontrollfunktionen. Dazu entsenden sie jeweils einen Vertreter in ein Comité de Vigilancia (Überwachungskomitee), das die Arbeit der Gemeindeverwaltung kontrolliert. Eine Verwaltungsrevolution, wenn man so will.

Eine parallel dazu laufende Dezentralisierung auf Departements- und Provinzebene endete aus politischen Gründen faktisch eher in einer Zentralisierung, weil »Goni« einen zu weitgehenden Kompetenzverlust der Zentralregierung befürchtete. Die Präfekten wurden vom Präsidenten eingesetzt. Eine Bildungsreform (»Ley de la Reforma Educativa« vom 7. Juli 1994) sah eine Umstrukturierung des Schulwesens und des Unterrichtsgeschehens vor, führte zweisprachigen Unterricht, beginnend mit der jeweiligen Muttersprache, ein und wollte die Lehrerausbildung verbessern.

Viele dieser Maßnahmen bedeuteten einen großen Fortschritt. Doch sie waren nicht unumstritten. Besonders der Umstand, dass sie ohne große gesellschaftliche Debatten top-down von der Regierung durchgezogen wurden, gab zu Misstrauen und Protesten Anlass. Im Jahr 1995 musste zweimal der Ausnahmezustand ausgerufen werden – an der Grenze zur Verfassungsmäßigkeit.

Ein Beispiel für die außeninduzierte Modernisierung ist die weitgehend folgenlose Einrichtung eines Umweltministeriums (Ministerio de Desarrollo Sostenible y Medio Ambiente) am 17. März 1993 und seine Besetzung mit dem Superminister und MNR-Schwergewicht José Guillermo Justiniano. Nach dem Erdgipfel von Rio 1992 war es ziemlich klar, dass ein solcher Schritt international auf große Zustimmung und (finanzielle) Unterstützung stoßen würde. Indessen wurde das Ministerium schon bald an den Koalitionspartner UCS abgetreten, womit seine politische Verwaisung begann.

Interessant ist auch der Umstand, dass Bolivien die beiden wichtigsten internationalen Dokumente zur Förderung von Indígena-Rechten, die ILO-Konvention 169 von 1989 und die UNO-Deklaration über die Rechte indigener Völker von 2007 jeweils als eines der ersten Länder unterzeichnet hat: die ILO-Konvention 169 im Jahr

1991 und die UNO-Deklaration sogar als erstes Land überhaupt im Oktober 2007. Letzteres – bereits unter der Regierung Morales – überrascht nicht, ist sie doch praktisch zur Gänze in die zu dieser Zeit in Ausarbeitung befindliche neue Verfassung übernommen worden (siehe S. 150 f.). Die Unterzeichnung der ILO-Konvention 169 durch die Regierung Jaime Paz Zamora erfolgte 1991 unter dem Eindruck des historischen »Marcha por Territorio y Dignidad« (Marsch für Land und Würde) der Tieflandvölker von 1990 und fällt darüber hinaus in den Kontext einer außeninduzierten Politik, die weitgehend symbolisch und im Inneren folgenlos blieb.

Diese Art, nach den Vorlieben der internationalen Entwicklungskooperation Politik zu machen, hinterließ dauerhafte Strukturen. Carlos D. Mesa berichtet von seiner Überraschung, als er während seiner kurzen Präsidentschaft (2003–2005) auf ein Superministerium stieß. Das Finanzministerium stellte nach seiner Beschreibung »den ›unpolitischen‹ Kern von hochqualifizierten Technokraten dar, alle mit absolut liberalen Visionen, die ohne größere Probleme von Regierung zu Regierung rotierten«, während es doch sonst Usus war, diese Stellen nach jeder Wahl mit der Klientel des Wahlsiegers neu zu besetzen. Sie setzten den neoliberalen Washingtoner Konsens für Wachstum und Stabilität von 1990 um und fungierten als verlässlicher Transmissionsriemen für die Vorgaben von IWF und Weltbank. Selbst unter Morales sei – ungeachtet seines antineoliberalen Diskurses – diese gut geölte Maschine aus den 1990er-Jahren im Finanzministerium weitgehend intakt geblieben, so der Ex-Präsident.

Eine unter »Goni« eingeführte Rentenzahlung, der sogenannte Bonosol wurde nur einmal – im Wahlkampf – ausbezahlt und von dessen Nachfolger Banzer abgeschafft. Die Betroffenen sprachen sarkastisch vom »Bonosombra«, Schattenbonus. Wie vorherige und nachfolgende Regierungen, so hatte auch diese vielgerühmte Reformregierung ihre Skandale im Zusammenhang mit Drogenproduktion und Drogenbekämpfung. Im Jahr 1995 fand eine Rekordbeschlagnahmung von 4,1 Tonnen Kokain (HCL) an Bord einer DC-6B statt – in Lima, nachdem die Maschine auf unerklärliche Weise in La Paz hatte starten können. Die heiße Ware gehörte Luis Amado Pacheco alias »Barbaschocas«, dessen Familie engste Kontakte zur Führungsspitze der MNR und des Staates unterhielt.

Der MNR-Wunschkandidat, »Gonis« kompetenter und honoriger Justizminister Blattmann, trat zu den Wahlen 1997 nicht an. Der Ersatzmann, Carlos Durán, bedeutete eine ernste Schwächung für die MNR. Banzer gewann schließlich mit nur 22,3 Prozent vor Durán (18,2 Prozent) und der CONDEPA (17,2 Prozent, Comadre Remedios). Eine Megakoalition wurde gebildet aus ADN, Nueva Fuerza Republicana (NFR), CONDEPA, MIR und UCS. Die Abwesenheit eines klaren Programms und die Heterogenität der Koalitionäre erschwerten das Regieren trotz einer rechnerischen Zweidrittelmehrheit im Parlament. Es kam zu einer Politik des Stillstands. Die im Ausland gelobte » paktierte Demokratie« stieß nun definitiv an ihre Grenzen. Politische Parteien wurden von den Bolivianerinnen und Bolivianern zunehmend als bloße Pfründenverteilungsvereine gesehen. Nur bei der Kokavernichtung konnte Banzer punkten, um einen hohen innenpolitischen Preis. Sein Plan »Por la Dignidad« (siehe auch S. 112 f.) brachte die Abschaffung der Kompensationszahlungen an die Kokabauern und Zwangseradikation (Pflanzenvernichtung bis zu den Wurzeln) unter dem Schutz des Militärs. Einkommenseinbußen in Höhe von geschätzten 300 bis 500 Millionen US-Dollar für Bolivien brachten vor allem das Departement Cochabamba in wirtschaftliche Schwierigkeiten. Soziale Konflikte und Gewalt nahmen zu. Über hundert Menschen starben.

Die Korruption erreichte unter Banzers Megakoalition einen Höchststand. Gesundheitsminister Tonchi Marinkovic musste wegen überteuerter Impfungen zurücktreten, Arbeitsminister Leopoldo López wegen Schmuggel und Veruntreuung. Verteidigungsminister Fernando Kieffer wurde später wegen des Kaufs eines völlig überteuerten Flugzeugs angeklagt und Banzers Schwiegersohn, der ehemalige Präfekt des Departements La Paz, Luis Alberto »Chito« Valle wegen schwerer Unregelmäßigkeiten (er befindet sich derzeit auf der Flucht vor der Justiz). Der krasseste Fall war derjenige des Mitte 1999 verhafteten Marino Diodato: Verheiratet mit einer Nichte Banzers, war er, obwohl Italiener, in den Rang eines Hauptmanns der bolivianischen Luftwaffe aufgestiegen. Ihm wurden unter anderem der Betrieb illegaler Spielcasinos, Handel mit gefälschten Handys, Waffenschieberei, Drogenhandel und Kontakte zur italienischen Mafia zur Last gelegt. Diodato wurde schließlich zu zehn Jahren Haft verurteilt. Im Jahr 2004 floh er aus einer Klinik, in die er wegen angeblicher Herzprobleme verlegt worden war. Vier Wochen später wurde die für seinen Fall zuständige Staatsanwältin von einer Autobombe getötet. Diodato ist untergetaucht, wird aber mit dem sogenannten Massaker im Departement Pando vom September 2008 (siehe S. 146 f.) in Verbindung gebracht.

Schließlich und endlich holte seine Vergangenheit den auf demokratischem Wege erneut ins Präsidentenamt gelangten Ex-Diktator auf indirektem Wege ein: Nach der Verhaftung von Augusto Pinochet in London und der Offenlegungen ihrer Zusammenarbeit im Rahmen der »Operación Condor« gab es selbst innerhalb seiner eigenen Partei ADN eine Diskussion darüber, ob es klug und vertretbar sei, den Staatschef noch auf Auslandreisen zu schicken. Dergestalt wuchs der Einfluss des weltgewandten Vizepräsidenten Jorge Quiroga – vor allem bei der ausländischen Kooperation –, und es kam zu wachsenden Spannungen zwischen ihm und Banzer, der die Macht am 28. Juli 2001 an Quiroga übergab, nachdem bei ihm Lungenkrebs diagnostiziert worden war. Banzer starb am 5. Mai 2002.

Wenn Víctor Paz Estenssoro als prägendste Politikergestalt im Bolivien des 20. Jahrhunderts angesehen wird, der mit dem Staatskapitalismus der Revolution von 1952/53 und der neoliberalen Strukturanpassung von 1985 zweimal ein neues Modell einführte, so ist Hugo Banzer als Kraft der Beharrung für die politische Kultur wohl ebenso prägend gewesen. Sieben Jahre lang Militärdiktator, begann er mit der Gründung der ADN im Januar 1979 eine parteipolitische Karriere, was ihn nicht zuletzt vor persönlichen Konsequenzen aus seiner Zeit als Diktator schützen sollte. Von den fünf Regierungen zwischen der Redemokratisierung von 1982 und dem Ausbruch der Krise im Jahr 2000 stand er einer als gewählter Präsident vor und war bei zwei weiteren Königsmacher oder Schattenmann.

Nach einem Zensus des Jahres 2001 hatte Bolivien 8,2 Millionen Einwohner. Davon lebten in La Paz und El Alto zusammengenommen 1,4 Millionen, in der größten Stadt Santa Cruz 1,1 Millionen, in Cochabamba 750 000 und in Sucre 193 000. 30,7 Prozent der Bevölkerung definierten sich selbst als Quetschua, 25,2 Prozent als Aymara.

## Die Präsidenten Boliviens 1971 bis heute

| | |
|---|---|
| August 1971 bis Juli 1978 | General Hugo Banzer Suárez |
| Juli bis November 1978 | General Juan Pereda Asbún |
| November 1978 bis August 1979 | General David Padilla Arancibia |
| August bis Oktober 1979 | Walter Guevara Arce |
| 1.–16. November 1979 | Colonel Alberto Natusch Busch |
| November 1979 bis Juli 1980 | Lidia Gueiler Tejada |
| 17. Juli 1980 bis August 1981 | General Luis García Meza |
| August 1981 bis Juli 1982 | General Celso Torrelio V. |
| Juli bis Oktober 1982 | General Guido Vildoso C. |
| Oktober 1982 bis 1985 | Hernán Siles Zuazo |
| August 1985 bis 1989 | Víctor Paz Estenssoro |

| | |
|---|---|
| August 1989 bis 1993 | Jaime Paz Zamora |
| August 1993 bis 1997 | Gonzalo Sánchez de Lozada |
| August 1997 bis Juli 2001 | Hugo Banzer Suárez |
| Juli 2001 bis August 2002 | Jorge Quiroga |
| August 2002 bis Oktober 2003 | Gonzalo Sánchez de Lozada |
| Oktober 2003 bis Juni 2005 | Carlos D. Mesa |
| Juni 2005 bis Januar 2006 | Eduardo Rodríguez Veltzé |
| Januar 2006 bis ... | Evo Morales Ayma |

## Das Modell kippt in die Krise

Es kam nun zu lange aufgestauten sozialen Eruptionen: Dauerkonflikte mit den Kokabauern des Chapare waren eine feste Größe während der ganzen 1990er-Jahre hindurch gewesen. Der »Wasserkrieg von Cochabamba« ab April 2000 war ein Fanal. Erstmals seit den ruhmreichen Zeiten des COB zeigte es sich für die sozialen Bewegungen, dass man gewinnen konnte. Zur gleichen Zeit gab es Straßenblockaden der Landarbeitergewerkschaft CSUTCB. Und die Proteste ebbten nicht mehr ab. Die bolivianische Krise nahm ihren Lauf.

Die Wahlen 2002 waren ein erster Meilenstein auf dem Wege zu einem neuen Bolivien: Das Parteientriumvirat ADN, MNR, MIR, das seit der Redemokratisierung 1982 zwanzig Jahre lang das politische Geschehen im Lande bestimmt hatte, wurde durchbrochen. Die politischen Newcomer MAS, NFR und MIP (Letztere gegründet im Jahr 2000) zogen ins Parlament ein.

»Die Abhängigkeit ist schrecklich: Der Internationale Währungsfonds kommt, die Botschaft der Vereinigten Staaten kommt, die Weltbank kommt – und alle sagen dir, was du tun sollst«, klagte Wahlsieger und Präsident »Goni« Sánchez de Lozada kurz vor seinem Sturz im Oktober 2003. Im ersten Jahrfünft dieses Jahrtausends spitzte sich die bolivianische Krise zu. Die politische Entwicklung war geprägt von der aufgestauten Unzufriedenheit der Menschen und der Kraft der oppositionellen sozialen Bewegungen. Die bolivianische Gesellschaft ist in hohem Maße organisiert und die zivilgesellschaftlichen Bewegungen haben eine außerordentlich kämpferische Tradition. Doch sie sind durchaus nicht einheitlich, wie sich in der Amtszeit von Evo Morales' Regierung der sozialen Bewegungen gezeigt hat. Zur Einigung brauchen sie einen gemeinsamen Gegner: *el imperio* (das ist der »US-Imperialismus«), *el neoliberalismo, el colonialismo.* Es sind Gegner, die zumeist eher abstrakter Natur sind und sich aus den fünf Krisenfaktoren ableiten: der sozioökonomischen Krise, der soziokulturellen Krise, der Krise des Parteiensystems sowie nicht zuletzt dem Ressourcen- und dem Souveränitätstrauma. Es gibt allerdings Momente, wo diese Krisenfaktoren sich in einer Person zu bündeln scheinen, wie in Gonzalo Sánchez de Lozada während seiner kurzen zweiten Präsidentschaft in den Jahren 2002 und 2003. Schon die vorangegangene Legislaturperiode hatte interessanterweise ja im Zeichen eines »Ex« gestanden: Der ehemalige Diktator Hugo Banzer (1971–1978) war 1997 auf demokratischem Wege noch einmal Präsident geworden. Das neue Bolivien drängte an die Oberfläche, doch die alten Kräfte klammerten sich an die Macht.

Die US-amerikanische Dokumentation »Der gelenkte Präsident« (*arte,* 5. Dezember 2005; Originaltitel: »Our brand is crisis«) ist ein bemerkenswerter Streifen. Sie zeigt, wie Politikberater der Firma Greenberg, Carville and Shrum (GCS) den alternden Ex-Präsidenten Gonzalo Sánchez de Lozada im Jahr 2002 noch einmal zum Wahlsieg führten. Bemerkenswert an dem Dokumentarfilm sind vor allem die außergewöhnlich intimen Bilder: Man sieht, wie die ausländischen Wahlkampfmanager – die bereits für Bill Clinton, Gerhard

Schröder und Ehud Barak gearbeitet hatten – den alten Mann herumkommandieren. Mit ausgeklügelten Botschaften an ausgesuchte Wählerzielgruppen, treffgenauen Kampagnen gegen politische Gegner, dynamischen Fernsehspots und Liveauftritten – selbst die Farbe seines Oberhemds bestimmte GCS – verhalfen sie »Goni« noch einmal zur Präsidentschaft, die er am 6. August 2002 antrat.

Zu sehen ist in dem Film gelegentlich auch der spätere Zweitplatzierte, der junge Bauernführer Evo Morales, wahlweise im karierten Flanellhemd oder im abgetragenen Pullover, ernst, manchmal etwas unbeholfen, dicht bedrängt von Reportermikrofonen, stets ohne Fähnchen schwenkende Politgroupies auskommend. Morales landete damals mit seiner MAS mit 20,9 Prozent der Stimmen auf Anhieb auf Platz zwei – nur 1,5 Prozentpunkte hinter dem Wahlsieger und mithin in der Stichwahl um das Präsidentenamt. Wenige Tage vor der Wahl hatte US-Botschafter Manuel Rocha noch gewarnt: »Die bolivianischen Wähler müssen an die Konsequenzen denken, die es hat, wenn sie Führer wählen, die mit dem Drogenhandel und dem Terrorismus verbunden sind.« Das würde ernsthaft zukünftige Hilfeleistungen der USA an Bolivien gefährden! Des Botschafters diffamierende Intervention brachte Morales damals zusätzliche Stimmen. Doch zum Wahlsieg reichte es noch nicht.

Unter Drängen der US-Botschaft war wieder einmal eine Koalition der Erzfeinde – diesmal aus »Gonis« MNR und Jaime Paz Zamoras MIR – geschmiedet worden, um einen Präsidenten Evo zu verhindern. Das ist auch insofern bemerkenswert, als sich unter der vorhergehenden MNR-Regierung (1993–1997) die MIR-Führung des Vorwurfs der Kontakte mit dem Drogenhandel ausgesetzt sah. Parteichef Oscar Eid musste 1996 für vier Jahre ins Gefängnis; Ex-Präsident Jaime Paz Zamora wurde das Visum für die Vereinigten Staaten entzogen. Morales verlor die Stichwahl gegen »Goni«. Doch erstmals zogen nun 41 indigene Abgeordnete von MAS und MIP ins

157-köpfige Parlament ein. Kein einziger ihrer Gesetzentwürfe wurde später angenommen.

»Der gelenkte Präsident« endet mit Bildern der Ratlosigkeit und ungläubigem Entsetzen der GCS-Imageberater. Bereits sechs Monate nach »Gonis« erneutem Amtsantritt war Bolivien von schweren Unruhen gelähmt. Es kam zu einem Schusswechsel zwischen Polizei und Militär vor dem Präsidentenpalast und Tagen der Anarchie in La Paz. »Goni« musste aus dem Palacio Quemado flüchten. Mehrere Regierungsgebäude und Parteibüros wurden angezündet. Es kam zu Plünderungen. Was die Dokumentation nicht zeigt: Es gibt glaubwürdige Berichte, wonach während dieser Februarunruhen von 2003 ein vierköpfiges US-Militärkommando im Generalstab der bolivianischen Streitkräfte die Fäden zog, um »Goni« an der Macht zu halten.

Wie kam es dazu? Die Regierung der Megakoalition unter Hugo Banzer (er hatte nur 22 Prozent der Stimmen bekommen) war eine des Stillstands gewesen. Zwischen 1998 und 2002 sank das durchschnittliche Pro-Kopf-Einkommen in Bolivien nach Zahlen der Vereinten Nationen von 990 auf 900 US-Dollar im Jahr; die Arbeitslosigkeit in den Städten war von 3,1 Prozent (1994) auf 8,5 Prozent (2001) gestiegen. Nur Banzers Politik der Kokavernichtung vermeldete Erfolge. Mit Zwangseradikation unter dem Schutz des Militärs wollte Banzer bei der Weltgemeinschaft punkten und seinen ramponierten Ruf aufpolieren. Nicht nur das Image des Ex-Diktators haftete ihm an, sondern auch Gerüchte und Indizien, die ihn und seine Familie mit dem Drogenhandel in Verbindung brachten. Nicht von ungefähr nannte er sein Programm zur Drogenbekämpfung »Por la Dignidad« (Für die Würde). Doch während bereits kurz nach seinem Amtsantritt im August 1997 eine aggressive Kampagne der Kokavernichtung einsetzte – allein im Jahr 1999 waren es 19 000 Hektar, so viel wie nie zuvor –, brauchte seine Regierung bis zum Juli 1999, um überhaupt einen runden Tisch potenzieller Geber für die »Alternative Entwicklung« zu organisieren. Die dort vorgelegten Projekte waren letztlich beim Drogenkontrollprogramm der Vereinten Nationen in Wien überarbeitet oder überhaupt erstellt worden, nachdem die ursprünglichen Vorlagen aus La Paz »von nicht vorzeigbarer Qualität« waren. Von einer Zusage der Geber bis zu konkreten Projekten vergehen in der Regel Jahre. Das heißt: Die Lebensgrundlage der Kokabauern wurde vernichtet, aber die Alternativen hinkten bestenfalls hinterher. So war ein für das Anbaugebiet des Chapare projektiertes Forstprogramm (1999–2003) mit 75,3 Millionen US-Dollar budgetiert. In seinen vorausgegangenen zwei Pilotphasen (ab 1994) hatte es sich als eines der besten und vielversprechendsten Projekte der »Alternativen Entwicklung« empfohlen, war aber schließlich auf ein Volumen von 9,2 Millionen zusammengeschrumpft.

Anfang 2001 feierte Banzer in der Kaserne der paramilitärischen Drogenpolizei in Chimoré im Chapare den vorzeitigen Erfolg seiner Kampagne »Coca Zero« (Null Koka)! Nur ein Rest von 600 Hektar sei übrig. Der Chef des Drogenkontrollprogramms der UNO, Pino Arlacchi, war persönlich zur Feierstunde gekommen, und der scheidende US-Präsident Bill Clinton hatte eine Glückwunschbotschaft geschickt. Doch die Lage war explosiv. Tausende wütende Kokabauern begrüßten die Ehrengäste vor den Toren der Basis in Chimoré mit Teppichen aus Kokablättern und winkten mit Zweigen des Kokabusches. Menschenrechtsverletzungen waren an der Tagesordnung. Und die Kokapreise waren auf ein Rekordniveau geklettert. »Coca Zero« war eine Mogelpackung; die Erfolge bei der Kokavernichtung waren zwar groß, aber nicht nachhaltig, weil wirtschaftliche Alternativen für die Bauern fehlten. Schon im folgenden Jahr 2002 wollte Bolivien wieder 11 000 Hektar Koka vernichtet haben.

Zudem war gerade ein Drogenhändler, Waffenschieber und Besitzer illegaler Spielkasinos von einem Gericht in Santa Cruz verurteilt worden: Der Italiener Marino Diodato, dem enge Verbindungen zur sizilianischen Mafia nachgesagt wurden, war mit einer Nichte Banzers verheiratet und eng mit dem Chef der persönlichen Leibgarde des Präsidenten befreundet. Während Banzer jede Verbindung mit dem mutmaßlichen Koksdealer und Mafiosi zurückwies, mussten drei seiner Minister wegen der Affaire den Hut nehmen. »Für die Würde« und das Ansehen eines Präsidenten und seiner Regierung war ein solches Bild wenig förderlich.

Der Chapare war ein Hexenkessel. Proteste, Straßenblockaden und Konflikte mit den Kokabauern waren an der Tagesordnung. Allein in der Zeit nach dem Amtsantritt von »Goni« Sánchez de Lozada im August 2002 hatte es dabei 52 Verletzte und 2 Tote gegeben. »Goni« hatte sich gegenüber den Cocaleros (Kokabauern) zunächst gesprächsbereit gegeben. Zu viele Probleme mit sozialem Sprengstoff warteten auf ihn. Doch bereits zu seiner Amtseinführung am 6. August 2002 hatte George W. Bush klar signalisiert, wo seine Prioritäten in den Beziehungen zu Bolivien lagen: Als Staatsgast hatte er John Walters geschickt, den »Drogenzar« im Weißen Haus. Und bezüglich der Kernforderung der Cocaleros, nach einer Pause bei der Kokaeradikation, holte sich »Goni« am 14. November 2002 in Washington ein kategorisches Nein ab. Eindringlich hatte er dort darüber hinaus auf die wirtschaftlichen und innenpolitischen Probleme seines Landes aufmerksam gemacht und um 150 Millionen US-Dollar Nothilfe gebeten. Doch er kehrte mit leeren Händen zurück. Präsident Bush hatte ihn an den Internationalen Währungsfonds verwiesen. »Goni« ahnte wohl, was das bedeutete, denn er verlängerte seinen US-Aufenthalt. Ironischerweise hatte er Bush gewarnt, wenn er keine finanzielle Unterstützung bekäme, würde er im nächsten Jahr wieder kommen – als Asylbewerber. Genau so war es dann!

Als junger Planungsminister hatte Sánchez de Lozada unter Präsident Paz Estenssoro Mitte der 1980er-Jahre die vom Harvard-Ökonomen Jeffrey Sachs entworfene neoliberale Strukturanpassung implementiert. Als Präsident führte er dann Mitte der 1990er-Jahre die sogenannten neoliberalen Reformen der zweiten Generation ein, die ernsthafte Privatisierungen nun wieder mit einem verstärkten staatlichen Engagement für die Rahmenbedingungen der Wirtschaft verbanden. Nun ließ Washington seinen Musterschüler hängen.

Er sei »weder für noch gegen die Eradikationspause, im Gegenteil!«, erklärte ein humorvoller Präsident den gespannten Journalisten bei seiner verspäteten Rückkehr nach La Paz. Doch mit solchen Clownerien war die Opposition nicht zu besänftigen. »An der Basis will man von dieser Art von Verhandlungen ohne Ergebnis nichts mehr hören!«, sagte Kokabauernführer Luis Cutipa. Evo Morales höhnte, man werde in Zukunft gleich direkt mit dem US-Botschafter verhandeln. Und der damals 72-jährige MAS-Senator Filemón Escobar, der große alte Minengewerkschafter, den viele damals für den strategischen Kopf der MAS hielten, erklärte: »Unsere Bewegung ist aus der Kokafrage hervorgegangen. Doch wenn die Regierung nur über Koka reden will, wird sie dafür nach dem 6. Januar [dem Ende der Weihnachtspause] keinen Raum mehr finden, weil sie zunächst die Probleme anderer Sektoren wird lösen müssen, die sich im Konflikt mit ihr befinden.«

Nachdem die MAS im Parlament gegen den Block der etablierten Parteien keinen einzigen Gesetzentwurf hatte durchbringen können, verkündete Evo Morales im Januar 2003, dass er gewillt sei, die Straße zu mobilisieren. In der Tat gab es schon im Januar 2003 gewalttätige Proteste, bei denen siebzehn Menschen starben. Von den Februarunruhen war Morales trotzdem selbst überrascht. Deren Ursachen waren Maßnahmen zur Budgetsanierung: Der IWF hatte gefordert, das Haushaltsdefizit von 8,6 auf höchstens 5,5 Prozent zu reduzieren. Die Proteste richteten sich vor allem gegen die Einführung einer Einkommensteuer, aber auch bereits gegen geplante

Gasexporte. Täglich gab es eine oder mehrere Demonstrationen in La Paz. Als sich eine Studenten- und eine Polizeidemonstration für höhere Gehälter auf dem Platz vor dem Präsidentenpalast trafen, geriet die Lage außer Kontrolle. Gewalttätige Reaktionen der militärischen Palastwache richteten sich gegen Studenten, die Steine geworfen hatten, trafen aber auch Polizisten, die sich ihrerseits wehrten. Die alte Feindschaft brach auf: Während der Revolution von 1952/53 hatte das Militär die alte Oligarchie unterstützt, die Polizei dagegen die Arbeiter und Bauern. Zurück blieben auf der Plaza Murillo 29 Tote, die meisten von ihnen Polizisten, viele von militärischen Heckenschützen erschossen. Der Polizeichef riss sich vor laufenden Kameras unter Tränen die Dekoration von der Uniform und trat zurück. Die Stadt war sich selbst überlassen. Erst jetzt bewilligte Washington 10 Millionen Dollar Nothilfe und der IWF legte im April einen 118-Millionen-Dollar-Kredit nach. Zu spät! Jeffrey Sachs schrieb wütende Kommentare gegen die Ignoranz der Bush-Administration. Doch sein Freund »Goni« war nicht mehr zu halten.

Er stürzte letztlich über die Frage der Erdgasexporte, den sogenannten »Guerra del Gas«. Von seinem Vorgänger Jorge Quiroga hatte Sánchez de Lozada das Vorhaben übernommen, Erdgas in die USA und nach Mexiko zu exportieren. Dazu sollte eine Pipeline zum chilenischen Hafen Mejillones gebaut werden, was nach verschiedenen Schätzungen 300 bis 600 Millionen US-Dollar billiger gekommen wäre als eine Pipeline zum peruanischen Hafen Ilo. Doch der Plan, den historischen Erzfeind Chile einzubinden, brachte das Fass zum Überlaufen und schweißte unterschiedliche Oppositionsgruppen zusammen. Einer der rationaleren Ablehungsgründe hatte das bolivianische Ressourcentrauma zum Hintergrund. Wieder, so war die Befürchtung, würde Bolivien beim geplanten Exportgeschäft schlecht abschneiden. Eine Hauptforderung der Protestbewegung war darüber hinaus, dem Binnenmarkt Priorität einzuräumen und zunächst einmal die eigenen Haushalte mit Gas zu versorgen. (Unter der Regierung Morales wurde dies im Jahr 2009 dann endlich in Angriff genommen.) Doch der Unternehmer »Goni« Sánchez de Lozada zeigte sich kompromisslos und überheblich. Die Proteste eskalierten. Eine besondere Rolle spielten die dem radikalen Indigena-Führer Felipe Quispe nahe stehenden Aymara-Gruppen. Sie blockierten Straßen dort, wo es wehtat: die Verbindungen nach Chile und Peru. Entscheidend waren aber die Blockadeaktionen der Nachbarschaftskomitees *(Juntas Vecinales)* von El Alto, deren Straßenblockaden den Regierungssitz La Paz in Versorgungsnöte brachten. Der Präsident schickte das Militär. Es gab 65 Tote. Daraufhin kündigte Vizepräsident Carlos D. Mesa seinen Rücktritt an. Für eine Politik des Blutvergießens stehe er nicht zur Verfügung. »Goni« trat schließlich am 17. Oktober 2003 zurück und flüchtete am selben Abend in die USA, während sein Vize Carlos D. Mesa als Nachfolger eingesetzt wurde und ein Referendum über die Gasexporte und über die Constituyente vorschlug.

## Neue soziale Bewegungen

Bolivien ist eine bewegte und hochgradig organisierte Gesellschaft. Diese Organisationstradition hat ihren Ursprung in der legendären Arbeiter- und Gewerkschaftsbewegung, die nicht nur zu Zeiten des Co-Gobierno weit mehr war als eine Interessenvertretung von Arbeitnehmern. Gerade während der Militärdiktaturen stellte der Gewerkschaftsdachverband COB die Opposition und gesellschaftliche Gegenmacht schlechthin dar. Mit der Minenarbeitergewerkschaft FSTMB (Federación Sindical de Trabajadores Mineros de Bolivia) als Speerspitze hat die Gewerkschaftsbewegung einen hohen Blutzoll entrichtet und maßgeblichen Anteil an der Rückkehr zur Demokratie. So erzwang der COB im Jahr 1979 den Rücktritt von

Putschgeneral Natusch Busch, um nur ein Beispiel zu nennen. Obwohl sich die Bergarbeiter in der Tradition der europäischen Arbeiterbewegung als Speerspitze des Proletariats verstanden, lebten in den Minen und in den gewerkschaftlichen Organisationen uralte andine Glaubensvorstellungen und Gebräuche weiter, wie etwa das *willancha*-Opfer eines weißen Lamas zu hohen Anlässen (siehe auch S. 33) oder die allgegenwärtige Figur des Tío de la Mina (wörtlich Onkel der Mine), in die sich die Andengottheit *Huari*, Besitzerin der Bodenschätze, vor dem Monotheismus der Spanier geflüchtet hat, eine Art »guter Teufel« den man mit Opfergaben um bessere Erträge und Sicherheit bittet – ganz im Zeichen der andinen Reziprozität.

Der Niedergang des Bergbaus und der staatlichen COMIBOL läuteten auch das Ende der Gewerkschaftsmacht in Bolivien ein. Doch deren Organisations- und Kampferfahrung prägt das kollektive Gedächtnis auch der neuen sozialen Bewegungen. Der COB selbst verpasste freilich nach 1985 eine Anpassung an die veränderten Verhältnisse und verharrte in anachronistischen Positionen.

Noch viel stärker verlängerten sich alte andine Formen kollektiver dörflicher Organisation in den Landarbeitergewerkschaften. Von der MNR im Zuge der Revolution von 1952/53 als Kleinbesitzerorganisation ins Leben gerufen, um sich eine Basis auf dem Lande zu verschaffen, blieben diese ländlichen Sindicatos doch immer primär Transmissionsriemen bäuerlicher und dörflicher Interessen. Während der Militärdiktaturen waren sie zunächst in einen »Pacto campesino militar« eingebunden, gingen aber nach einem Massaker der Armee an protestierenden Bauern im Jahr 1974 (»Masacre del valle«) in den Untergrund, wo sie sich unter ihrem Führer Genaro Flores ein explizit indigenistisch-kataristisches (nach dem Aufstand unter Túpac Katari, 1780/81) Gepräge gaben. Im Jahr 1979 erfolgte die offizielle Gründung der Landarbeitergewerkschaft CSUTCB (Confederación Sindical Única de Trabajadores Campesinos de Bolivia).

Natürlich brachten die Wurzeln, die diese Organisationen in alten andinen Kollektivstrukturen haben, im Rahmen des sozialen Wandels unterschiedliche Triebe hervor, sodass sich grob drei unterschiedliche regionale Ausprägungen unterscheiden lassen. Im eher abgeschiedenen, kargen Hochland um Oruro und Potosí sind die traditionellen dörflichen Organisationen, die *ayllus*, in der Regel am reinsten vorhanden. Natürlich haben sie auch hier in der Kolonialzeit und während der Republik einen profunden sozialen Wandel erfahren, wie Thomas A. Abercrombie in seiner Studie überzeugend beschreibt. Doch die Gewerkschaften der MNR stießen hier auf starke kulturelle Ablehnung und die *ayllus* verteidigten eifersüchtig ihre Autonomie. In der Gegend um La Paz muss unterschieden werden zwischen Gebieten ehemaliger Haciendas, wo die gewerkschaftlichen Organisationen nach der Revolution von 1952/53 und der Landreform von 1953 eingeführt wurden und Gebieten, wo sich die Dorfgemeinschaften nach wie vor in überlieferter Weise organisierten. Dem entsprechend sind dort Mischformen mit unterschiedlicher Gewichtung anzutreffen, was oft auch im Unterschied zwischen der mehr gewerkschaftlichen CSUTCB und dem 1997 gegründeten, stärker Aymara-indigenistischen CONAMAQ (Consejo Nacional de Ayllus y Markas del Qollasuyu) zum Ausdruck kommt. Indigene Amtsträger, denen neben der Regelung des Produktionszyklus auch rituelle Aufgaben zukommen, übernehmen gewerkschaftliche Funktionen sozusagen zusätzlich und passen sich in das überreginale Organisationsnetz ein. Die Ordnung innerhalb der Gemeinschaft – mit Konsensentscheidungen und Rotationsprinzip – bleibt dabei weitgehend erhalten. In den Hochtälern um Cochabamba schließlich hatte es bereits vor der Revolution von 1952/53 starke gewerkschaftliche Organisationen auf dem Lande gegeben. Die Sozial- und Besitzstruktur war beeinflusst durch Migration und geprägt von kultureller Vielfalt sowie individueller Parzellenwirtschaft. Die gewerkschaftliche Organisation verlief hier relativ glatt.

Die CSUTCB war offen für die indigenistische Konjunktur, wie sie sich rund um das sogenannte Kolumbusjahr 1992 kontinentweit entwickelte, und von daher offen auch für eine Anpassung und Zusammenarbeit mit den Indígena-Organisationen des Tieflands und mit den Kokabauern des Chapare und der Yungas. Im Rahmen ihres legendären »Marsches für Land und Würde« von 1990 wurden die Tieflandindios der CIDOB (Confederación Indígena del Oriente Boliviano) vor Erreichen von La Paz am 5000 Meter hoch gelegenen Pass La Cumbre von Vertretern der CSUTCB solidarisch empfangen und zum Regierungssitz begleitet. Bei diesem dreiwöchigen Protestmarsch über 650 Kilometer wurde übrigens erstmals auch die Forderung nach einer Verfassunggebenden Versammlung erhoben. Neben den unmittelbaren Versprechungen der Regierung infolge des »Marsches für Land und Würde« erhielten die Vorhaben für die Verabschiedung eines Ökologie- und Indianergesetzes neuen Auftrieb. Bolivien war einer der ersten Staaten, der mit dem Gesetz 1257 vom 11. Juli 1991 die Konvention 169 der ILO ratifizierte, welche als erste UNO-Konvention die Rechte indigener Völker auf Eigenständigkeit betonte. Ein im gleichen Jahr vorgelegter Entwurf zum Indígena-Gesetz wurde von den indianischen Organisationen allerdings als unzureichend zurückgewiesen. Die CIDOB legte einen eigenen Gesetzentwurf vor. Das Projekt eines Ökologiegesetzes erschöpfte sich schließlich in einem Forstgesetz, das unter dem Druck der Holzunternehmer zustande kam und weitgehend deren Interessen folgte, während das Indígena-Gesetzesvorhaben ganz fallen gelassen wurde, mit dem Argument, dass es durch die »Participación popular« überflüssig geworden sei. Die Implementierung der mit der Ratifizierung der ILO-Konvention 169 eingegangenen Verpflichtungen unterblieb ebenfalls.

Drei Straßenblockaden der unter dem Vorsitz von Felipe Quispe stehenden CSUTCB endeten in den Jahren 2000 und 2001 jeweils in einem Blutbad durch das Militär, was zu einer weiteren Radikalisierung, zu Autonomieerklärungen von Aymara-Gebieten nördlich von La Paz (Richtung Titicaca-See) und zur temporären Vertreibung zentralstaatlicher Institutionen von dort führte. Der Radikalismus ebbte mit der Wahlbeteiligung von Quispes MIP (Movimiento Indígena Pachacuti) und dem Einzug ins Parlament im Jahr 2002 ab. Differenzen mit Evo Morales' MAS führten zur Spaltung der CSUTCB in einen Quispe-Flügel und einen anderen unter dem damaligen Morales-Gefolgsmann Román Loayza. Heute wird die CSUTCB erstmals von einem mestizischen Landarbeiter aus dem Oriente, Isaac Ávalos, angeführt und gilt als verlässliche Basisorganisation der MAS. Die Landfrauenorganisation Confederación Nacional de Mujeres Campesinas Indígenas Originarias de Bolivia – »Bartolina Sisa« ist der CSUTCB zuzuordnen.

Der bereits erwähnte radikalindigenistische, teilweise Aymaranationalistische CONAMAQ (Consejo Nacional de Ayllus y Markas del Qollasuyu), gegründet im März 1997, stellt auch in sich selbst keinen einheitlichen Block dar. Mitunter gibt es auch zwischen einzelnen *ayllus*, die sich dem CONAMAQ angeschlossen haben, heftige Konflikte. CONAMAQ beruft sich auf das Inkareich und strebt eine Rückkehr zu vorkolonialen Verhältnissen an. Eine seiner Forderungen in der Verfassunggebenden Versammlung war, Bolivien in »Qollasuyu Bolivia« umzubenennen, was insbesondere von den Tieflandvölkern zurückgewiesen wurde und sich auch historisch mehr auf Verklärungsfantasien denn auf Tatsachen stützen kann. Nach der Ablehnung seiner Forderung nach garantierten Sitzen im neuen Parlament erklärte der CONAMAQ am 4. August 2007 als Organisation den Verfassungsprozess für beendet. Seine Abgeordneten blieben aber als Einzelpersonen präsent. CONAMAQ trat daneben in Sucre für ein Recht auf Leben ab der Zeugung ein und fiel durch diskriminierende Positionen gegenüber Lesben und Schwulen auf.

Erwähnenswert sind ferner die im Jahr 2000 gegründete, allerdings stark zersplitterte MST (Movimiento Sin Tierra) und die bereits seit 1971 existierende CSCB (Confederación Sindical de Colonizadores de Bolivia), die der COB angeschlossen ist und als MAS-nahe gilt. Die CIDOB, seit 1982 Dachverband indigener Völker und Gruppen des östlichen Tieflands, die im Jahr 1990 den legendären Marsch der Tieflandvölker für »Land und Würde« über 650 Kilometer nach La Paz organisierte, hat zeitweise durchaus MAS-kritische Positionen, hat in entscheidenden Fragen letztlich aber doch stets für Morales Position ergriffen.

At last but not at least sind an dieser Stelle die Nachbarschaftskomitees *Juntas Vecinales* zu erwähnen, die sich im Vakuum des Staatsversagens als Selbstorganisation von Migranten in den Städten gebildet haben. In der zweitgrößten Stadt, El Alto, die überwiegend von Aymara-Migranten bewohnt ist, haben sie sich 1988 zu einer Federación de Juntas Vecinales (FEJUVE) zusammengeschlossen. Durch ihren Generalstreik im Zuge des »Gaskriegs« von 2003 wurde La Paz von der Außenwelt abgeschnitten. Als Präsident Sánchez de Lozada das Militär schickte, gab es schließlich insgesamt mehr als 80 Tote und mehrere Hundert Verletzte. Vizepräsident Carlos D. Mesa kündigte daraufhin seinen Rücktritt an. Die FEJUVE von El Alto hat insofern entscheidend zum Sturz von Sánchez de Lozada beigetragen.

Die Regierung von Evo Morales nennt sich selbst eine Regierung der sozialen Bewegungen und verfügt zu deren Koordination über ein Vizeministerium (entspricht etwa einem Staatssekretariat) für soziale Bewegungen. Das stellt eine Herausforderung dar, auf die wir noch zu sprechen kommen, denn sie beziehen ihre Kraft ja aus dem Staatsversagen, aus ihrer Eigenschaft als parastaatliche soziale Ordnungssysteme, die in vielen Bereichen das Zusammenleben ihrer Mitglieder regeln, das heißt Funktionen ausüben, die formal dem Zentralstaat zustehen. Nirgendwo wird dies deutlicher als bei den Sindicatos der Kokabauern des Chapare, aus denen Evo Morales und die MAS hervorgegangen sind.

## Sindicalismo der Cocaleros

Der Trópico de Cochabamba (umgangssprachlich meist kurz: Chapare) liegt am Fuß der Andenkette und gehört zu den niederschlagsreichsten Regionen der Welt. Die Böden sind in der Regel arm. Die subtropischen Regenwälder waren dünn besiedelt von Fischern, Jägern und Sammlern – Yuquis und Yuracarés, von denen es nach amtlichen Angaben zur Jahrtausendwende noch 157 respektive 3568 Überlebende gab. Die Grenzen sind zwischen den Departementen Cochabamba und Beni umstritten und die Zahl der Einwohner ist nicht genau bekannt, sie dürfte zwischen 100 000 und 150 000 Personen liegen. In den 1970er- und 1980er-Jahren wirkte die Nachfrage nach Kokain auf den illegalen Drogenmärkten in Verbindung mit dem Zinnkrach Mitte der 1980er-Jahre und der Krise der Landwirtschaft auf dem Altiplano und in den Andenhochtälern wie entgegengesetzte Gravitationspole. Tausende Familien zogen in den Chapare, um im Kokaanbau ein neues Auskommen zu finden. Der Chapare wurde zum weltweit zweitwichtigsten Anbaugebiet für Kokablätter nach dem Alto-Huallaga-Tal in Peru.

Die Migration in die Subtropen war eine Reise in eine unbekannte und in vielerlei Hinsicht feindliche Umwelt. Viele der Quetschua- und Aymara-Migranten behielten (zunächst) Besitz in und Kontakte zu ihren Heimatdörfern im Hochland und stellten eine (saisonale) Pendlerbevölkerung dar. Andere ließen sich gleich fest im Tiefland nieder. Mit der Zuwanderung auch aus anderen Regionen und der Verdrängung beziehungsweise Assimilierung der Yuqui und Yuracaré entstand so ein komplexes und ungeheuer dynamisches – um nicht zu sagen: volatiles – multikulturelles Universum mit starken andinen Prägungen im tropischen Kontext. Und während in der Außenperspektive häufig nur der Kokaanbau als Wirtschaftstätigkeit gesehen wurde, handelte es sich realiter um Mischformen aus Kokaproduktion zur Weiterverarbeitung für den illegalen Drogenmarkt, Kokaproduktion für traditionelle Konsumformen (wie »Kauen« – in geringerem Maße freilich), Subsistenzanbau von überwiegend Yucca und Trockenreis, später auch Produktion im Rahmen der sogenannten »Alternativen Entwicklung« (Banane, Ananas, Palmherzen, Passionsfrucht, Pfeffer, Waldnutzung) – und es gibt Menschen, die sich überhaupt nicht der Landwirtschaft widmen, sondern zum Beispiel entlang der Verkehrsader Cochabamba–Santa Cruz Dienstleistungen anbieten, Reparaturwerkstätten, Restaurants, Hotels.

Im unbekannten subtropischen Kontext wartete auf die »Kolonisatoren« eine ganze Reihe von Herausforderungen, die in Abwesenheit staatlicher Strukturen kollektiv zu bewältigen waren. Dazu griffen sie auf bekannte Formen sozialer Organisation zurück: Sindicatos wurden gegründet, die hier lokale De-facto-Regierungen darstellten. Im Sindicato wurde entschieden, wer an der neuen Kolonie teilnehmen durfte, wer welche Parzelle erhalten würde. Erste kollektive Arbeiten – die Rodung, die Anlage eines Zufahrtswegs, eines Brunnens –, später auch der Bau von Versammlungshäusern, Schulen und Sportplätzen und selbst die öffentliche Sicherheit wurden vom Sindicato organisiert und aus Mitgliedsbeiträgen finanziert. Noch heute sollen weniger als 20 Prozent der Chapare-Bauern über staatliche Besitztitel verfügen. Der Rest wird von den Sindicatos kontrolliert. Unter anderem kann Land, das seit mehr als drei

Jahren nicht genutzt wird, dem Bauern entzogen und an die Dorfgemeinschaft zurückgegeben werden *(caducación),* was mit beträchtlicher ökonomischer Autonomie der Sindicatos und sozialer Kontrolle verbunden ist. Wichtigstes Gremium der Entscheidungsfindung im Sindicato ist die Versammlung der Familienoberhäupter, auf höherer Ebene der *centrales* und der *federaciones* das sogenannte *ampliado,* die erweiterte Versammlung der Delegierten. Hier wie dort herrscht jeweils das Konsensprinzip, worin sich das Fortleben uralter andiner Organisationsstrukturen manifestiert.

Im Rahmen des EU-gesponserten Forschungsprojekts »Latautonomy« über Fälle multikultureller Autonomie und Nachhaltigkeit wurde für den Chapare der höchste Wert an kultureller Kohäsion unter allen untersuchten Fällen ermittelt.

Mit dem Boom des Drogengeschäfts büßte das Sindicato kurzfristig an Bedeutung ein, um sie im Widerstand gegen die Politik der Kokavernichtung wiederzugewinnen, wo sich die Sindicato-Bewegung der Kokabauern zu einer der am besten organisierten und machtvollsten Bewegungen der Zivilgesellschaft in Lateinamerika entwickeln sollte. Die kämpferische Ausrichtung der Cocalero-Sindicatos wird häufig auf die Annahme zurückgeführt, dass mit dem Zinnkrach Mitte der 1980er-Jahre vor allem nunmehr arbeitslos gewordene Mineros in den Chapare abgewandert seien. Das stimmt nur zum Teil, denn die große Mehrheit der Migranten waren Bauern vom Altiplano und insbesondere aus den Hochtälern um Cochabamba, die aus der Tradition des ländlichen Sindicalismo kamen. Sie waren Opfer der harschen klimatischen Bedingungen des Hochlands mit seinen immer wiederkehrenden Frösten und Trockenperioden einerseits, aber auch der neoliberalen Marktöffnung, die sie der Konkurrenz aus den Nachbarländern aussetzte, wo die Landwirtschaft technisierter war und unter weit besseren klimatischen Bedingungen produziert wurde. Besonders in den

Anfangsjahren bediente man sich noch der Muskeln und der Expertise des Gewerkschaftsbundes COB – so etwa bei den Verhandlungen um das schließlich im Jahr 1988 verabschiedete Drogengesetz »Ley 1008«.

Für die betroffenen Länder bedeutete der Kokaboom nicht nur Abholzung (sub-)tropischer Wälder, Erosion, Vergiftung von Boden und Gewässern durch Chemikalien, die zur Kokainherstellung nötig sind, nicht selten auch Vertreibung indigener Völker aus ihren angestammten Lebensräumen, wirtschaftliche Strukturverzerrungen, Legitimationsverlust der Institutionen durch endemische Korruption: Sie kamen auch politisch unter Druck. Vor allem die USA verlangten nun aggressiv nach einer Umsetzung der Bestimmungen der UN-Drogen-Einheitskonvention. Der Drogenhandel wurde in Washington zum Problem der nationalen Sicherheit erklärt und das Militär in den »Drogenkrieg« einbezogen. Mit dem »Anti Drug Abuse Act« von 1986 verpflichtete der Kongress die Regierung, eine Liste sogenannter drogenproduzierender oder wichtiger Transitländer zu definieren. Diese Länder wurden automatisch einer Reihe von US-Sanktionen unterworfen, wenn ihnen der Präsident im Rahmen der sogenannten *certification* zur Mitte des jeweiligen Finanzjahres nicht bescheinigte, dass sie in der Drogenkontrolle voll kooperativ waren. (Diese äußerst umstrittene Maßnahme wurde im Jahr 2002 etwas abgemildert.) Mit dem Anti Drug Abuse Act von 1988 wiederum war die Unterzeichnung eines alljährlichen bilateralen Abkommens mit den USA conditio sine qua non für eine solche Zertifikation. In diesen Abkommen wurden sehr detailliert drogenpolitische Maßnahmen und Ziele festgelegt, die von den betroffenen Ländern zu ergreifen beziehungsweise zu erfüllen waren und sind, beispielsweise bestimmte Hektarzahlen an Koka oder Schlafmohn, die vernichtet werden müssen, oder die Unterzeichnung eines Auslieferungsabkommens. Dieser Mechanismus der

»doppelten Konditionierung« war wie ein Damoklesschwert und führte dazu, dass die USA weitgehend ihren prohibitionistischen Diskurs und ihre Strategien zur Drogenkontrolle durchsetzen konnten. Die Übertragung des polizeilich-juristischen Primats der USA in der Drogenkontrolle auf den sozioökonomischen Kontext der Andenländer führte dort fast automatisch zu einer fortschreitenden Amerikanisierung und Militarisierung, mit teilweise schwerwiegenden Eingriffen in die inneren Angelegenheiten der betroffenen Länder oder – aus der Sicht dieser Länder – mit der partiellen Abtretung von Souveränitätsrechten: Aufbau, Ausrüstung und Ausbildung von paramilitärischen Spezialpolizeien; Einrichtung von Sondergerichten; Einbeziehung militärischen Personals in den zivilen Bereich der Drogenfahndung; Durchsetzung bestimmter Gesetzgebungsvorhaben; Entfernung missliebiger Funktionäre aus ihren Ämtern; Einsatz ausländischen Polizei- und Militärpersonals; geheimdienstliche Tätigkeiten; Verschleppung mutmaßlicher Drogenstraftäter, um sie in den USA vor Gericht zu stellen; eine temporäre Militärintervention in Bolivien im Jahr 1986 (»Operation Blast Furnace«). Um die Dominanz der USA in der Drogenpolitik auch quantitativ vor Augen zu führen: Das Budget des Büros für Drogenkontrolle und Verbrechensbekämpfung der Vereinten Nationen (UNODC) für 2007 betrug 141,5 Millionen US-Dollar, das entsprach nur etwas mehr als 1 Prozent des US-Drogen-Bundesbudgets und weniger als 10 Prozent der Mittel, die allein dem Bureau for International Narcotics Matters and Law Enforcement Affairs im State Department zur Verfügung stehen. Nur Weltpolizist Uncle Sam verfügt über ein solches Büro für internationale Drogenbekämpfung im Außenministerium.

Bolivien war stets in besonderem Maße von ausländischer Entwicklungsfinanzierung, Vorzugskrediten und Zuschüssen abhängig: Sie entsprachen in den Jahren vor 2006 zwischen 8 und 10 Prozent des Bruttosozialprodukts und finanzierten praktisch 100 Prozent der öffentlichen Ausgaben. Es gab immer wieder Jahre, in denen das interne Steueraufkommen nicht ausreichte, um die Staatsbediensteten zu bezahlen. Ein großer Teil dieser Mittel war direkt oder indirekt vom Wohlwollen der US-Regierung abhängig. Bolivien war daher gegenüber der »doppelten Konditionierung« in ganz besonderer Weise verwundbar. So geht die heute noch gültige bolivianische Drogengesetzgebung (»Ley 1008« von 1988) – unter Missachtung im Vorfeld erzielter innerbolivianischer Vereinbarungen zwischen der Regierung, dem COB und den Kokabauern – direkt auf ein Gesetz des Kongresses in Washington zurück, das das »Ley 1008« zur Voraussetzung für eine Zertifikation machte und genau definierte, welche Inhalte es dazu haben muss.

Die Frage der Kokaeradikation wurde in Bolivien ab Mitte der 1980er-Jahre zum Dauerkonfliktstoff. Mit Demonstrationen, Straßenblockaden, Hungerstreiks und Protestmärschen – im August 1994 ein »Marsch für Koka, Leben und Würde« über 21 Tage und 650 Kilometer und im Dezember 1995 ein Marsch der Cocalero-Frauen – erzwangen die organisierten Kokabauern des Chapare immer wieder direkte Verhandlungen mit dem Ministerrat. Die Liste der dabei mit diversen Regierungen getroffenen Übereinkünfte ist so lang wie die Geduld der Bauern angesichts fortgesetzter Vertrags- und Vertrauensbrüche. Der Regierung in La Paz waren unter dem Druck Washingtons jeweils die Hände gebunden. In den Jahren 1987, 1995 und 2004 halfen die Sindicatos durch freiwillige Eradikation der Regierung jeweils bei der Erfüllung eines US-Ultimatums. Partizipative Mechanismen wie die vereinbarte Einrichtung eines Nationalen Rats für Alternative Entwicklung (1989) wurden niemals umgesetzt. Polizeilich-militärisch durchgesetzte Zwangsmaßnahmen standen im Vordergrund. Klagen über Repressalien und Menschenrechtsverletzungen durch die Sicherheitskräfte waren an der Tagesordnung.

I

Altiplano-Landschaft mit Königskordillere.

Altiplano-Landschaft mit Lehmziegelrohbau.

Wiederbelebt: die erhöhten Felder von Tiwanaku in der Koani Pampa.

Evo Morales spricht bei der symbolischen Indígena-Amtseinführung auf den Stufen des Kalasasaya-Tempels, Tiwanaku, 21. Januar 2006.

Titicaca-See, Königskordillere, von der peruanischen Insel Taquile aus.

Straßenszene in El Alto.

Der historische Marsch der Tieflandindios für Land und Würde erreicht La Cumbre vor La Paz, 17. September 1990.

Damals wie heute: Begrüßungszeremonie mit Kokablättern; Zeichnung eines Chronisten (16. Jh.).

Schamane (Yatiri) bei Begrüßungszeremonie anlässlich des Marschs für Land und Würde.

Evo Morales spricht vor der Vollversammlung der Kokabauernvertreter, Chapare, 2002.

Pressekonferenz von Evo Morales in Wien am 11. März 2009. Morales (r.), der oberste Drogenbekämpfer Boliviens, Felipe Cáceres (M.) und Moderator Robert Lessmann (2.v.l.).

Kokablätter: Standardlebensmittel, in jedem guten Gemischtwarenladen erhältlich.

Kartoffeltanz zum Erntedank auf der Pampa Koani bei Tiwanaku.

Quinoa, ein sehr eiweißhaltiges Andengetreide.

Taclla, ein Spaten, wie er schon zur Inkazeit in Gebrauch war.

Marktfrau.

Das Grundnahrungsmittel Mais in verschiedenen Sorten.

La Paz mit dem Illimani.

Bauernmahlzeit mit verschiedenen Kartoffeln, Quinoa und Ph'asa, einer mineralhaltigen Tonerde.

Produkte auf Kokabasis: Tee, Zahncreme, Erfrischungsgetränk und allerlei Mittel zum Einreiben.

Aymara-Frau mit Baby steigt in den Bus, La Paz.

Silvia Lazarte, die spätere Vorsitzende der Constituyente, vor Wahlwerbung, 2002.

Evo Morales mit seinem Vize Álvaro García Linera.

Aymara-Frau, Copacabana, 1991.

Kokakauer.

Bolivianische Botschafterin in Paris, die Sängerin Luzmila Carpio.

Schamane bei der Erntedankzeremonie mit den ersten Kartoffeln der neuen Ernte.

## Die Movimiento al Socialismo (MAS)

Die Grundeinheit des ländlichen Sindicalismo in Bolivien ist das Sindicato auf Dorfebene. Mehrere Sindicatos bilden eine *central*, die in der Regel der Provinzebene entspricht. Die Centrales bilden ihrerseits eine Federación, normalerweise auf Departementsebene. Die neun Federaciones (entsprechend der Anzahl von Departementen in Bolivien) bilden wiederum die Landarbeitergewerkschaft CSUTCB.

Die »Federaciones Especiales« der Tropenzone von Cochabamba brechen mit diesem Schema: Einerseits wegen des hohen Organisationsgrads, andererseits wegen interner Auseinandersetzungen, die schon auf die 1970er- und 1980er-Jahre zurückgehen. Während nur drei Provinzen (Chapare, Carrasco, Arani) des Departements Cochabamba den Chapare bilden, gibt es dort sechs sogenannte Federaciones Especiales: Federación Especial del Trópico (angeführt von Evo Morales), Federación de Yungas del Chapare, Federación de Centrales Unidas, Federación de Chimoré, Federación del Carrasco und die Federación de Mamoré. Formal gehören die Federación Especial del Carracso und die der Yungas del Chapare der Federación de Colonizadores an, der Rest gehört zur CSUTCB. Seit März 1991 bilden die sechs Federaciones Especiales jedoch ein Koordinationskomitee, zu dessen Vorsitzendem jeweils Evo Morales gewählt wurde. Gegenwärtig gibt es im Chapare etwa 600 bis 800 Sindicatos und 30 bis 40 Centrales. Das unabhängige Koordinationskomitee hatte oft genauso viel – und zuzeiten sogar mehr – politisches Gewicht wie die CSUTCB und ist von daher vielleicht der prominenteste Ausdruck der politischen Autonomie der sozialen Organisationen im Chapare.

Das »Ley de la Participación Popular« vom Mai 1994 stellt das Herzstück der sogenannten »neoliberalen Reformen der zweiten Generation« in Bolivien und gewissermaßen eine Verwaltungsrevolution dar. Wie bereits ausgeführt, handelte es sich freilich um eine Revolution von oben. Dennoch: Zum ersten Mal in der Geschichte erhielten Gemeinschaften, Dörfer, Gemeinden auf dem flachen Lande den Status einer juristischen Person und eigenes Budget. Zur gleichen Zeit ging eine ganze Reihe von Funktionen – wie öffentliche Arbeiten, Schulen, Hospitäler sowie allgemein die Entwicklungsaktivitäten – in ihre Verantwortung über. Parallel dazu wurden 20 000 Organizaciones Territoriales de Base (OTB) geschaffen; genauer gesagt: 12 000 ländliche Gemeinschaften und 8000 Nachbarschaftskomitees bekamen als OTB rechtlichen Status, ohne formal ihre Strukturen ändern zu müssen. Diese OTB haben weitreichende Kontrollfunktionen. Dazu entsenden sie jeweils einen Vertreter in ein Comité de Vigilancia (Überwachungskomitee), das die Arbeit der Gemeindeverwaltung kontrolliert.

Während die Participación Popular (Bürgerbeteiligung) einerseits als Chance für eine erweiterte Demokratisierung und Partizipation von unten interpretiert wird, halten Kritiker das Gesetz für einen weiteren Versuch, überlieferte andine Kollektivstrukturen unter die Kontrolle des Nationalstaats zu bringen und zu nivellieren; namentlich durch die noch bis zum Herbst 2004 vorgegebene Notwendigkeit, auf Parteilisten zu kandidieren, aber auch durch die Erfüllung der zentral gesetzten Normen bei der Entwicklungsplanung, Budgetabrechnung, Verwaltungsorganisation.

Wie auch immer: In der Praxis waren die jungen Gemeinden und ihre Basisorganisationen vor eine Fülle großer Herausforderungen gestellt, die sie umso besser zu meistern imstande waren, je besser sie auf die neuen Aufgaben vorbereitet wurden und je homogener und dichter sie organisiert waren. Während unter den Bauernvertretern Boliviens die Kritik an der Participación Popular klar überwiegt, verstehen sich die Gemeinderäte und -verwaltungen im Trópico de Cochabamba als Exekutivarm der Sindicatos. Auf der

Grundlage einer großen Homogenität und Organisationsdichte ist es den Basisorganisationen im Chapare wie kaum sonst irgendwo im Land gelungen, die neu geschaffenen Gemeindestrukturen organisch und demokratisch zu besetzen.

Nach den ersten Gemeindewahlen unter dem neuen »Ley de la Participación Popular« zogen im Januar 1996 in der Tropenzone von Cochabamba mit großer Mehrheit gewählte ehemalige Anführer der Sindicato-Bewegung in die drei Alcaldías und zwei Subalcaldías ein – und als eine der ersten Regionen im Land rief sie einen Zweckverband der Gemeinden zur Bewältigung gemeinsamer Aufgaben ins Leben, so wie er im Gesetz auch vorgesehen ist.

Seit Teile des Chapare am 31. Juli 1984 zur *zona roja* (roten Zone) erklärt und von einer polizeilich-militärischen Eingreiftruppe besetzt wurden, waren Auseinandersetzungen um die – teils freiwillige, teils erzwungene – Vernichtung von Kokabüschen und damit verbundene Menschenrechtsverletzungen an der Tagesordnung. Mit dem Einzug erklärter Gegner dieser Politik in die Rathäuser 1996 war der regionale Wahlausgang für die Regierung und die US-Botschaft in La Paz nicht erfreulich. Der damalige, für Fragen der inneren Sicherheit und Drogenbekämpfung zuständige Ministro de Gobierno, Carlos Sánchez Berzaín, lehnte eine buchstabengetreue Umsetzung der Partizipación Popular im Chapare ab, weil dieser Kokazone und damit prioritärer Zuständigkeitsbereich seines Ministeriums sei. Die Bauernorganisationen und ihre Vertreter wurden vielfach als fünfte Kolonne des Drogenhandels gesehen. Die Zusammenarbeit mit den Gemeinden des Chapare wurde auf ein Minimum reduziert, bestehende Entwicklungsprojekte arbeiteten an den Gemeindeverwaltungen vorbei und versuchten, alternative Produzentenorganisationen als Träger zu schaffen. Für die Wähler ein Schlag ins Gesicht. Eine weitere Polarisierung war die Folge.

Bei den Gemeindewahlen im Dezember 2004 durften erstmals freie Wählergruppen kandidieren. (Davor waren Kandidaten an die Listen politischer Parteien gebunden.) So hatten auch die ersten Chapare-Bürgermeister auf der Liste einer kleinen linken Splittergruppe, der Izquierda Unida (IU), kandidiert. Bei den Parlamentswahlen des Jahres 1997 gewann die IU nur insgesamt vier Mandate: Alle vier Direktmandate für ehemalige Anführer der Sindicatos des Chapare, darunter Evo Morales, der mit 69 Prozent der Stimmen das landesweit am besten unterstützte Direktmandat erhielt. Schon im Jahr 1995 hatte die 12. Nationalkonferenz der Kokaproduzenten die Schaffung eines eigenen politischen Instruments (*instrumento político* – in Abgrenzung gegen die Altparteien) beschlossen. Zwei Gründungskongresse scheiterten, bevor schließlich die MAS/IPSP gegründet und im Jahr 1999 offiziell registriert wurde.

Als die neu gegründete MAS die Grenzen des Widerstands gegen die Kokavernichtungspolitik überschritt und sich für andere Themen und Regionen öffnete, entwickelte sie sich vor dem Hintergrund der oben skizzierten Krisenfaktoren und des Legitimationsvakuums der Altparteien rasch zum Kristallisationspunkt für die Unzufriedenen im ganzen Land. Nicht von ungefähr lautet der vollständige Name: MAS/IPSP, Movimiento al Socialismo / Instrumento Político para la Soberanía de los Pueblos. Damit gelang der MAS (vorläufig) die Inklusion unterschiedlicher oppositioneller Kräfte und Volksgruppen (insbesondere bäuerliche Kräfte und Migranten, die in die Städte abgewandert sind, aber zunehmend auch Linksintellektuelle und städtische Mittelschichten, Quetschua, Aymara und – in geringerem Maße – Angehörige der insgesamt 36, überwiegend im Tiefland ansässigen indigenen Völker), die Fusion der ethnischen mit der sozialen Frage und die Verkörperung des Wunsches nach nationaler Souveränität; dies alles nicht zuletzt durch die besondere Glaubwürdigkeit und Legitimität, die Evo Morales genießt.

Die MAS wurde bei den Parlamentswahlen vom 30. Juni 2002 auf Anhieb zweitstärkste Partei, und Spitzenkandidat Evo Morales kam damit in die Stichwahl um das Amt des Präsidenten. Bei den Kommunalwahlen vom Dezember 2004 setzte sich die MAS dann bereits landesweit als stärkste politische Kraft durch.

# Das neue Bolivien

## Aufbruch, Rückschläge, Leistungen

Die Wahlen vom 18. Dezember 2005 brachten einen politischen Erdrutsch im Andenland. Zum ersten Mal seit fünfhundert Jahren steht ein Indio an der Spitze des Staates: Präsident Evo Morales Ayma aus dem Volk der Aymara. Geboren und aufgewachsen in einer Lehmziegelhütte auf dem fast 4000 Meter hohen Altiplano, hat er vier seiner sieben Geschwister verloren. Eine höhere Schule hat er nie besucht. Fragt man die Menschen auf dem Lande, warum sie Morales gewählt haben, so ist die häufigste Antwort: »Weil er einer von uns ist!«

Die Neuwahlen waren von einer Volksbewegung erzwungen worden, die zwei Präsidenten gestürzt hatte: »Goni« Sánchez de Lozada im Oktober 2003 und dessen Nachfolger Carlos D. Mesa im Mai 2005. Einer historischen Wahlbeteiligung von 84 Prozent (mehr als 10 Prozent höher als zuletzt üblich) folgte ein historisches Ergebnis: Mit 53,7 Prozent lag der Wahlsieger 25 Prozentpunkte vor dem Zweiten. Die Bolivianerinnen und Bolivianer wollten den Wechsel! Seit dem demokratischen Neubeginn 1982 hatte noch nie ein Kandidat die absolute Mehrheit erreicht. Eine Revolution mit dem Stimmzettel! Die Opposition konzentrierte sich auf die kleine Kammer des Parlaments, den Senat, und (zunehmend) auf jene sechs von neun Departementen des Landes, in denen die MAS noch eher schwach vertreten war.

Evo Morales' Movimiento al Socialismo (MAS) hat sich nichts weniger vorgenommen als eine *refundación*, eine Neugründung Boliviens, die Wiedererlangung der nationalen Souveränität über die Rohstoffe, die Aufhebung rassistischer und sozialer Diskriminierung, die Entkriminalisierung des Kokaanbaus. Wichtigstes Mittel zu dieser *refundación* sollte eine Verfassunggebende Versammlung (Asamblea Constituyente) sein.

## Verfassunggebende Versammlung und politischer Prozess

Die Abstimmungsniederlage war von der Opposition sorgfältig vorbereitet: Eine Woche vor dem Verfassungsreferendum vom 25. Januar 2009 erschienen in der Presse Überschriften wie »Am 25. wird es ein Plebiszit ohne Kenntnis der Verfassung geben«; in verschiedenen Landesteilen habe es weder eine Kampagne gegeben, noch irgendwelche Informationen. In anderen Gegenden habe die Regierungspartei MAS die Dorfältesten instruiert, wie abzustimmen sei – und diese die Bevölkerung. Angesichts prognostizierter 60 Prozent Zustimmung für den Verfassungsentwurf versuchte man, die Legitimität der Abstimmung zu schmälern.

Beide Vorwürfe waren in gewisser Weise durchaus plausibel: Ein MAS-Aktivist aus der Gegend der Stadt Cochabamba räumte ein: »Fast allen Leuten ist klar, dass es eine neue Verfassung geben muss, aber wir haben keinen Text, kein Propagandamaterial.« Viele Menschen (nicht nur) in Bolivien können nicht lesen und schreiben – oder zumindest nicht so gut, um einen komplizierten Verfassungsentwurf vollständig zu verstehen. Und: Gerade in den Dörfern mit indianischer Prägung laufen Entscheidungsprozesse häufig kollektiv ab. Wichtige Entscheidungen, die das Dorf betreffen, werden im Rat der Familienoberhäupter diskutiert und im Konsens getroffen, unter anderem jene, »wie wir abstimmen« – auch wenn das im Gegensatz zum Grundsatz freier, gleicher und geheimer Wahlen steht. Das Verfassungsprojekt will ja gerade diese beiden in Bolivien koexistierenden Modelle der Entscheidungsfindung einerseits anerkennen und andererseits zusammenführen.

Indes: Gerade vier Wochen vorher, im Dezember 2008, hatte die UNESCO eine Alphabetisierungskampagne der Regierung honoriert und Bolivien feierlich zum »Land ohne Analphabetismus« erklärt. Die Analphabetenquote war von 13,3 Prozent auf unter 4 Prozent reduziert worden. Vor allem aber: Diese 16. Verfassung in der Geschichte der Republik ist überhaupt die erste, die dem Volk zur Abstimmung vorgelegt wurde! Trotz aller Defizite und Turbulenzen: Noch nie hatte es eine so breite Debatte über die Zukunft des Landes gegeben – und noch nie waren dabei die bisher marginalisierten Bevölkerungsgruppen der Armen und der Indígenas so breit daran beteiligt gewesen. Schon das ist eine kleine Revolution!

Bei Morales' Amtsantritt im Januar 2006 standen noch vor der Kokafrage und einer Landreform zwei Themen als Herausforderungen für die neue Regierung im Vordergrund: die Nationalisierung der Kohlenwasserstoffressourcen und die »Neugründung Boliviens« durch eine Verfassunggebende Versammlung. Beide waren durch ein Referendum aus dem Jahr 2004 vorgegeben – und beide wurden bereits im ersten Halbjahr angepackt, was dem Präsidenten anfänglich Zustimmungsraten von bis zu 80 Prozent bescherte.

Bereits sechs Wochen nach der Amtseinführung wurde am 4. März 2006 ein Gesetz zur Einberufung der Verfassunggebenden Versammlung (»Ley de la Convocatoria a la Asamblea Constituyente«) und ein Gesetz für ein Autonomiereferendum (»Ley de la Convocatoria al Referendum para las Autonomías«) vom Kongress verabschiedet. Vorausgegangen waren Auseinandersetzungen zwischen Anhängern der Regierung und der Opposition, namentlich aus den Tieflanddepartementen mit ihren Autonomieforderungen. Zwei Tage intensiver Verhandlungen unter dem Vorsitz des Vizepräsidenten führten schließlich zu einem Konsens.

Bei den Wahlen zur Verfassunggebenden Versammlung (Constituyente) vom 2. Juli wurde die MAS in ihrer absoluten Mehrheit bestätigt. Sie erhielt 50,7 Prozent der Stimmen und damit 137 der 255 Sitze. Das bedeutete ein Minus von 3 Prozent gegenüber den Parlamentswahlen vom Dezember 2005. Die wichtigste Oppositionspartei, die neoliberale PODEMOS, halbierte ihr Wahlergebnis vom Dezember 2005 nahezu und erreichte nur 15,3 Prozent der Stimmen, die sozialliberale UN 7 Prozent. Indes verfehlte Morales die Zweidrittelmehrheit im Verfassungskonvent, die er sich als Wahlziel gesetzt hatte. Die hätte er gebraucht, um einen Verfassungsentwurf im Alleingang auszuarbeiten und zu verabschieden. Die Constituyente trat am 6. August 2006 in Sucre zusammen und hatte laut Gesetz sechs bis zwölf Monate Zeit, um einen solchen Entwurf zu erstellen, der anschließend den Wählerinnen und Wählern zur Abstimmung vorgelegt werden sollte. Als sich abzeichnete, dass man diesen Rahmen nicht würde einhalten können, wurde die Frist bis zum 14. Dezember 2007 verlängert.

Für sein Vorhaben einer Neugründung Boliviens musste sich der Präsident also Bündnispartner suchen. Insgesamt 16 Parteien und Bürgervereinigungen hatten den Einzug in die Constituyente geschafft. Durch deren Präsenz dürfte sich das leichte Minus bei der MAS erklären, kaum jedoch die 13 Prozentpunkte Rückgang bei PODEMOS. Zwar konnten Bündnisse geschlossen und in erstaunlich vielen Kommissionen Übereinkünfte erzielt werden, doch trat letztlich ein, was von Beginn an zu vermuten war: Die notwendige Zweidrittelmehrheit wurde verfehlt, sodass die Opposition den Verfassungsprozess blockieren konnte. Sie forderte nun das Prinzip der Zweidrittelmehrheiten auch für die tägliche Arbeit in den Kommissionen. Nachdem man sich dergestalt wochenlang noch nicht einmal auf eine Geschäftsordnung für die Debatten hatte einigen können, versuchte die Fraktion der MAS in einer nächtlichen Sitzung das Prinzip der absoluten Mehrheit durchzupeitschen, was zu Tumulten im Sitzungssaal und einem Aufruf der Opposition zum Generalstreik führte. Beide Seiten mobilisierten ihre Basis. MAS-Anhänger riefen zur Blockade der Oppositionshochburg Santa Cruz auf. Sowohl dies als auch der Generalstreik scheiterten zwar, doch noch bevor es im Rahmen der Constituyente zu irgendwelchen inhaltlichen Debatten kam, hatte die Straße die Initiative des Handelns an sich gezogen. Abermals folgte die Polarisierung dem Gegensatz zwischen Hochland und Tiefland. Bis Ende des Jahres 2006 beherrschte ein Hungerstreik von Oppositionspolitikern »für die 2/3« und »zur Verteidigung der Demokratie« die Schlagzeilen sowie eine zunehmende Zahl gewalttätiger Zusammenstöße zwischen Anhängern des Regierungslagers und der Opposition in den Tieflanddepartementen. Artikel 25 des »Ley de la Convocatoria al Referendum« verlangt, dass der Verfassungsentwurf mit Zweidrittelmehrheit (wörtlich: »... con dos tercios de votos de los miembros presentes de la Asamblea«) die Constituyente verlassen muss, bevor er (nach Art. 26) einer Volksabstimmung vorgelegt wird. Zur internen Arbeit in den Einzelkommissionen der Verfassunggebenden Versammlung sagte das mit heißer Nadel gestrickte Einberufungsgesetz leider nichts. Die Politik der Opposition, die das Gesetz im Konsens mit beschlossen hatte, steht von daher unter dem Verdacht der Scheinheiligkeit. Die Regierungsfraktion ließ sich andererseits allzu leicht auf einen Polarisierungs- und Konfrontationskurs ein. Sie hätte gut daran getan, sich noch stärker um Ausgleich und Konsens zu bemühen, nicht nur, weil sie am Ende ohnehin zwei Drittel der Stimmen brauchen würde, sondern auch im Interesse einer höheren Legitimität des Gesamtprozesses. Erst im Februar 2007 einigte man sich im Rahmen der Constituyente auf ein Vorgehen, wonach der Verfassungsentwurf mit zwei Dritteln der Stimmen, die Berichte der Einzelkommissionen aber mit 50 Prozent plus einer

Stimme verabschiedet werden müssten. Inzwischen hatte die Opposition ein neues Feld gefunden.

Kaum war der Weihnachtsfriede vorbei, da forderte der Präfekt des Departements Cochabamba, der schillernde Manfred Reyes Villa, im Januar 2007 ein Autonomiereferendum, obwohl sich sein Departement keine sechs Monate vorher im Referendum mit deutlicher Mehrheit gegen die Autonomieoption ausgesprochen hatte. Parallel dazu formierten sich in seinem Umfeld jugendliche Stoßtrupps, ähnlich den Schlägerbanden der Unión Juvenil Cruceñista (UJC) in Santa Cruz. Eine erfolgreiche Provokation: Es kam zu gewalttätigen Unruhen, die Präfektur wurde angezündet. Reyes Villa floh in die Oppositionshochburg Santa Cruz. Es machte sich nicht gut, dass der Präsident der Republik, der zum Dialog und zur Mäßigung aufrief, noch immer auch Präsident der Kokabauern aus dem Chapare war, die den Protest gegen den Präfekten anführten. Die Opposition sprach von einer »stalinistischen Verschwörung«, mit deren Hilfe oppositionelle Departementspräfekten »aufgerollt« werden sollten. Und Aktionen gegen den Präfekten von La Paz schienen diese Sicht der Dinge zu bestätigen.

Inzwischen arbeitete die Constituyente leidlich und kam in den Kommissionen in erstaunlich vielen Fragen zu Übereinstimmungen, da bahnte sich mit der Hauptstadtfrage der nächste Konflikt an. Hauptstadt Boliviens mit fünf Buchstaben ist …? Falsch! Nicht La Paz, sondern Sucre – mit indianischem Namen Chuquisaca. Mit dem Niedergang des Bergbaus im benachbarten Potosí war Ende des 19. Jahrhunderts der Regierungssitz von Sucre nach La Paz verlegt worden; das schmucke Kolonialstädtchen Sucre mit seinen heute 281 000 Einwohnern blieb nominell Hauptstadt, behielt den Obersten Gerichtshof und war nun auch Sitz der Constituyente. Man empfand dies in Sucre als historische Ungerechtigkeit, doch konnte man damit hundert Jahre lang gut leben, ohne dass die Frage ernsthaft eine Rolle gespielt hätte. Bis nun plötzlich Sucre und Santa Cruz verlangten, Sucre solle wieder vollwertige Hauptstadt werden; die Mehrheitsfraktion lehnte auf Antrag von La Paz die Behandlung dieser Frage in der Constituyente ab. Abgesehen von der fehlenden Infrastruktur und den horrenden Kosten: Kompromissangebote, bestimmte Behörden nach Sucre zu verlegen, wurden ausgeschlagen, »Capitalidad plena« gefordert und die Stimmung weiter angeheizt, bis es zu Verfolgungen regierungsnaher Mitglieder der Constituyente kam und die Verfassunggebende Versammlung im Chaos endete.

Die Constituyente musste erst in einen Militärkomplex, das Instituto Militar la Glorieta (Liceo Militar), verlegt werden und schließlich den Tagungsort Sucre ganz verlassen, weil dort die Sicherheit nicht mehr gewährleistet werden konnte. Steckbriefe – an der Fassade des Rathauses sogar überlebensgroß – prangerten Angehörige der Regierungspartei als »Verräter von Sucre« an. Der Departementspräfekt David Sánchez (Mitglied der MAS), der sich um Vermittlung bemühte, musste sein Amt niederlegen und unter massiven Drohungen gegen ihn und seine Familie im benachbarten Peru um Asyl ansuchen; unter anderem hatte man sein Haus in Brand gesetzt. Die stark mit rassistischen Tönen untermalten Proteste und Ausschreitungen spitzten sich immer mehr zu, bis die Polizei aus Sucre abzog. Es gab Tote.

Der Verfassungsentwurf wurde schließlich im Dezember 2007 in Oruro verabschiedet; die Oppositionsfraktionen nahmen – bis auf die der Unidad Nacional – daran nicht mehr teil (nur 165 der 255 Mitglieder waren noch anwesend) und wollten die neue Verfassung (trotz der 61 Prozent Zustimmung beim Referendum vom 25. Januar 2009) nicht respektieren. Die Regierung feierte den Verfassungsentwurf mit einem Volksfest in La Paz, das mehr politische Demonstration war als Fest, denn das Land war polarisiert. Zeitgleich arbeiteten in den vier Tieflanddepartementen bereits »Bürgerkomitees« an eigenen Autonomiestatuten. (Mutmaßliche) Anhänger der MAS wurden dort bedroht und verfolgt. Auf das Haus des MAS-Constituyente-Mitglieds und heutigen Ministers für Autonomie, Carlos Romero, in Santa Cruz wurden zwei Bombenanschläge verübt.

Bolivien, so schien es, befand sich wieder an der Schwelle zur Unregierbarkeit und war drauf und dran auseinanderzubrechen. Der Opposition war es gelungen, durch ihre Obstruktionspolitik das Verfassungsprojekt an den Rand des Scheiterns zu bringen. Regierung und MAS liessen sich letztlich auch durch die absurdesten Provokationen immer wieder in Polarisierung und Konfrontation treiben. Trotz erstaunlich weitgehender Einigungen: Letztlich verstanden sie es nicht, innerhalb der Constituyente zu einem Zweidrittelkonsens zu kommen. Und sie schafften es nicht, die Studenten von Sucre, die bei den Unruhen an vorderster Front standen, für sich zu gewinnen.

Fragen drängten sich auf: Wieso konnte die Regierung über Wochen und Monate untätig zusehen, wie die Sicherheit der Constituyente-Mitglieder immer prekärer wurde, bis sie schließlich mit dem Abzug der Polizei aus Sucre ganz zusammenbrach? Wieso wurde keine Bannmeile geschaffen? Warum verhielt man sich noch immer so, als sei man eine außerparlamentarische Opposition, und schickte statt der staatlichen Ordnungskräfte irgendwelche sozialen Organisationen los, um Sicherheit zu schaffen? Fürchtete man, Polizei und Militär nicht wirklich unter Kontrolle zu haben? Sicher: Man wollte eine Regierung der sozialen Bewegungen sein und deren Mobilisierung aufrechterhalten, doch gefährdete man dadurch die Rechtsstaatlichkeit und das Ansehen der Regierung. Andererseits schien Morales auf eine Deeskalationsstrategie zu setzen und wie schon bei den Auseinandersetzungen zwischen Bergarbeitern in Huanuni vom Herbst 2006 (siehe S. 174 f.) Blutvergießen durch die Sicherheitskräfte um jeden Preis vermeiden zu wollen. Sein Wahlsieg kam 2005 auch durch die Unterstützung jener zustande, die die ständigen Auseinandersetzungen satt hatten. Die Scharfmacher, die kaum inhaltliche und personelle Alternativen vorzuweisen hatten, ließen keine Gelegenheit aus, um Situationen zu schaffen, in denen die Regierung Sicherheit und Ordnung nicht mehr gewährleisten konnte, was auf diese zurückfallen würde und nicht auf die Unruhestifter. Ein Strickmuster, ganz wie bei den Vorbereitungen des Putsches gegen Salvador Allende im Chile des Jahres 1973.

Aber die MAS war wohl auch Opfer ihrer Unerfahrenheit und ihres Ehrgeizes geworden, als sie das von ihr selbst in der Opposition geforderte Projekt einer Constituyente möglichst schnell umsetzen wollte. Das hat sich gerächt. Nicht nur zeitgleiche Erfahrungen mit Verfassungsprozessen in Venezuela, Ecuador und Nepal lassen vermuten, dass es besser gewesen wäre, mit solider Mehrheit zunächst einmal zu regieren und ein schwieriges und komplexes Verfassungsprojekt solide vorzubereiten. Indigene und Basisorganisationen waren zum Teil über den Wahlmodus zur Asamblea Constituyente enttäuscht. Sie hatten sich mehr Direktkandidaten erhofft. Die MAS wiederum ging sowohl personell als auch programmatisch weitgehend unvorbereitet nach Sucre. Amts- und Mandatsträger durften nicht Mitglieder der Verfassunggebenden Versammlung sein. Die MAS aber hatte sich bereits nach der überraschenden absoluten Mehrheit vom Dezember 2005 anstrengen müssen, kompetente Leute für die Besetzung der Ministerposten und Parlamentssitze zu finden. Die Opposition arbeitete konstruktiv nur im Hinblick auf die Departementsautonomie und nutzte darüber hinaus jede Gelegenheit, um den Prozess des Wandels zu blockieren, den sie nicht wollte. Auf der anderen Seite versuchte die MAS und ihr nahestehende Fraktionen die Strategie der Opposition zu konterkarieren und – etwa durch die Einführung der regionalen Autonomien – die Reichweite der Departementsautonomien zu schmälern. Keine optimalen Bedingungen für sachgerechte Lösungen.

Trotzdem: Letztlich wurde der Verfassungsprozess von außen blockiert. Am Ende war nur eine einzige strittige Frage innerhalb der Constituyente offengeblieben, nämlich die, ob die Grenze, oberhalb derer nicht produktiv genutztes Land vom Staat bei Entschädigung eingezogen werden kann, bei 5000 oder bei 10 000 Hektar liegen solle. Artikel 398 des Verfassungsentwurfs lag im Hinblick darauf mit zwei Optionen vor. Bei der Volksabstimmung vom 25. Januar 2009 entschieden sich die Bolivianerinnen und Bolivianer mit 80,65 Prozent der Stimmen dafür, die Grenze bei 5000 Hektar zu ziehen.

Ungeachtet des von ihr selbst angezettelten und von der Regierung nicht verhinderten Chaos: Anders als die Opposition behauptete, wurde der Verfassungsentwurf in Oruro formal sehr wohl mit den gesetzlich notwendigen zwei Dritteln der Stimmen verabschiedet – zwei Drittel »der Anwesenden« fordert das auch in diesem Punkt schlecht gemachte, aber im Konsens auch von den Oppositionsfraktionen mit verabschiedete Einberufungsgesetz.

Während daraufhin in den Tieflanddepartementen jenseits der Bestimmungen der geltenden Verfassung eigene Autonomiestatuten erarbeitet und in Abstimmungen jeweils auch mehrheitlich angenommen wurden, stellte Präsident Morales die Vertrauensfrage: Beim sogenannten Abwahlreferendum vom 10. August 2008 erreichten er und sein Vizepräsident 67 Prozent Zustimmung. Doch auch die Präfekten der Departemente Santa Cruz (66 Prozent), Tarija (58 Prozent), Pando (56 Prozent) und Beni (64 Prozent) wurden eindrucksvoll bestätigt. Eine Rückkehr des *empate catastrófico*, des katastrophalen Patts? Ja und nein! Denn die MAS steigerte ihre Ergebnisse auch im Tiefland von Wahl zu Wahl. Die Zustimmung zu Morales und der MAS stieg in Santa Cruz von 33 auf 41 Prozent, in Beni von 16 auf 44 Prozent und in Tarija von 32 auf knapp unter 50

Prozent. Man konnte unschwer davon ausgehen, dass der Verfassungsentwurf in der bevorstehenden Volksabstimmung mit großer Mehrheit angenommen werden würde. In dieser Situation versuchte die Opposition Fakten zu schaffen.

Die Regierung hatte Verhandlungen über eine Kompatibilisierung von Verfassungsentwurf und Autonomiestatuten vorgeschlagen. Doch das interessierte die Präfekten nicht mehr. Rubén Costas, Präfekt des ölreichen Departements Santa Cruz, kündigte an, er wolle die Kontrolle über Steuern und die Polizei – und er machte damit sogleich Ernst. Ein bolivienweiter Protest von Behinderten eskalierte dort gerade zwei Tage nach Costas Ankündigung, er werde nun das Autonomiestatut umsetzen. Die Polizei räumte das von Demonstranten besetzte Gelände der Ölgesellschaft YPFB (es handelte sich ursprünglich um einen Behindertenprotest!) – angeblich brutal (was nicht ungewöhnlich wäre). Als die Demonstranten daraufhin versuchten, das Polizeihauptquartier zu stürmen, kam es zu gewalttätigen Auseinandersetzungen. Der damalige Vorsitzende des einflussreichen Comité Cívico Pro Santa Cruz, einer Frontorganisation der Oppositionellen, der Großgrundbesitzer und Speiseöltycoon Branco Marinkovic, zwang schließlich den Departmentschef der Polizei, Wilge Obleas, sich vor Fernsehkameras bei der Bevölkerung von Santa Cruz zu entschuldigen. (Wofür eigentlich? Dass man das Gebäude nicht dem Mob übergeben hatte?) Als sich Obleas auf einer Bürgerversammlung der Diskussion stellte, wurde er dort von Angehörigen der Marinkovic nahe stehenden Unión Juvenil Cruceñista mit Knüppeln zusammengeschlagen und trat tags darauf zurück. Einen neuen Polizeichef wollte Costas, der sich nun »Gobernador« nannte, nur akzeptieren, wenn er ihn selbst ernannt habe. Die Unión Juvenil Cruceñista wurde von Costas beauftragt, bei einem für zwei Tage später von ihm selbst ausgerufenen »Bürgerstreik für die Autonomie« für Sicherheit in der Stadt zu sorgen.

Das war selbst einigen konservativen Mitstreitern zu viel. Während das Generalkommando der Polizei bei der Regierung protestierte, stellte Senator Carlos Böhrt von der Oppositionspartei PODEMOS klar, dass es sich bei der Polizei um eine nationale Institution handle, die nicht dem Präfekten unterstehe. Die MNR kündigte nach dem Abwahlreferendum im Übrigen die Allianz mit PODEMOS im Senat auf. Ein Punktsieg für die MAS-Politik der Duldsamkeit. Doch wie hatte der notorische Branco Marinkovic angekündigt: »Unser Kampf hat erst begonnen!«

Am 8. September 2008, keine vier Wochen nach dem Abwahlreferendum, begannen Oppositionsgruppen in den Departementen des sogenannten Halbmonds (Tarija, Santa Cruz, Beni und Pando) systematisch Straßen zu blockieren, Regierungsgebäude, Grenzstationen und Flughäfen zu besetzen und zu verwüsten. Betroffen waren vor allem die Zoll- und Finanzbehörden, das Agrarreform-Institut INRA sowie regierungsnahe Radio- und Fernsehstationen; es gab versuchte Besetzungen von Förderanlagen und Sprengstoffanschläge gegen Gaspipelines. In Santa Cruz wurden am 9. September die Gebäude des Finanzamtes und des INRA nach heftigen Kämpfen mit der Militärpolizei von »Unionisten« gestürmt und verwüstet. Häuser von »Autonomiekritikern« waren Ziel von Bombenanschlägen. Morales sprach von einem »Zivilputsch«. Doch Polizei und Militär setzten dem Vandalismus kaum Widerstand entgegen. Ein weiteres Mal reagierte La Paz mit einer Politik der Duldsamkeit. »Eine militärische Intervention ist nicht gerechtfertigt, wenn nicht vorher alle anderen Möglichkeiten ausgeschöpft worden sind«, verteidigte Vizepräsident Álvaro García Linera die Haltung der Regierung.

Erst als am 11. September regierungsnahe Bauern im Pando von Angehörigen der Präfektur regelrecht zusammengeschossen wurden – die Rede ist von 18 Toten und Dutzenden Verletzten –, schickte Morales das Militär und verhängte dort den Ausnahmezustand. Bereits am 10. September wurde US-Botschafter Philip Goldberg zur Persona non grata erklärt und aufgefordert, das Land zu verlassen. Ihm wurde vorgeworfen, die oppositionellen Präfekten unterstützt zu haben. Am 16. September wurde der Präfekt des Departements Pando, Leopoldo Fernández, verhaftet. Er wurde für das Massaker vom Pando verantwortlich gemacht, bei dem jedenfalls mehr als ein Dutzend Bauern erschossen wurden. Am selben Tag verurteilten die zwölf Mitgliedsländer der Union der Südamerikanischen Nationen (UNASUR) auf einem Sondergipfel zur bolivianischen Krise in Santiago de Chile die Gewaltaktionen und erklärten »ihre volle und entschiedene Unterstützung der verfassungsmäßigen Regierung von Evo Morales«. Eine Unterbrechung des demokratischen Prozesses in Bolivien werde man nicht tolerieren. Eine Untersuchungskommission der UNASUR zu den Vorfällen im Pando stützte später weitgehend die Darstellungen der Regierung und sprach ebenfalls von einem Massaker an den Bauern.

Die Opposition war mit ihrer Gewaltstrategie an die Wand gefahren. Mit ihren Blockadeaktionen schadeten ihre »Zivilkomitees« vor allem der eigenen Bevölkerung, bei der auch verbrecherische Aktionen wie Vandalismus gegen Regierungsgebäude und gewalttätige Übergriffe gegen Indios und (mutmaßliche) Anhänger der Regierungspartei nicht gut ankamen. Wenn sie das Ziel hatten, eine Überreaktion der Regierung zu provozieren, so war das fehlgeschlagen. Das Massaker vom Pando wurde einhellig verurteilt, auch wenn Teile der Opposition der MAS vorwarfen, die Auseinandersetzung provoziert zu haben. Die unmissverständliche Ablehnung durch die Nachbarländer war eine Breitseite gegen alle Überlegungen hinsichtlich eines separatistischen Projekts auf der Basis des Erdöl- und Erdgasreichtums. Die wichtigsten Abnehmer, Brasilien und Argentinien, sagten klar und eindeutig Nein!

Während am 16. September Leopoldo Fernández verhaftet wurde, verhandelte Mario Cossio, der Präfekt von Tarija, bereits mit der Regierung über die Wiederaufnahme von Verhandlungen mit den Präfekten. Diese scheiterten in Cochabamba, nicht zuletzt eben weil die Opposition nun gespalten war. Sie wurden schließlich im Parlament weitergeführt, wodurch die Präfekten aus dem Rennen und die schwache 15-Prozent-Partei PODEMOS wieder im Spiel war. Trotzdem musste die MAS Zugeständnisse machen. Jeder vierte Paragraf des Verfassungsentwurfes wurde modifiziert. Eines der wichtigsten Zugeständnisse war jenes einer Beschränkung der Wiederwahlmöglichkeit des Präsidenten. Morales darf demnach nur noch ein Mal kandidieren (Art. 168); ein anderes betraf die Enteignungsbestimmungen der Landreform, die nun nicht rückwirkend gelten. Morales und die MAS wurden dafür von einer sich formierenden Linksopposition und Aymara-Aktivisten heftig kritisiert. Doch die Verfassung wurde schließlich in der Volksabstimmung vom 25. Januar 2009 mit 61 Prozent der Stimmen – bei einer Rekordwahlbeteiligung von 90,26 Prozent – angenommen, wenngleich ihr wegen ihres turbulenten Zustandekommens und der »Nachbesserungen« durch das Parlament (was so nie vorgesehen war) Legitimationsdefizite anhaften.

Die Opposition hatte sich mittlerweile überwiegend auf die Organisation von Gebetsveranstaltungen gegen den »unchristlichen Verfassungsentwurf« verlegt. Die neue Verfassung gewährt Religionsfreiheit. Die römisch-katholische Religion ist jedoch nicht mehr Staatsreligion. Evo Morales wurde im Wahlkampf teilweise als Satan dargestellt, und es gab Fernsehspots mit der Aufforderung: »Wähle Gott – stimme mit Nein!« Andere Teile der Opposition finanzierten offenbar ein überwiegend osteuropäisch besetztes, internationales Terrorkommando unter der Leitung des ungarischen Rechtsextremisten Eduardo Rósza, das dem Präsidenten nach dem Leben trachten sollte und im April 2009 in Santa Cruz ausgehoben wurde. Beides ist Ausdruck einer gewissen Verzweiflung. Die Lage bleibt insofern gespannt, weil die Opposition auch vor den Wahlen vom Dezember 2009 parteipolitisch heimatlos und völlig desolat wirkte. Entsprechend klar war dann der Wahlausgang (siehe S. 215 ff.). Vizepräsident Álvaro García Linera glaubt nicht, dass die Gefahr gewalttätiger Umsturzversuche durch die alten Eliten gebannt sei. In einem Interview mit der belgischen Zeitschrift *Alternatives Sud* des Centre Tricontinental sagte er, am Anfang habe man geglaubt, den Wandel über die Mechanismen des Dialogs und des Kompromisses herbeizuführen: »Doch die Vernunft und die Erfahrung der jüngsten Geschichte lässt uns auch daran denken, dass bald der Tag der Konfrontation zwischen den gesellschaftlichen Kräften kommen könnte. [...] Ich glaube im Falle Boliviens könnte dieser Moment näher sein, als es den Anschein haben mag.«

»Bolivien ist ein sozialer, plurinationaler, gemeinschaftlicher Rechtsstaat, frei, unabhängig, souverän, demokratisch, interkulturell, dezentralisiert und mit Autonomien. Bolivien basiert auf der Pluralität und dem politischen, ökonomischen, juridischen, kulturellen und linguistischen Pluralismus innerhalb des integrativen Prozesses des Landes«, sagt der Artikel 1. Die neue Verfassung ist klar antineoliberal und stärkt die Rolle des Staates in Wirtschaft und Gesellschaft. Die natürlichen Ressourcen sind Eigentum des bolivianischen Volkes und werden vom Staat verwaltet. Basisressourcen, wie Wasser, dürfen nicht privatisiert werden. Ein Pazifismusprinzip ist verankert sowie wirtschaftliche, soziale und kulturelle Rechte wie etwa das auf Nahrung, Gesundheit, Bildung, Wohnung, den Zugang zu Wasser oder das Recht auf eine intakte Umwelt. Deren Einlösung ist primär Aufgabe des Staates, dem auch in der Wirtschaft eine Schlüsselrolle zukommt, etwa bei der aktiven Industrialisierungspolitik, aber auch bei der Armutsbekämpfung. Die Rolle zivilgesellschaftlicher Organisationen im neuen Staatsmodell ist ausgebaut. Doch auch der sprichwörtliche Präsidentialismus bleibt weitgehend erhalten.

Die allgemeinen Menschenrechte werden umfassender geschützt, kollektive Rechte besonders gestärkt. Das Gleiche gilt für die Rechte benachteiligter Bevölkerungsgruppen wie Frauen, Kinder und ältere Menschen.

Bolivien ist nun ein pazifistischer Staat. Die Einrichtung ausländischer Militärbasen ist untersagt. Mit Ausnahme der Justiz sind gewählte Inhaber öffentlicher Ämter abwählbar. Öffentliche Angestellte müssen neben dem Spanischen mindestens eine indigene Sprache sprechen; hier gilt eine Übergangsfrist.

Das neue Bolivien ist ein plurinationaler Staat. Die neue bolivianische Verfassung nimmt auch lateinamerikaweit eine Vorreiterrolle bei der Anerkennung der kulturellen Vielfalt und der Rechte der indigenen Völker ein. Obwohl im Verfassungsprozess klar wurde, dass die indigenen Völker Boliviens alles andere als einen einheitlichen Block darstellen und sie durchaus teilweise auch sehr unterschiedliche Interessen und Forderungen haben, von denen etliche auch keine Berücksichtigung fanden: Die neue bolivianische Verfassung ist heute sicherlich diejenige, die Indígena-Rechte weltweit am umfassendsten berücksichtigt. Fast alle Inhalte der UN-Deklaration über indigene Völker vom September 2007 sind darin verankert. Indigene Formen der Entscheidungsfindung, zum Beispiel in Wirtschaft, Rechtsprechung und Medizin, werden möglichst auf gleichwertige Stufe mit den zentralstaatlichen gestellt und mit diesen koordiniert (siehe S. 200 ff.).

Die neue Magna Charta verankert Autonomien auf unterschiedlichen Ebenen, wo sie bisher nur auf Gemeindeebene bestanden. Sie berücksichtigt relativ viele Themen und überlässt viele Details noch zu verabschiedenden Ausführungsgesetzen, wie auch im Falle der Autonomien und der Gemeindejustiz. Das ist nicht unüblich. Doch bleiben Widersprüche zwischen einzelnen Bestimmungen und viele Interpretationsspielräume. Die neue Verfassung liest sich in weiten Teilen wie ein Katalog des Wünschenswerten oder der Herausforderungen an die Realpolitik. Es sei in diesem Zusammenhang an die häufig anzutreffende Kluft zwischen Verfassungstexten und Verfassungswirklichkeiten – gerade in Lateinamerika – erinnert; die kolumbianische Verfassung von 1990 etwa hält in vorbildlicher Weise indigene Rechte fest und die parallel zur bolivianischen erarbeitete neue ecuadorianische Verfassung vom 29. Oktober 2008 wiederholt in weiten Teilen die unerfüllten Verheißungen ihrer Vorgängerin von 1998 – gerade bezüglich indigener Rechte und des Schutzes der Umwelt. Seit 1990 sind in Lateinamerika 239 einfache Verfassungsänderungen durchgeführt worden. Allein die letzte bolivianische Verfassung von 1967 wurde achtmal modifiziert. Im selben Zeitraum sind sieben neue Verfassungen verabschiedet worden, zwei davon in Ecuador, eine in Venezuela 1999, eine zweite scheiterte dort im Jahr 2007 im Referendum. Man kann in diesem Zusammenhang von einem neuen lateinamerikanischen Konstitutionalismus sprechen, oder aber auch von einem Verfassungspopulismus, der Auswege aus Krisensituationen und Notständen sucht, indem er gewünschte wirtschaftliche, soziale und politische Veränderungen erst einmal als Verfassungsnormen postuliert. Auch das ist legitim. Die Phase der Neukonstruktion des Staates mit ihren großen Herausforderungen steht in Bolivien jedenfalls im Einzelnen nach den Wahlen vom Dezember 2009 erst noch bevor.

## Autonomie

»Geisterthemen« bestimmten die politische Auseinandersetzung, hinter denen sich Machtfragen verbargen. Sachfragen traten demgegenüber in den Hintergrund. Auch die haben es in sich, obwohl hier Einigungen nicht unmöglich scheinen. Die brisanteste ist die der Autonomie, wie sie die Tieflanddepartemente für sich gefordert hatten. Zeitgleich mit den Wahlen zur Constituyente war am 2. Juli 2006 darüber abgestimmt worden, ob die Bolivianerinnen und Bolivianer Autonomie wollten, deren konkrete Ausgestaltung ebenfalls der Constituyente selbst vorbehalten sein sollte. Die MAS hatte zu einem Nein aufgerufen und setzte sich hier landesweit mit 57,5 Prozent durch, gegen 42,4 Prozent Ja-Stimmen. Allerdings gewann das Autonomiereferendum in den Departementen Santa Cruz (71 Prozent), Beni (73 Prozent), Tarija (65 Prozent) und Pando (52 Prozent) jeweils klar; die Hochlanddepartemente stimmten dagegen.

Die Autonomieoption bezog sich laut Gesetzestext jedoch nicht auf das landesweite Abstimmungsergebnis, sondern sollte für jene Departemente gelten, deren Bevölkerung mehrheitlich dafür gestimmt hatte. Vizepräsident Álvaro García Linera kündigte daraufhin an, dass man trotz des landesweiten Nein das Thema Autonomie auf die Tagesordnung der Constituyente setzen wolle. Wer freilich darauf gehofft hatte, dass die Regierung mit eigenen, innovativen Autonomiekonzepten das Zepter in die Hand nehmen würde, wurde zunächst enttäuscht. Seit der »Dezentralisierung« Mitte der 1990er-Jahre wird in Bolivien beklagt, dass ein Bindeglied zwischen den Gemeinden und der Zentralregierung in La Paz fehle. Die Participación Popular von 1994 hatte den Gemeinden relativ große Selbständigkeit eingeräumt. Im Rahmen der »Dezentralisierung« hatte Präsident Sánchez de Lozada dann allerdings einen allzu großen Machtverlust verhindern wollen, indem er Departemente und Provinzen – anders als der Gesetzestitel »Decentralización« suggeriert – quasi als Gegengewicht in Abhängigkeit hielt. Erst im Dezember 2005 wurden die Präfekten erstmals direkt gewählt. Zuvor waren sie jeweils vom Präsidenten eingesetzt worden! Die Dezentralisierungsdebatte war ab der zweiten Hälfte der 1990er-Jahre gerade von linksliberalen Kreisen geführt worden. Statt diese Debatte zu rezipieren und produktiv weiterzuführen, reagierte die MAS auf die zunehmende Politisierung der Frage durch die Autonomisten aus dem Tiefland zunächst mit einem trotzigen Nein und überließ damit das Feld der Opposition. Er wolle eine »Autonomie des Volkes«, sagte Evo Morales, aber keine »Autonomie der Oligarchen«. Dergestalt konnte sich das Thema Autonomie zum Kristallisationskern für die nach den Wahlschlappen parteipolitisch heimatlos gewordene politische Rechte entwickeln, die sich zusammen mit den alten Eliten um die Präfekten der Tieflanddepartemente und ihre Autonomieforderungen scharte. Ein grober Fehler der MAS!

Die vielen Menschen (landesweit 42,4 Prozent der Stimmen), die Autonomie für eine interessante Option hielten, konnten nicht alle »Oligarchen« sein! Zumal sich im Oriente bereits eine demokratiepolitisch hochinteressante Entwicklung abzeichnete. Während die Wähler hier klar pro Autonomie gestimmt hatten, ging die MAS bei den zeitgleichen Wahlen zur Constituyente jeweils als stärkste Partei hervor (mit 26,4 Prozent in Santa Cruz und mit 40,7 Prozent in Tarija)! Schon bei den Parlamentswahlen im Dezember 2005 hatte die MAS dort unerwartet gut abgeschnitten, PODEMOS jedoch noch klar gewonnen.

Obwohl Vizepräsident Álvaro García Linera Überlegungen zu einer *autonomía indígena* angestellt und verschiedene soziale Organisationen bereits Vorstellungen dazu entwickelt hatten, hatte man es versäumt, die verschiedenen Vorschläge rechtzeitig zu einem eigenständigen Konzept zu bündeln und in die Debatte einzubringen. Ein gemeinsamer, 19-seitiger Vorschlag verschiedener Indígena- und Bauernorganisationen wurde buchstäblich erst am Vorabend der Constituyente vorgelegt. Später wurde mehr und mehr deutlich, dass es unter diesen Organisationen durchaus recht unterschiedliche Ansätze gab, wobei grob zwischen mehr indigenistisch und mehr gewerkschaftlich orientierten Positionen unterschieden werden muss. Die Aymara-Organisation CONAMAQ (Consejo Nacional de Ayllus y Markas del Qollasuyu) scherte später ganz aus dem Verfassungsprozess aus. Demgegenüber hatten die Präfekten mithilfe der internationalen Kooperation bereits im Vorfeld der Constituyente ein umfangreiches gemeinsames Konzept entwickelt. Präsident Evo Morales selbst hatte seine Wunschvorstellung dazu, einen »Estado Social Comunitario«, nur vage skizziert: Den Autonomievorstellungen der Tieflanddepartemente stellte er ein kommunitäres Modell der Gemeindedemokratien *(autonomía de los pueblos)* entgegen, in dem Amtsinhaber Rücksprache mit der Basis nehmen müssen und einem Rotationsprinzip unterliegen. Die Wirtschaft solle von einem Nebeneinander gemein- und privatwirtschaftlicher Strukturen gekennzeichnet sein, die Erziehung »entkolonisiert« werden.

Ähnlich vage sind bisher die theoretischen Vorstellungen zu einem gemischten Wirtschaftssystems geblieben, dargelegt als »Capitalismo andino-amazónico« vom Vizepräsidenten Álvaro García Linera in der chilenischen Ausgabe von *Le Monde diplomatique* vom Januar 2006 und in der neuen Verfassung als »Economía plural« bezeichnet.

Sogenannte »Encuentros Territoriales«, bei denen die Constituyente Vorschläge aus den Regionen aufnehmen sollte, verliefen Anfang 2007 in den Autonomiehochburgen bereits tumultartig. In Santa Cruz wurde der Versuch abgebrochen, nachdem MAS-Mitglieder der Constituyente tätlich angegriffen worden waren. Eine einseitige Entscheidung der Regierung, aus der Energiesteuer Impuesto Directo de Hidrocarburos (IDH) zulasten der Departemente eine Rentenreform zu finanzieren, hat die Gräben weiter vertieft.

Nach dem Zusammenbruch des »Zivilputsches« vom September 2008 schwenkten Regierung und MAS um. Nun waren sie es, die mit ihren Autonomiemodellen um Zustimmung zum Verfassungsentwurf warben. Die neue Verfassung vom Januar 2009 sieht nun erstmals auch die Möglichkeit von Autonomien auf Departementsebene vor: Gemeindeautonomie, regionale Autonomie, Autonomía Indígena Originaria Campesina – für jeden etwas. Autonomie der Gemeinden gab es ja seit der »Participación Popular« bereits, obwohl sie nicht so hieß. Neu sind die Autonomien auf Departementsebene – die wichtigste Forderung der Opposition und die einzige, die sie im Rahmen der Constituyente konstruktiv verfolgte. Ihr steht die indigene Autonomie gegenüber, wie sie von verschiedenen indigenen Organisationen gefordert wurde; der Name trägt dabei ihrem Selbstverständnis Rechnung: Einige verstehen sich primär als Campesinos, andere als Pueblos oder Naciones originarias. Der Versuch der MAS, die Autonomie der Departemente zu beschneiden, führte zur Einführung der regionalen Autonomien. Nach Artikel 275 gibt es die Möglichkeit von Autonomiereferenden auf verschiedenen Ebenen. Die Details der Autonomiestatuten kann demnach jedes autonome Subjekt – sei es Departement, Region oder indigene Gemeinschaft – durch eine Asamblea Autónoma oder einen Consejo Autónomo selbst ausarbeiten – im Rahmen der von der Verfassung vorgegebenen Bedingungen, wie etwa der territorialen Integrität. Nach Artikel 276 sind die »territorialen Einheiten« gleichrangig, wodurch sich in der Praxis Kompetenzfragen stellen werden, zum Beispiel zwischen Departementen, Provinzen und Gemeinden. In den Artikeln 297 ff. werden einige dieser Kompetenzen definiert. Artikel 298 legt ausdrücklich die Kompetenzen des Zentralstaats fest. Näheres regelt ein erst noch zu erarbeitendes Rahmengesetz, »Ley Marco de Autonomías y Descentralización« (Art. 271), das von dem auf der Basis der neuen Verfassung dann zu wählenden neuen Parlament, mit zwei Dritteln der Stimmen zu verabschieden ist.

Parallel dazu entwarfen und verabschiedeten in den Tieflanddepartementen Bürgerversammlungen zweifelhafter Zusammensetzung und Legitimation eigene Autonomiestatuten, obwohl diese Option in der noch geltenden Verfassung gar nicht vorgesehen war! Man bewegte sich insofern klar außerhalb des gültigen rechtlichen Rahmens. Der Entwurf zur neuen Verfassung – den die Opposition ablehnte, egal wie das Referendum darüber ausgehen würde – sah dagegen eine solche Autonomieoption in Artikel 275 und 276 vor. Nach der Annahme der neuen Verfassung bestand der Vorschlag der Regierung in Verhandlungen über eine Angleichung der Verfassungsbestimmungen mit diesen Autonomiestatuten, die unterschiedlich vorankommen. Gut in jenen Departementen, die von der Regierungspartei dominiert werden, und schlecht in jenen, wo die Opposition den Präfekten stellt. Darin zeigt sich einmal mehr, dass die Autonomieforderung aus den Tieflanddepartementen in der aktuellen politischen Konjunktur weniger Dezentralisierung und Autonomie im Sinn hatte als vielmehr politische Obstruktion und die Verteidigung alter Privilegien. Nach dem besonders radikalen Autonomiestatut von Santa Cruz fallen zum Beispiel Landrechte in die alleinige Kompetenz des Departements. Insofern liegt hier noch beträchtlicher politischer Sprengstoff. Der Sekretär für Autonomie der Präfektur von Santa Cruz, Carlos Dabdoub, erklärte nach dem Wahlsieg der MAS vom Dezember 2009: »Wir werden unser eigenes Parlament haben und wir werden keiner der Einladungen der Regierung folgen, weil diese nur ein Teil ihrer politischen Kampagne sind.«

## Landreform

Die Formen des Landbesitzes in Bolivien sind sehr vielfältig und reichen vom agroindustriellen Großgrundbesitz über Familien-, Klein- und Kleinstbetriebe bis hin zu althergebrachten Kollektivstrukturen. Die traditionelle präkoloniale Organisationsstruktur der autochthonen Völker Boliviens auf dem Altiplano ist das sogenannte *ayllu*. Der Begriff bezieht sich auf indigene Gemeinschaften, die auf Beziehungen einer fiktiven Verwandtschaft gründen und über eigene Organisationsstrukturen verfügen. Von zentraler Bedeutung für das Gemeinwesen sind der kollektive, unveräußerliche territoriale Besitz und das gemeinsame Wirtschaften. Individuelle Nutzungsrechte werden von der Gemeinschaft vergeben und sind an tatsächliche Nutzung gebunden. Unterbleibt die, kann das Land wieder eingezogen und neu vergeben werden; im Falle der Sindicatos des Chapare liegt die Frist, nach der es zu dieser sogenannten *caducación* kommen kann, bei mindestens drei Jahren Nicht-Nutzung.

Nach der Revolution von 1952/53 forcierte die regierende MNR die Einführung von Sindicatos auf dem Lande. Die *ayllu*-Strukturen wurden als vormodern und rückständig angesehen. Mit den Sindicatos sollte zudem der Einfluss der MNR auf dem Lande gestärkt werden. In den neu geschaffenen Sindicato-Strukturen lebten freilich uralte andine Organisationsmuster und Entscheidungsstrukturen weiter – mit unterschiedlicher Intensität. In der Praxis wurden fast alle Comunidades in Agrarsyndikate umgewandelt, wobei der Wandel am deutlichsten dort griff, wo zuvor das Hacienda-System schon einen Wandel der andinen Kultur und der kommunalen Strukturen bewirkt hatte, und am wenigsten dort, wo die Dörfer abgelegen und weitgehend sich selbst überlassen waren. Dieser Unterschied manifestiert sich heute in den Aymara-Gebieten zum Beispiel in den Organisationsformen der Landarbeitergewerkschaft CSUTCB einerseits und des indigenistischen CONAMAQ.

Die Landreform von 1953 war politisch und emanzipatorisch ein Erfolg. Wirtschaftlich eher nicht: Sie ließ einerseits Großgrundbesitz im Tiefland vielfach unangetastet und schuf andererseits unproduktive Minifundien im Hochland, die neben Trockenheit und

Frost auch unter der Übernutzung der Böden leiden. Administrative Probleme führten zu Rechtsunsicherheit und Landflucht. Bei der Landzuweisung spielte oft auch die Parteizugehörigkeit eine Rolle. Summa summarum kam es zu einem Produktionsrückgang von 35 Prozent und vielfach zu einem Abgleiten in die Subsistenzwirtschaft.

Die Krise der Landwirtschaft in Bolivien ist also nicht einfach nur eine Frage der Landverteilung. Doch das Land ist tatsächlich noch immer extrem ungleich verteilt. Nach Angaben des Nationalen Instituts für Statistik arbeiten 39 Prozent der Erwerbstätigen in der Landwirtschaft, wo sie 10,93 Prozent des Bruttoinlandsprodukts erwirtschaften: eine niedrige Produktivität. Nur rund ein Fünftel der landwirtschaftlich nutzbaren Fläche wird tatsächlich genutzt. Andererseits herrscht Landlosigkeit. Die Anzahl der Landlosen beträgt nach aktuellen Schätzungen 250 000. So bildete sich in Bolivien eine Landlosenbewegung Movimiento Sin Tierra (MST) heraus. Gerade im östlichen Tiefland waren Ländereien nicht selten auch unrechtmäßig »erworben« worden, ein Großteil davon während der Militärdiktaturen in den 1970er-Jahren als großzügige Geschenke der Machthaber an ihre Gefolgschaft. Allein unter General Hugo Banzer (1971–1978) sollen knapp 18 Millionen Hektar vergeben worden sein. Vielfach existieren keine Besitzurkunden. Der Anspruch auf ein bestimmtes Gebiet wurde nicht selten durch »Einzäunen« oder Einschüchterung mithilfe Bewaffneter erhoben.

So ist es nicht verwunderlich, dass es viele Spekulationen über das Ausmaß der Bodenkonzentration im Tiefland gibt. Nach einer verbreiteten Angabe befinden sich 90 Prozent der Ländereien in den Händen von 100 Familienclans, allein 15 Familien sollen zusammen rund 500 000 Hektar Land besitzen, darunter die Familie Monasterios mit knapp 100 000 Hektar (sie ist ferner Besitzerin des Fernsehkanals *Unitel* und wichtiger Anteile im Bankwesen), die Familie Gutiérrez (96 000 ha), Paz Hurtado (76 000), Gasser Bowles (72 000),

Saavedra Bruno (Luis Saavedra Bruno war Innenminister unter Jaime Paz Zamora) und eine Reihe anderer bekannter Namen aus Politik und Gesellschaft, wie Walter Guiteras (PODEMOS-Senator), Majluf, Asbún, Leigue, Salas Abularach. Die Familie Marinkovic soll 26 000 Hektar Land ohne legale Papiere besitzen.

Der größte Einfluss dieser Familienclans liegt heute nicht in den Parteien, sondern in Interessenvertretungen wie der Cámara Agropecuaria del Oriente (CAO), der Industrie- und Handelskammer (CAINCO) und dem Comité Cívico Pro Santa Cruz, dessen Präsident Branco Marinkovic bis vor Kurzem war.

Evo Morales kündigte bei seinem Amtsantritt eine Agrarreform an – ja eine Agrarrevolution, wie er sagte. Realpolitisch harrte ein bereits unter Sánchez de Lozada verabschiedetes Landreformgesetz (»Ley INRA« oder Gesetz 1715 vom 18. Oktober 1996) der Umsetzung. Es war auf zehn Jahre angelegt, doch seine Implementierung war mangelhaft. Erklärtes Ziel war schon damals die sozialverträgliche Umverteilung nicht genutzten Landes. Dazu wurde das Land in Kategorien eingeteilt. Der »Solar campesino« ist ein kleinbäuerliches Grundstück, das keine ausreichende Lebensgrundlage bietet; die »Pequeña propiedad« ist ein auf Subsistenzproduktion basierender, kleinbäuerlicher Betrieb, der dies sehr wohl leistet. Eine »Propiedad comunaria« ist ein Zusammenschluss mehrerer kleinbäuerlicher Familien, die nun gemeinschaftlich produzieren; »Tierras Comunitarias de Orígen« (TCO) sind gemeinschaftlich bewirtschaftetes Landeigentum, das von einer spezifischen indigenen Gruppe kultiviert wird. Grundeigentum in diesen Kategorien ist nach dem INRA-Gesetz steuerfrei, unteilbar, unveräußerlich sowie unpfändbar. Es wurde also juristisch abgesichert, doch es konnte nicht als Sicherheit für Hypotheken dienen.

Jenseits dessen sind die Besitzkategorien »Mediana propiedad« (marktorientierter Landwirtschaftsbetrieb, der Lohnarbeiter beschäftigt und technische Geräte verwendet, aber nur über wenig Eigenkapital verfügt) und »Empresa agrícola« (kapitalintensiver Landwirtschaftsbetrieb, der zudem eine größere Zahl von Arbeitskräften beschäftigt) angesiedelt, die nur staatlich anerkannt werden, wenn sie eine soziale und ökonomische Funktion (FES) erfüllen und das Land bewirtschaftet wird. Eine Kontrolle erfolgte nach dem alten INRA-Gesetz alle fünf Jahre. Werden diese Bedingungen nicht erfüllt, kann es theoretisch zu Enteignungen und Konfiszierungen kommen. Auch illegales Land sollte von Enteignungen betroffen sein. Den größten Vorteil brachte das INRA-Gesetz von 1996 den indigenen Gemeinschaften des Tieflands, die erstmals die Möglichkeit bekamen, ihre Gebiete als TCO anerkennen zu lassen.

Neu war der Begriff einer wirtschaftlichen und sozialen Funktion *(función económico y social* – FES). Gemäß Artikel 2, Absatz 1 des Gesetzes 1715 ist diese dann gegeben, wenn es dem »familiären Wohlergehen« oder der »ökonomischen Entwicklung ihres Eigentums, der Dörfer und der indigenen Kleinbauern- und Ureinwohner-Gemeinschaften« dient. Absatz 2 beschreibt die FES im Falle großer Agrarbetriebe: Der »produktive Charakter« sei ausschlaggebend, das heißt die Verwendung zum »Nutzen der Gesellschaft, im kollektiven Interesse und im Interesse des Eigentümers«. Eine Überprüfung der FES fand alle fünf Jahre statt. Als Nachweis genügte in der Praxis allerdings die Zahlung einer Grundsteuer, die sich nach dem Wert der Grundstücke richtete, der wiederum vom Eigentümer selbst festgesetzt werden konnte. Ein schwaches Instrument für ein kühnes Vorhaben!

Unter dem Begriff »Saneamiento« wurde eine Vermessung und Eintragung von Agrarflächen eingeleitet – zur Schaffung von Rechtssicherheit. Allerdings wurden in dem durch das INRA-Gesetz festgelegten Zeithorizont von 10 Jahren mit 9,2 Millionen Hektar nur 8,7 Prozent der für das »Saneamiento« vorgesehenen Flächen bearbeitet, und seit 1997 wurden insgesamt nur 50 000 Hektar Staatsland verteilt.

Die von Präsident Morales versprochene Landreform hat folgende Zielsetzungen:

- die Neuverteilung staatlichen Landes an Kleinbauern, Landlose und Indigene;
- Enteignung von in Privatbesitz befindlichem Land, das die FES nicht erfüllt;
- Mechanisierung der Landwirtschaft;
- Erschließung neuer Absatzmärkte.

Am 2. Juni 2006 initiierte Morales seine Landreform offiziell und verabschiedete sieben Dekrete, die wichtigsten sind:

- DS No. 28 733: Verteilung des gesamten staatlichen Landbesitzes, der bis zu diesem Datum verfügbar ist, und jenem, der aus dem Saneamiento hervorgeht, an indigene und bäuerliche Gruppierungen;
- DS No. 28 736: Der Prozess des Saneamiento wird zum nationalen Notstand erklärt. Die Partizipation der sozialen Organisationen wird bei allen seinen Schritten und Modalitäten garantiert; besondere Berücksichtigung von Frauen bei der Vergabe von Landtiteln.
- DS No. 28 737: Es setzt neue Normen für Auswahl und Einstellung von Personal des INRA; die Kandidaten müssen unter anderem eine indigene Sprache sprechen.
- DS No. 28 738: Einführung eines beschleunigten Verfahrens zur Titulierung und Zertifizierung von Agrarflächen. Aufhebung des Dekrets der Regierung Mesa zur technischen Dezentralisierung des INRA.

Tags darauf übergab Morales in Santa Cruz 2,5 Millionen Hektar an indigene Gemeinden und bäuerliche Familien. Die Landvergabe solle mit politisch-administrativen Funktionen der Selbstverwaltung gekoppelt werden.

Ende Juli 2006 wurde ein Ergänzungsgesetz zum Gesetz 1715 in der Abgeordnetenkammer verabschiedet. Dieses Gesetz (»Ley 3545«) ging schließlich am 29. November 2006 auf paradoxe Weise auch durch den Senat. Durch den Hungerstreik der Opposition in Sachen Zweidrittelmehrheit in der Constituyente fehlte an sich das Abstimmungsquorum. Durch die überraschende Anwesenheit eines oppositionellen Senators und zweier Suplentes (Ersatzmänner) wurde dieses dann aber doch erreicht. Obwohl sie mit Nein stimmten, brachte die MAS ihr Ergänzungsgesetz durch, was die wütende Opposition mit Bestechungsvorwürfen quittierte. Das Ergänzungsgesetz 3545 beinhaltet eine Stärkung und Zentralisierung der departementalen Landreforminstitute, denen in der Vergangenheit Untätigkeit und Korruption vorgeworfen worden war. Damit soll den Bestimmungen des alten INRA-Gesetzes von 1996 zum Durchbruch verholfen werden. Noch sind die großen Ländereien im Tiefland weitgehend unangetastet geblieben. Das Fehlen eines zuverlässigen Katasters stellt hierfür ein objektives Hindernis dar.

Mechanisierung, Kreditförderung und die Schaffung neuer Märkte sind weitere Säulen der neuen Agrarpolitik unter Morales im Rahmen des nationalen Entwicklungsplans vom Juni 2006. Das neoliberale Entwicklungsmodell wollte die ländliche Entwicklung über Exportsteigerungen bei agroindustriellen und forstwirtschaftlichen Gütern fördern. Im Gegensatz dazu setzt der neue Plan auf eine integrale und nachhaltige Entwicklung, in die alle Akteure eingebunden sind. Auf diese Weise soll Lebensmittelsicherheit geschaffen und die Lebenssituation der Bevölkerung auf dem Lande durch die Erschließung neuer, regionaler Märkte verbessert werden. Die staatliche Rolle bei der Planung und Gestaltung im Agrarsektor soll dabei erheblich ausgeweitet werden. Wichtigste Maßnahmen zur Förderung des produktiven Sektors sind die Vergabe von Krediten und die Mechanisierung der Landwirtschaft. Eine staatliche

Entwicklungsbank, die Banco de Desarrollo Productivo, wurde gegründet, und durch den Abbau von Hindernissen sollen besonders jene produktiven Sektoren begünstigt werden, die bisher von der Kreditvergabe ausgeschlossen waren. Bis Anfang 2008 konnten Kredite im Gegenwert von 85,42 Millionen US-Dollar an Klein- und Kleinstproduzenten vergeben werden.

Die Mechanisierung der Landwirtschaft beruht ihrerseits auf zwei Säulen: Ein »Programa Crediticio para la Mecanización del Agro«, finanziert durch die Regierungen Spaniens, Brasiliens und der Volksrepublik China, erleichtert Kleinproduzenten durch staatlich gestützte Kredite den Zugang zu Landmaschinen. Die Empfänger haben 15 Jahre Zeit, um den zinslos gewährten Kredit zurückzuzahlen – im Falle eines Traktors 12 000 US-Dollar. Im Ergebnis konnten in den ersten beiden Jahren seit Juni 2006 492 Traktoren, 35 Lastwagen und 240 andere Agrarmaschinen verkauft werden. Das Programm »Evo Cumple«, sieht die unentgeltliche Vergabe von Traktoren an Gemeinden vor, die aus Kooperationsabkommen mit Venezuela und dem Iran stammen. Bis Mitte 2008 konnten im Rahmen dieses Programms 565 Traktoren verschenkt werden. Mithilfe beider Programme stehen in 313 von 324 Municipios im Durchschnitt drei Traktoren zur Verfügung. In kurzer Zeit konnten so nahezu im ganzen Land Agrarmaschinen zur Verfügung gestellt werden.

Nach Angaben des zuständigen Vizeministeriums wurden bis Ende 2007 für 10,4 Millionen Hektar Land neue Besitztitel vergeben; das ist mehr, als in zehn Jahren Landreform im Zeichen des alten INRA-Gesetzes verteilt worden war (9,2 Millionen); für 2008 wird von weiteren 4,3 Millionen ausgegangen. Darüber hinaus konnten die Kosten für das Saneamiento von durchschnittlich 9,43 auf 1,5 US-Dollar pro Hektar gesenkt werden. Bis Ende 2007 verteilte die Regierung Morales ferner 700 000 Hektar Staatsland an 3015 Familien, die kein oder nur ungenügend Land besaßen: 15-mal mehr als zwischen

1996 und 2005. Staatsland! Beim Versuch hingegen, Rechtstitel zu überprüfen, stieß man im Tiefland teilweise sogar auf bewaffneten Widerstand; in einem Fall mussten im Februar 2008 bei Parapetí im Departement Santa Cruz die Mitarbeiter der Landreformbehörde einschließlich der herbeigeeilten Landwirtschaftsministerin wieder abziehen. Rechtliche Konsequenzen wurden erst nach dem Zusammenbruch des »Zivilputsches« vom September 2008 eingeleitet. Bis dahin herrschte eine Politik der Duldsamkeit, die zugunsten des Friedens das Ansehen der Institutionen strapazierte.

Die Begrenzung des Landbesitzes war die letzte wirklich strittige Frage in den Kommissionen der Verfassunggebenden Versammlung. Mit der Volksabstimmung vom 25. Januar 2009 über den Verfassungsentwurf waren die Wählerinnen und Wähler auch aufgerufen zu entscheiden, ob die Begrenzung bei 5000 oder bei 10 000 Hektar festgesetzt werden soll. Mit 80,65 Prozent der Stimmen entschieden sie sich dafür, dass die Obergrenze für Grundbesitz von der Verfassung bei 5000 Hektar festgeschrieben werden soll. Was darüber hinausgeht, kann im Rahmen der Bestimmungen des INRA-Ergänzungsgesetzes – insbesondere bezüglich Legalität und FES – enteignet werden. Kontrolliert wird die FES nunmehr alle zwei Jahre. Im Falle einer Enteignung sieht der Gesetzestext eine angemessene Entschädigung in Höhe des Marktwerts vor. Die einschlägigen Bestimmungen sind hier nicht ganz eindeutig. Man wird sich ihre Handhabung in der Praxis ansehen müssen. Miguel Urioste von der Fundación Tierra kritisiert: »Die angekündigte Agrarrevolution könnte sich darin erschöpfen, dass der Staat den Großgrundbesitzern das Land abkauft, um es an landlose Bauern und Indígenas zu verschenken.«

In der Tat: Viel Neues enthält die neue Verfassung im Vergleich zu den bestehenden Agrargesetzen nicht. Nur dass ihre Kernbestimmungen nun eben Verfassungsrang haben, als da sind: Nicht der Staat ist nun Besitzer des Bodens, sondern das bolivianische Volk. Individuelle Landtitel werden ebenso berücksichtigt wie kollektives Gemeindeland, was insbesondere für die indigene Bevölkerung wichtig ist. Das Eigentumsrecht über Land gilt nur so lange, wie es eine soziale und wirtschaftliche Funktion erfüllt. Großgrundbesitz wird zukünftig verboten. Die bisher vom Staat begünstigten Agroindustrien müssen nun auch Steuern zahlen. Interessanterweise liegt die Obergrenze für Landbesitz heute entschieden höher als bei der Landreform von 1953, wo im Hochland 400 bis 800 Hektar, in besonders fruchtbaren Tälern gar nur 80 Hektar und im Oriente 2000 Hektar festgesetzt waren.

Die Großgrundbesitzer des Tieflands lehnen das ab. Eine sich neu artikulierende Linksopposition bemängelt, dass diese Bestimmungen nicht rückwirkend gelten, sodass illegal erworbenes Land nachträglich unter Familienmitgliedern aufgeteilt und/oder produktiv genutzt werden könne. In der Tat ist das in Artikel 399/1. verankerte Prinzip der »Irretroaktivität« eines der wichtigsten Zugeständnisse an die Opposition während der Überarbeitung des Verfassungsentwurfes im Parlament nach den Unruhen vom September 2008. Zugeständnisse zugunsten des sozialen Friedens und des Verfassungsprozesses insgesamt mögen bitter sein für die sozialen Bewegungen, die für eine Landreform gekämpft haben, vor allem angesichts fragwürdigen Grundbesitzes in Größenordnungen von bis zu 100 000 Hektar. Doch die Kritik der Linken ist polemisch beziehungsweise stimmt nur zum Teil. Die Politik folgt dem Oberziel, nicht genutztes Land produktiv zu machen. Und illegal bleibt illegal! Hier gilt das im Jahr 2006 modifizierte INRA-Gesetz!

Nach dem alten INRA-Gesetz wurde Land nur enteignet (man sagt interessanterweise »revertido« – in den alten Zustand zurück versetzt), wenn es verlassen oder keine Steuer bezahlt wurde. Mit dem modifizierten INRA-Gesetz von 2006 wird die Nutzung zum bestimmenden Kriterium für die Legitimität des Bodenbesitzes. Brachliegende Ländereien sollen an den Staat übereignet werden, im Gegensatz zu den Enteignungen entschädigungslos. Enteignungen sind vorgesehen, wenn öffentliches Interesse vorliegt.

Bereits im August 2006 wurden in der Provinz Guarayos im Departement Santa Cruz 6000 Hektar, die sich illegal im Besitz eines gewissen Carlos Paz befanden, enteignet und einer Gemeinschaft der Movimiento Sin Tierra übergeben. Ebenso 20 000 Hektar im Departement Pando, aus illegalem Besitz des Forstunternehmers Milton Soder. Zwischen Juli und September 2007 wurden der Familie Marinkovic die Rechte über ihren 12 857 Hektar großen Besitz Yasminka entzogen, der ihr unrechtmäßig übereignet worden war und der keine soziale und ökonomische Funktion erfüllte. Das Land ging an eine Guarayo-TCO. Auch Marinkovics Besitz Laguna Corazón (12 500 Hektar) wurde überprüft.

Schließlich wurden Anfang 2009 auch in Parapetí, Provinz Cordillera im Departement Santa Cruz, zehn Grundstücke enteignet, nachdem dort im Februar 2008 Mitarbeiter des INRA beim Versuch, die Besitzpapiere zu überprüfen, auf bewaffneten Widerstand gestoßen und einschließlich der eigens angereisten Landwirtschaftsministerin vertrieben worden waren. Als Grund für die Enteignungen wurde vom INRA das Fehlen einer sozialen oder wirtschaftlichen Funktion genannt, außerdem herrschten dort sklavenähnliche Abhängigkeitsverhältnisse und Kinderarbeit durch Guaranies. Vier der betroffenen Grundstücke gehörten Duston Larsen Metenbrink (Sohn des US-Bürgers Ronald Larsen). Insgesamt betroffen waren 36 000 Hektar Land. Das Land wurde an Guaraní-Gemeinden vergeben.

Insbesondere im Oriente konnten inzwischen für nahezu alle indigenen Gemeinschaften Landtitel in der Besitzkategorie TCO ausgestellt werden. Und Besitztitel gibt es nun erstmals auch für Frauen.

Auch hier dürfte das Hauptproblem bei der Umsetzung im Detail stecken: Vielfach gibt es kein Kataster, und beim »Zivilputsch« vom September 2008 waren jeweils die Büros der Landreformbehörde INRA mit ihren Archiven das erste Ziel von Besetzungen und Vandalismus.

## Wiedererlangung der nationalen Souveränität über die Rohstoffe

Viele Bolivianerinnen und Bolivianer sehen sich als »Bettler auf dem goldenen Thron«. Hinter diesem Ausdruck steht ein historisches Ressourcentrauma: Stets, so hat man den Eindruck, waren die Gewinne aus der Ausbeutung der reichen Bodenschätze Boliviens ins Ausland geflossen. Auseinandersetzungen um die Rohstoffe hatten entscheidend zum Scheitern des alten Modells beigetragen: der Kampf gegen die Privatisierung der Wasserversorgung von Cochabamba und El Alto, gegen die Politik der Kokaeradikation und jener um die Energievorkommen. Im neuen Kabinett wurde ein Wasserministerium geschaffen (und zunächst mit Abel Mamani besetzt, der den Kampf gegen die Wasserprivatisierung in El Alto angeführt hatte) und eines für Hidrocarburos (Kohlenwasserstoffe). Schließlich wurde ein Vizeministerium für Alternative Entwicklung umgewidmet in eines für »Koka und integrierte Entwicklung«.

Bolivien verfügt mit 890 Milliarden Kubikmetern nach Venezuela über die zweitgrößten Erdgasreserven Südamerikas. Geschätzter Wert rund siebzig Milliarden US-Dollar. Am 1. Mai 2006 wurden die Erdöl- und Erdgasquellen per Dekret nationalisiert und vom Militär besetzt: Yacimientos Petrolíferos Fiscales Bolivianos (YPFB) erhielt jene Anteile zurück, die im Zuge der Kapitalisierung Mitte der 1990er-Jahre in einen Pensionsfonds umgewandelt worden waren, und wurde damit wieder zu einer vollwertigen staatlichen Ölgesellschaft. YPFB bekam per Dekret 51 Prozent der Aktien an den Joint Ventures mit ausländischen Partnern zugesprochen. Der Staat erhielt somit die Kontrolle über Förderung, Verarbeitung und Vermarktung der Energieressourcen zurück. Die Partnerunternehmen erhalten künftig 18 Prozent der Gewinne; vorher war das Verhältnis ziemlich genau umgekehrt. Sie bekamen 180 Tage Zeit, ihre bestehenden Verträge neu zu verhandeln.

Mit dieser Maßnahme löste Morales eines seiner zentralen Wahlversprechen ein. Außerdem gelang es ihm damit, das Gesetz über die Kohlenwasserstoffe (»Ley 3058«) vom 19. Mai 2005 umzusetzen, mit dem seinerseits das Ergebnis einer vorangegangen Volksbefragung umgesetzt werden sollte. Die Unruhen, die schließlich zum Sturz von Präsident Gonzalo Sánchez de Lozada am 17. Oktober 2003 führten, hatten sich an der Frage des Umgangs mit den Gasvorkommen entzündet. Sein Nachfolger Carlos D. Mesa weigerte sich, das Gesetz 3058 zu unterschreiben, weil er mit der Nationalisierung Schadenersatzforderungen in unbezahlbarer Höhe auf Bolivien zukommen sah. Sowohl die hohen Energiepreise als auch freundschaftliche Beziehungen zu einigen der wichtigen Abnehmerstaaten und Investoren aus der Nachbarschaft, der Energiehunger Chinas, aber auch sein Ruf als Politiker, der bereit sei, auch die Kosten eines radikalen Bruchs mit dem neoliberalen System auf sich zu nehmen, stärkten Morales offenbar den Rücken. Jedenfalls fielen die Reaktionen der betroffenen Unternehmen und ihrer Mutterländer verhaltener aus als in der Vergangenheit, wo man offen mit der Anrufung internationaler Schiedsgerichte (wie dem International Centre for Settlement of Investment Disputes der Weltbank) gedroht hatte. Einzigartig ist in diesem Zusammenhang Artikel 366 der neuen bolivianischen Verfassung, der Rechtstreitigkeiten mit ausländischen Investoren im Energiebereich ausschließlich an die nationale Gerichtsbarkeit bindet.

Neben der ungleichen Gewinnverteilung war vor allem die mangelnde Transparenz der getätigten Investitionen und der Geschäftsvolumina kritisiert worden sowie die mangelhafte Einhaltung der Umweltauflagen seitens der Investoren. Auch die nach der ILO-Konvention 169 vorgeschriebene Konsultation indigener Völker bei Projektvorhaben auf ihrem Territorium sei häufig nicht erfolgt. Und schließlich war da ein gewichtiges juristisches Argument: Die bestehenden Verträge seien seinerzeit gar nicht vorschriftsmäßig vom Parlament ratifiziert worden.

Beispielhaft für den »Klimawandel« steht der Fall des spanischen Energiekonzerns Repsol. Nach der Eröffnung eines Verfahrens wegen angeblicher illegaler (oder nicht deklarierter) Exporte im Wert von 9,2 Millionen US-Dollar über Argentinien nach Chile in den Jahren 2004 und 2005 war Repsol-Vertreter Julio Gavito von den Behörden gesucht worden, weil er nicht zur Vorladung erschienen war. Vertreter ausländischer Großinvestoren glaubten in der Vergangenheit offenbar, sich eine solche Mißachtung der bolivianischen Behörden leisten zu können. Daraufhin reiste Repsol-Chef Antonio Brufau persönlich nach La Paz, wo er Präsident Morales versicherte, man habe eine weiße Weste, werde aber ein entsprechendes Urteil respektieren. Im Übrigen habe er nie daran gedacht, ein Schiedsgericht anzurufen. Repsol wolle vielmehr seine bisher 900 Millionen Euro Investitionen in Bolivien deutlich ausweiten und sei bereit, bestehende Verträge auf der Grundlage des »Ley de Hidrocarburos« vom Mai 2005 neu zu verhandeln. Repsol kontrollierte 53 Prozent der Öl- und Gasförderung sowie das Pipelinenetz. Gavito wurde in der Folge unter Hausarrest gestellt und trat im März 2006 von seiner Funktion als Direktor von Repsol/YPFB zurück.

Während man sich in Spanien durchaus Sorgen um die Rechtssicherheit für Investoren in Bolivien machte, waren die Reaktionen auf die Nationalisierung vom 1. Mai 2006 dort insgesamt abgeklärter als etwa in der deutschen Presse, wo vielfach über die »Verstaatlichungen« geschimpft wurde. »Repsol zeigt sich bereit, die Verträge neu zu verhandeln«, wusste die Zeitung *El País* bereits am Tag nach der Nationalisierung. Bei einem weiteren Besuch in La Paz kündigte Antonio Brufau am 26. November 2009 Repsol-Investitionen in Höhe von 1,5 Milliarden US-Dollar über fünf Jahre an, mit deren Hilfe die zuverlässige Versorgung des argentinischen Marktes mit Erdgas sichergestellt werden soll.

In den Niederungen der konkreten Umsetzung sind aber doch beträchtliche Schwierigkeiten für die bolivianische Regierung erkennbar. Erst am 18. Juli 2006 begann eine umfassende Inventur über Vorkommen, Förderung und Investitionen der ausländischen Unternehmen, auf deren Grundlage dann die neuen Verträge mit ihnen ausgehandelt wurden. Nach der Einigung mit Argentinien über eine Anhebung des Preises von 3,38 auf 5 US-Dollar pro BTU (British Thermal Unit) für Gas entbrannte sogleich ein Streit mit den Departementen Tarija und Santa Cruz (dort liegen 97 Prozent der Gasvorkommen) über die Aufteilung der Mehreinnahmen.

Die Verhandlungen mit Petrobras begannen trotz positiver Signale aus Brasilia zäh. Petrobras-Präsident José Sergio Gabrielli mahnte Bolivien mehrfach an, endlich Verhandlungen aufzunehmen, und fror geplante Investitionen in Höhe von 5 Milliarden US-Dollar ein. Präsident Inácio »Lula« da Silva bekam mit seiner konzilianten Haltung, das arme Bolivien brauche vom reichen Nachbarn Solidarität, nicht Arroganz, offenen Widerspruch vonseiten der Opposition. Und der Präsident von Petrobras wies mögliche Preiserhöhungen sowie jede Änderung der Vertragsbedingungen zulasten Brasiliens zurück. Offenbar wegen seiner harten Verhandlungspositionen und der Schwierigkeiten mit Brasilien musste der bolivianische Energieminister Solíz Rada mit seinem gesamten Team bereits Mitte September 2006 zurücktreten. Mit dem Ende des Wahlkampfes in Brasilien haben sich die Wogen geglättet und es konnte eine Einigung erzielt werden. Interessenunterschiede und gelegentliche Missklänge bleiben, doch scheint man in der täglichen Zusammenarbeit mit Petrobras zur Normalität zurückgefunden zu haben, und Präsident »Lula« da Silva kündigte bei seinem Besuch in La Paz im Dezember 2007 neue brasilianische Investitionen im bolivianischen Energiesektor in der Größenordnung von einer Milliarde US-Dollar an. Brasilien bezieht 60 Prozent seines Erdgaskonsums aus Bolivien.

Bolivien profitiert hier offenbar auch von der globalen Ressourcenknappheit, die noch einige Zeit anhalten dürfte. Doch für hohe Preise sorgt sie nicht immer verlässlich und nicht für immer und ewig: Der wichtigste Abnehmer, Brasilien, hat ein Milliardenprogramm aufgelegt mit dem Ziel, sich von Energieimporten unabhängig zu machen. Und die Cámera Boliviana de Hidrocarburos rechnete kurz vor Jahresende damit, dass die bolivianischen Einnahmen aus Erdöl- und Erdgasexporten im Jahr 2009 wegen der Preisentwicklung von 2 auf 1,1 Milliarden US-Dollar sinken werden.

Bolivien braucht seinerseits ausländische Investoren als Partner. Und diese akzeptieren nicht nur ungern schlechtere Konditionen und niedrigere Gewinne, sie beschwerten sich auch über handwerkliche Schwächen und Langsamkeiten im bolivianischen Energieministerium und bei YPFB, wo es bereits wiederholt zu Auswechslungen des Führungspersonals kam sowie zu einem Korruptionsskandal. Trotz venezolanischer Unterstützung ist Bolivien mit einschlägigen Experten und technischem Fachpersonal nicht im Übermaß gesegnet. Man produziert immer wieder zu wenig, um die vertraglichen Verpflichtungen gegenüber Argentinien und Brasilien zu erfüllen. Beide Länder sind inzwischen mit Abstand die wichtigsten Handelspartner; zusammen nehmen sie 49 Prozent der bolivianischen Exporte auf und liefern 39 Prozent der Importe. Erdöl und Erdgas machen inzwischen fast 48 Prozent der bolivianischen Exporte aus. Obwohl sie nicht wie befürchtet eingebrochen sind, gingen die ausländischen Investitionen im Energiebereich doch von vormals durchschnittlich 440 (1997–2002) auf 150 Millionen US-Dollar (2007) zurück. Eine seit Jahren geplante Pipeline nach Argentinien ist noch immer nicht gebaut, und beim Aufbau eines Polo Petroquímico ist man bisher nicht vorangekommen. Immerhin wurden auf Initiative von Energieminister Oscar Coca im Jahr 2009 vorerst 60 000 Anlagen zur Erschließung privater Haushalte für die Versorgung mit Erdgas angeschafft. Eine langjährige Forderung der sozialen Bewegungen.

Ungeachtet dieser Schwierigkeiten konnte die Regierung dem Senat pünktlich vor Ablauf der Frist für die Neuverhandlungen im November 2006 44 Öl- und Gasverträge mit 12 ausländischen Unternehmen zur Ratifizierung vorlegen. Der Anteil der bolivianischen Einnahmen daraus liegt bei zwischen 50 und 85 Prozent – gegenüber vormals 18 Prozent! Bereits gegenüber 2005 konnten die bolivianischen Exporteinnahmen im Jahr 2006 um fast 40 Prozent gesteigert werden und im Jahr 2007 noch einmal um fast 20 Prozent! Und nicht nur dies: Die Befürchtung, dass ausländische Investoren wegen der einseitigen Änderung der Geschäftsbedingungen zwar ihre alten Investitionen retten, Neuinvestitionen aber zurückhalten würden, scheint sich nicht zu bestätigen. Nach offiziellen Angaben lagen die (angekündigten) Investitionen (von insgesamt 12 dieser Unternehmen) im Jahr 2007 mit 1,2 Milliarden US-Dollar um ein Drittel über den Erwartungen. Die tatsächlichen Investitionen sind zurückgegangen, aber nicht gänzlich ausgeblieben. Während interne Kritiker von einer Scheinnationalisierung sprechen und manche internationale Presseorgane über »Verstaatlichungen« schimpfen, konnte Morales damit eines seiner wichtigsten und schwierigsten Wahlversprechen umsetzen.

Der Mangel an Energie im Erdgasland Bolivien stellt eine Bremse für die Erschließung und Verarbeitung riesiger Eisenerzvorkommen im brasilianischen Grenzgebiet (El Mutún) dar – mit geschätzten 40 Milliarden Tonnen Erz die größten Lateinamerikas. Die indische Jindal Steel & Power Ltd. wird mehr als 2 Milliarden US-Dollar in Förderung und Verarbeitung stecken, einschließlich des Baus eines Stahlwerkes. La Paz erhofft sich aus dem Mutún-Projekt für die Staatskasse jährliche Einnahmen in Höhe von 300 Millionen US-Dollar. Indes: Für die Befeuerung des Kraftwerks und die Verarbeitung des Erzes wären ab 2012 große Mengen an Erdgas nötig, mehr als der gesamte heutige Eigenverbrauch des Landes. Ohne die Erschließung neuer Quellen oder die Kürzung der Exporte ist das nicht zu machen.

Der Bergbau beherrschte jahrhundertelang das Zentrum der bolivianischen Wirtschaft. Fast sinnbildlich für den Stand der Dinge ist die Tatsache, dass nach einem neuerlichen Boom im Gipfelbereich des völlig durchlöcherten Cerro Rico von Potosí im Herbst 2009 alle Operationen wegen Einsturzgefahr eingestellt werden mussten; es gibt dort bereits 138 Einbrechungen.

Der Zinnkrach Mitte der 1980er-Jahre hatte insofern weitreichende Auswirkungen auf Gesellschaft und Politik. Die traditionelle Gewerkschaftsmacht ging verloren. Neue soziale Bewegungen traten hervor. Wer nicht in die Armutsgürtel der Städte abwanderte, ging zum Kokaanbau in den Chapare oder versuchte sein Glück in den aufgelassenen Minenstollen als Cooperativista. Häufig handelt es sich dabei um einen Euphemismus, um individuelle Arbeiter etwa, die sich gemeinsam für den Abtransport ihrer Ausbeute einen Lastwagen bestellen – und dies dann Kooperative nennen. Sie arbeiten nicht selten unter unglaublich harten, gefährlichen und ökonomisch trostlosen Bedingungen. Manchmal handelt es sich aber um tatsächliche Kooperativen mit einer gemeinsamen Planung und

Verwaltung, die sich mit der FEDECOMIN (Federación Nacional de Cooperativas Mineras de Bolivia) auch eine eigene Interessenvertretung geschaffen haben.

Relativ gute Jahre mit hohen Weltmarktpreisen bescherten dem Bergbau zu Anfang des Jahrtausends einen Boom und besonders dem Kooperativsektor einen großen Zulauf an Arbeitskräften. Doch nach Rekordhöhen noch Anfang des Jahres 2008 brachen mit der internationalen Finanzkrise die Preise bis Jahresende auf das tiefste Niveau seit dem Zinnkrach ein. Der Preis für Boliviens zweitwichtigstes Exportgut, Zink, fiel von 4 US-Dollar pro Kilogramm im Mai 2008 auf ganze 92 Cent im November, ein Preis, der unter den Förderkosten lag. Nicht ganz so dramatisch, aber ähnlich war die Entwicklung bei Zinn (von 23,12 auf 10,96 US-Dollar) und bei Silber (26,64 auf 19,68 US-Dollar).

Hatten die Minenzentren Boliviens in den letzten Jahren als Beschäftigungsmagnet gewirkt, so wanderten nun die Arbeiter wieder ab. Am Cerro Rico in Potosí waren es Anfang 2008 noch rund 15 000 Mineros in 32 Kooperativen. Bis Ende 2008 blieben keine 4000 mehr. Das zieht natürlich Kreise: »Auf dieses Debakel waren wir nicht vorbereitet«, klagt Roberto Emilio Valda, der Vorsitzende des Unternehmerverbandes von Potosí. Das zeigt einmal mehr, wie groß und fragil die Abhängigkeit vom Rohstoffexport ist und wie wünschenswert und notwendig eine wirtschaftliche Diversifizierung.

Die Regierung versuchte in dieser Situation, mit Geld aus einem schon länger existierenden Fondo Minero und mit Zuschüssen aus der Staatskasse das Schlimmste abzufedern.

Kurz nach dem Amtsantritt hatte – noch zu Boomzeiten – im Oktober 2006 ein Konflikt zwischen Cooperativistas und Arbeitern der staatlichen COMIBOL um Schürfrechte im Bergbauzentrum Huanuni zu bewaffneten und blutigen Auseinandersetzungen geführt. Die Regierung reagierte schließlich mit der Verstaatlichung der fraglichen Minen und der Schmelze Vinto. Huanuni gilt seither als befriedet und als Erfolgsstory. Daneben gab es punktuelle Nationalisierungen, aber nicht flächendeckend wie bei den Kohlenwasserstoffen.

Im Salar de Uyuni, einem mehr als 12000 Quadratkilometer großen Salzsee auf 3650 Metern Höhe unweit von Potosí, sollen Schätzungen zufolge mehr als die Hälfte der weltweiten Lithiumvorkommen lagern. Das extrem leichte Metall wird für die Herstellung von Lithium-Ionen-Batterien benötigt, wie sie bisher vor allem für Handys und Laptops Verwendung finden. Sollte es zur Entwicklung von Elektroautos kommen – Chevrolet will seinen »Volt« im Jahr 2010 auf den Markt bringen –, würde Lithium als Rohstoff strategische Bedeutung gewinnen. Bolivien könnte dann zum Saudi-Arabien des Lithiums werden. Schon heute liegt der Preis für eine Tonne Lithium mit 3000 US-Dollar achtmal so hoch wie noch vor sechs Jahren. La Paz braucht ausländische Technologie für die Gewinnung und Verarbeitung und ist mit einer Reihe von Unternehmen im Gespräch, von denen die Verhandlungen mit dem staatlichen südkoreanischen Bergbauunternehmen Kores am weitesten gediehen scheinen. Die Regierung von Evo Morales besteht darauf, dass auch die Weiterverarbeitung zu Batterien in Bolivien stattfindet. Der staatliche Bergbaukonzern COMIBOL hat mit ausländischer Hilfe bereits eine Pilotanlage zur Herstellung von Lithiumkarbonat gebaut, und 2010 soll mit dem Lithiumabbau begonnen werden. Geht es nach Morales, so werden in Zukunft auch ganze Elektroautos in den Anden gebaut. Freilich: Auch die Nachbarländer Chile und Argentinien verfügen über bedeutende Lithiumvorkommen und über direkten Zugang zum Meer, was die bolivianische Verhandlungsposition schwächt.

## Die allgemeine wirtschaftliche Entwicklung

Bolivien konnte für sein Projekt des Wandels von guten wirtschaftlichen Rahmenbedingungen profitieren – und die Regierung Morales hat richtige Weichenstellung vorgenommen, damit dies auch tatsächlich der Fall war. Daneben kam eine glückliche Fügung der »Unterentwicklung« zu Hilfe. Denn neben den noch immer relativ guten Rohstoffpreisen liegt es wohl gerade an der eher mangelhaften Integration in das kapitalistische Weltfinanzsystem, dass Bolivien die aktuelle Finanz- und Wirtschaftskrise besser überstand als viele Nachbarländer.

Mit einem Anstieg des realen **Bruttoinlandsprodukts** (BIP) um fast 6 Prozent konnte Bolivien im Jahr 2008 das höchste Wachstum seit Jahren verbuchen. Es ist nicht nur höher, als in den Jahren davor, sondern liegt auch über dem lateinamerikanischen Durchschnitt. Nach Auskunft des Ministers für Wirtschaft und Finanzen, Luis Arce Catacora, vom Dezember 2009 soll das BIP inzwischen ein Niveau von 19 Milliarden US-Dollar erreicht haben. Bolivien sei damit nicht mehr das ärmste Land Südamerikas. Wenngleich diese Prognose angesichts eines Standes von 13,1 Milliarden (laut UN) im Jahr 2007 etwas überoptimistisch erscheint: Der Trend ist klar positiv!

Auch das **BIP pro Kopf** ist in den Jahren seit 2006 kontinuierlich angewachsen – und die Prognosen bleiben günstig: 1200 Euro (2006), 1350 Euro (2007), 1740 Euro (2008), 1780 Euro (2009), 1910 Euro (2010).

Vor allem der Inbetriebnahme der Zinn- und Silbermine San Cristóbal Ende 2007 ist es zu verdanken, dass ein 20-prozentiger Rückgang der Förderung von Erdöl- und Erdgas aufgefangen werden konnte. Zwar steigerten die neuen Geschäftsbedingungen die Staatseinnahmen von 32 Prozent (2005) auf 48 Prozent des BIP und ermöglichten Ausgaben für Sozialleistungen und Renten, doch muss dieser Goldesel erst noch auf eine nachhaltige Basis gestellt werden. Die Investitionen der ausländischen Partner sind zwar nicht eingebrochen, aber verhalten.

Auch der **Außenhandel** entwickelte sich nach Angaben der bolivianischen Exportkammer positiv, in Millionen US-Dollar: 1300 (2003), 1495 (2004), 1986 (2005), 2371 (2006), 3668 (2007) und 4259 (2008, Schätzung; auch hierzu liegen in den Statistiken abweichende Zahlen vor, die aber alle den Trend bestätigen).

Die **wichtigsten Exportprodukte** waren 2007, in Millionen US-Dollar: Erdgas 1983, Zink 691, Rohöl 284, Soya 219, Silber 213, Zinn 173, Gold 122.

Die Zahlungsbilanz, die bis zum Jahr 2002 über viele Jahre negativ war, hat sich geradezu dramatisch verbessert. In Millionen US-Dollar: 75,6 (2003), 337,5 (2004), 622,7 (2005), 1317,6 (2006), 1762,7 (2007).

Es gibt allerdings eine **inflationäre Tendenz**; im Jahr 2008 betrug die Inflation 11,85 Prozent, im Jahr 2009 soll sie mit 0,26 Prozent die niedrigste seit vielen Jahren sein.

Das Gewicht der **öffentlichen Investitionen** hat erwartungsgemäß zugenommen, von 6,3 Prozent des BIP (2005) auf 10,5 Prozent des BIP (2009, geschätzt). Der Staat hat das Auslandskapital als wichtigsten Investor abgelöst.

**Verschuldung** in Milliarden US-Dollar: 4,9 (2005), 2,2 (2006), 2,5 (2008):

Die Verschuldung – seit vielen Jahren ein enormes Problem im Aid-Regime-Bolivien – ist deutlich niedriger geworden. Boliviens jährlicher Schuldendienst (Zinsen und Tilgung) liegt heute mit 150 Millionen US-Dollar deutlich unter dem früherer Jahre. Zuletzt hat Spanien im September 2009 Schulden in Höhe von 70 Millionen Euro (rund 105 Millionen US-Dollar) erlassen. Spanien ist der drittgrößte bilaterale Gläubiger Boliviens nach Venezuela (273,8 Millionen US-Dollar) und Brasilien (101,4 Millionen US-Dollar). Die Verpflichtungen gegenüber

Venezuela gehen hauptsächlich auf das Konto von Dieselimporten (zu 62,3 Prozent). Bolivien hat selbst nie entsprechende Raffineriekapazitäten aufgebaut. Sie entsprechen 41,6 Prozent der bilateralen Schulden, die insgesamt bei über 650 Millionen US-Dollar liegen.

Der Haushalt blieb bis 2009 ohne Defizit, genaue Zahlen dazu liegen aber nicht vor.

Evo Morales und seine Regierung haben die Macht in einem Aid-Regime erlangt, wo ausländische Entwicklungshilfen im Durchschnitt des letzten Jahrzehnts stets zwischen 7 und 10 Prozent des Bruttoinlandsprodukts (BIP) betrugen und fast 100 Prozent der öffentlichen Investitionen finanzierten. Entsprechend gestalteten sich Handlungsspielräume! Mit steigendem BIP und sinkenden Hilfeleistungen scheint sich dieses Verhältnis zu entspannen, bei gleichzeitiger Diversifizierung des Geberspektrums. Bislang verhielt sich die ausländische Kooperation abwartend und signalisierte Bereitschaft zu business as usual. Insgesamt sind die Hilfeleistungen an Bolivien trotzdem deutlich zurückgegangen von 844 Millionen (2006) auf 476 Millionen (2007) und 628 Millionen US-Dollar (2008), doch liegen sie im Bereich einer nicht unüblichen Schwankungsbreite, sodass man daraus alleine noch keine etwaige politisch motivierte Trendwende ablesen kann. Mit Venezuela und Kuba betraten zwei neue Akteure die Bühne, was für große Aufmerksamkeit sorgte. Im Reich der Zahlen lagen (nach unbestätigten Quellen) die Zuwendungen von Venezuela im Jahr 2006 bei 40, die der Bundesrepublik bei 45 und die der USA bei 120 Millionen US-Dollar. Die EU verabschiedete kürzlich ein Budget von 234 Millionen Euro über fünf Jahre. Die venezolanischen Zuwendungen für das Programm »Evo Cumple« dürften bei rund 200 Millionen US-Dollar liegen. Daneben gibt es Klagen über mangelnde Transparenz und Gerüchte über venezolanische Direktzahlungen an die Presidencia, die nicht in die Statistiken eingehen.

Eine klare Trendwende lässt sich im Bereich der Sicherheitskooperation feststellen – ganz besonders im Bereich der Drogenbekämpfung –, der bisher fast vollständig von den Vereinigten Staaten abgedeckt worden war. Das Pentagon fror bereits ab 2006 seine Hilfe an Bolivien ein, während das State Department weiter Anti-Drogen-Hilfe einschließlich militärischer Komponenten wie Hubschrauberleihgaben leistete. Mit dem Hinauswurf der DEA brach im Jahr 2008 auch diese Quelle weg. Bolivien wandte sich nun mit der Bitte um Unterstützung an Russland; Präsident Morales besuchte Moskau im Februar 2009. Presseberichte vom November 2009 sprechen nun von konkreten Verhandlungen mit Russland über einen 100-Millionen-Dollar-Kredit zur Modernisierung der bolivianischen Streitkräfte sowie weiteren 40 Millionen aus China.

## Evo Morales: Ein Porträt

Evo Morales Ayma wurde am 26. Oktober 1959 im Dorf Iasllave bei der Minenstadt Oruro geboren. Weit über Bolivien hinaus ist er als »El Evo« bekannt, einfach »der Evo«. Die Metamorphosen seines Vornamens sind symbolhaft für jene Parallelkultur des Widerstands, die er verkörpert. Juan Evaristo Morales: Der Doppelvorname ist eine spanische Tradition und wahrscheinlich eine »zivilisatorische« Empfehlung oder gar Auflage des Schreibers beim Standesamt oder Kirchenregister gewesen. Das war so Usus. Die Morales hätten ihren Sohn dann aber »Iwu« gerufen. Das ist kürzer und entspricht besser der Phonetik der Aymara-Sprache. Im Archiv der Grundschule fand der Biograf Muruchi Poma dann den Eintrag Ibo Morales Ayma.

Die Familie bewohnte eine Lehmziegelhütte. Seine Eltern bauten auf dem fast 4000 Meter hohen, kargen Altiplano Kartoffeln an und hatten Lamas, die der junge Evo hüten musste. Zur Schule waren es zehn Kilometer zu Fuß. Es gab keine Bänke. Die Kinder saßen auf Stapeln von Lehmziegeln. Nur drei von sieben Geschwistern überlebten. »Oft gab es nichts zu essen«, erinnert er sich: »Aber wir waren nicht arm. Das ging allen so.«

Mit dreizehn ging er nach Oruro und arbeitete neben der Schule in einer Bäckerei, verdiente Geld als Maurer und Trompeter. Als er zum Militärdienst eingezogen wurde, ging seine Familie in den Chapare, um Koka anzubauen. Auf dem Altiplano wollte man nicht mehr bleiben. »Wenn es auch der Frost war oder der Hagel, der unsere Ernte vernichtete, niemals war der Staat da oder die Regierung, um uns zu helfen. Mir wurde damals schon klar, dass wir selbst kämpfen mussten, dass wir dafür verantwortlich waren, uns selbst zu verteidigen.«

Nach dem Militärdienst folgte Evo seiner Familie in den Chapare nach, half zunächst seinem Vater mit der Koka. Schließlich kaufte er selbst Land und baute Koka an. In seinem Sindicato war er Sportbeauftragter, organisierte Fußballturniere, was ihm bei den Mädchen den Beinamen »der junge Fußballer« eintrug. Im Jahr 1984 wurde er zum Dirigente gewählt, zum Chef seines Sindicato. Er war damals der Jüngste unter den Dirigentes. Im Widerstand gegen die Politik der Kokavernichtung wurde die Sindicato-Bewegung der Kokabauern zu einer der bestorganisierten und schlagkräftigsten Bewegungen der Zivilgesellschaft in Lateinamerika. Seit 1991 steht Morales dem Koordinationskomitee der sechs Cocalero-Federaciones des Chapare vor. 1997 wurde er Parlamentsabgeordneter, seit Januar 2006 ist er der Präsident Boliviens.

Als Verantwortlicher für Proteste wurde er immer wieder verhaftet und verschleppt. Anfang 2002 entzog man ihm sein Abgeordnetenmandat, weil man ihn für gewalttätige Zusammenstöße verantwortlich machte, bei denen Polizisten ums Leben gekommen waren. Das brachte ihm bei den Wahlen im Juni des gleichen Jahres zusätzliche Stimmen ein, weil man den Mandatsentzug als ungerechtfertigt ansah. Immer wieder wurde er auch beschuldigt, mit dem Drogenhandel unter einer Decke zu stecken. Er hat das stets entschieden zurückgewiesen. Dagegen spricht neben seinem bescheidenen Auftreten (Luxus scheint ihm von Natur aus gleichgültig zu sein) vor allem eines: Niemals wurden diese Vorwürfe bewiesen, nie wurde auch nur Anklage erhoben.

Wegen des Namens seiner Partei und wegen der Nähe zu Hugo Chávez und Fidel Castro gilt Morales vielen als Marxist, doch Marx' Bücher hat er nie gelesen. Er fühlt sich in der Tat als Teil einer »antiimperialistischen«, einer »Antineoliberalismus«-Achse zur Verteidigung der nationalen Souveränität. Antikapitalistische Rhetorik gehört zu seinem Repertoire. Doch kollektivistisches und konsensdemokratisches Denken stammen bei ihm vor allem aus der bäuerlichen Sindicato-Bewegung und reflektieren eine uralte Tradition dörflicher Organisation in den Andenkulturen!

Bei aller ideologischen Affinität zu Hugo Chávez und Kooperation mit Venezuela: Hier haben wir einen Militär, mit ausgeprägtem Hang zur Selbstdarstellung, der am 4. Februar 1992 versuchte, durch einen Militärputsch an die Macht zu kommen und dann 1999 zum Staatspräsidenten gewählt wurde. Nach einer Reihe fulminanter Wahlsiege hat er gelernt, auch Abstimmungsniederlagen zu akzeptieren. Dort ein Bauernjunge und Indígena-Führer, der schon als Oppositionsführer bei schwierigen Entscheidungen nicht seine Berater fragte, sondern *las bases*, die Vollversammlung der Bauernvertreter.

Was Chávez und Morales zu einem gewissen Grad gemeinsam haben, das ist die Intention einer Politik von unten, wo Basisorganisationen und soziale Bewegungen Funktionen übernehmen, die vormals der Zentralstaat hätte ausüben sollen. Es ist eine Politik über Verfassungsänderungen, Wahlen und Referenden – und es ist weithin eine One-Man-Show.

In einem Wahlkampfdokument fasste der junge Oppositionspolitiker Evo unter dem Titel »Die Stunde hat geschlagen« seine Beweggründe zusammen: »Wir haben eine bittere Erfahrung machen müssen. Es gibt ungefähr hundert Familien, die sich Bolivien angeeignet haben und davon leben, uns auszubeuten. Sie demütigen und marginalisieren uns nicht nur, sondern sie foltern, ermorden und massakrieren uns. *Die Stunde hat geschlagen!* Es ist Zeit, dieser Parasitenklasse, die vor der Botschaft der Transnationalen zu Kreuze kriecht und gegen uns das Regime der Gewehrkugeln führt, zu sagen: ›Es reicht!‹«

Eine klare Ansage, typisch für Evo Morales, aufrichtig und in einfacher Sprache.

## Kokapolitik und Drogenkontrolle

Evo Morales war als Kokabauernführer, als Oppositionspolitiker und als Präsidentschaftskandidat stets für eine Entkriminalisierung des Kokablattes eingetreten – und zwar auf nationaler wie auf internationaler Ebene. Koka ist ein jahrhundertealtes, andines Naturprodukt, das vor allem beim »Kauen« und als Tee, aber auch in rituellen Kontexten Verwendung findet. Koka spielt eine wichtige Rolle in der traditionellen Heilkunde, als Zahlungsmittel, Orakel und unverzichtbarer Bestandteil einer Vielzahl von Ritualen. In der von allgegenwärtigen Gegensatzpaaren gekennzeichneten Kosmovision der Andenvölker ist Koka das einzige Neutrum, eine ausgleichende und vermittelnde Kraft. Treffen zwei Bekannte in einem Andendorf aufeinander, so bieten sie sich gegenseitig zunächst einmal Koka an, wobei der Eingeladene die angebotenen Blätter mit beiden Händen entgegennehmen muss. Soziologen bezeichnen Koka daher auch als Schmiermittel sozialer Interaktion. Die traditionellen Gemeinschaftsarbeiten auf den Dörfern sind für die Indios ohne Koka ganz undenkbar. Die Männer begleitet Koka darüber hinaus bei der Arbeit. Der Werktag und sogar Wegstrecken werden in »Kauperioden« gemessen. Wobei das Verb »kauen« den Sachverhalt nicht richtig trifft. Die Blätter werden mit *llipta* oder *llejía*, einem »Katalysator« aus Kalk oder Pflanzenasche, zusammen in der Backe aufbewahrt, bis sie nach ein bis zwei Stunden ihren Geschmack verlieren. Dann werden sie ausgespuckt. Frauen war der Kokakonsum ursprünglich nur eingeschränkt gestattet: in der Hochzeitsnacht, bei der Geburt eines Kindes und wenn sie Witwe oder Greisin waren.

Neben diesen traditionellen Bedeutungen und Funktionen liefert Koka freilich auch den Grundstoff für die Kokaingewinnung. Man braucht zwischen 300 und 500 Kilogramm Kokablätter, um mithilfe eines mehrstufigen Verfahrens unter Einsatz großer Mengen von Chemikalien schließlich ein Kilogramm Kokain-Hydrochlorid (HCL) zu gewinnen. Die Kokapflanze steht daher – zusammen mit Substanzen wie Kokain und Heroin – auf dem Index der UN-Drogenkonvention von 1961, die ein Verbot von Anbau, Konsum und Handel verlangt. Die Wiener Konvention von 1988 erkennt traditionelle Verwendungszusammenhänge an, wo sie historisch nachgewiesen sind: de facto in Peru und Bolivien. Die immer noch gültige bolivianische Gesetzgebung (das Gesetz 1008 aus dem Jahr 1988) definiert daher legale, sogenannte traditionelle Anbauzonen (12 000 Hektar in den Yungas von La Paz), Zonen der über den traditionellen Bedarf hinausgehenden »Überschussproduktion im Übergang«, vor allem der Chapare, wo der Anbau von Koka parallel zur Schaffung von Lebensalternativen für die betroffenen Bauern reduziert werden soll. Im übrigen Land ist der Kokaanbau überhaupt verboten.

Die bisherige, weitgehend außengesteuerte Drogenpolitik der meist zwangsweisen Kokavernichtung hat sich freilich als Nachhaltigkeitsdesaster erwiesen. Die maximale Kokaanbaufläche in Bolivien wurde mit 50 300 Hektar im Jahr 1990 gemessen. Seit dem Beginn systematischer Aufzeichnungen durch die Vereinten Nationen bis einschließlich des Jahres 2005 wurden jedoch 125 873 Hektar Koka vernichtet, das ist 2,5-mal so viel wie das historische Maximum. Das bedeutet, es wurden zwar stets Erfolge bei der Eradikation von Kokafeldern erzielt, doch in Abwesenheit ökonomischer Alternativen wurden im Hinterland neue angelegt. Dabei wurden Wälder abgeholzt, fragile Böden erodierten, Erdreich und Gewässer wurden durch Chemikalien vergiftet, die bei der Weiterverarbeitung zu »Pasta Básica de Cocaína« eingesetzt werden. Die Politik der Kokareduzierung ohne Nachhaltigkeit dürfte – den Gesamtflächenverbrauch hochgerechnet – allein im Anbaugebiet des Chapare über die Jahre 200 000 bis 400 000 Hektar subtropischen Regenwald gekostet haben. Diese Politik hat daneben den Widerstand der Bauern provoziert: Permanente

Proteste und teilweise gewalttätige Auseinandersetzungen um die Kokavernichtung sowie Menschenrechtsverletzungen im Zusammenhang damit kennzeichneten die letzten beiden Jahrzehnte.

Bereits die Regierungsbildung im Januar 2006 machte den beabsichtigten Paradigmenwechsel deutlich: Das Vizeministerium für Alternative Entwicklung wurde in Viceministerio de Coca y Desarrollo Integral (für Koka und ganzheitliche Entwicklung) umbenannt und mit Felix Barra besetzt, einem Kokabauernführer aus den Yungas. Dionisio Nuñez, prominentester Cocalero aus den Yungas, wurde Präsidentenberater in Sachen Entkriminalisierung des Kokablattes: Boliviens Koka-Sonderbotschafter sozusagen. Das für Drogenbekämpfung zuständige Vizeministerium für Soziale Verteidigung schließlich übernahm Felipe Cáceres, der jahrelang die Nummer zwei hinter Morales bei den Federaciones der Kokabauern des Chapare gewesen war, bevor er ab 1996 für zwei Amtsperioden Bürgermeister von Villa Tunari wurde, der größten Chapare-Gemeinde.

Die verschiedenen Sonderpolizeien zur Drogenbekämpfung, die zumeist von den USA geschaffen, ausgerüstet, trainiert und de facto geleitet wurden – und deren Abschaffung beziehungsweise Abzug aus dem Chapare die Cocaleros stets gefordert hatten –, existierten noch bis ins Jahr 2008 und teilweise noch immer. Im Gegensatz zu früher übten die US-Amerikaner aber keine Befehlsgewalt mehr aus, und die Bauern seien nicht mehr in ihrem Visier, denn die Reduktion des Kokaanbaus finde nun im Konsens mit den Bauern und ihren Sindicatos statt, sagte Felipe Cáceres in Interviews anlässlich der 49. und 50. Commission on Narcotic Drugs (CND) der Vereinten Nationen in Wien im März 2006 und 2007. Allerdings hätten die Nordamerikaner nach wie vor ihre eigene *intelligence*, weshalb sie seinen Behörden nur das mitteilten, was sie für opportun halten, vermutete Boliviens oberster Drogenbekämpfer. Inzwischen wurden die Agenten der Drug Enforcement Administration (DEA) des Landes verwiesen, nachdem ihnen politische Einflussnahme im Zuge des »Zivilputsches« vom September 2008 vorgeworfen worden war.

Auch das umstrittene Drogengesetz 1008, dessen Abschaffung die Kokabauern seit seiner Verabschiedung im Jahr 1988 gefordert hatten, ist nach wie vor in Kraft. Im Hinblick auf eine Reform wurde stets auf die Verfassunggebende Versammlung verwiesen. In der neuen Verfassung ist das Kokablatt nach Artikel 384 als Kulturerbe unter staatlichen Schutz gestellt; Näheres regeln die einschlägigen Gesetze. Koka ist dort Bestandteil eines Abschnitts »Biodiversidad, Coca, Areas Protegidas y Recursos Forestales«, wo es um den Schutz der natürlichen Artenvielfalt geht. In diesem Kontext hat man das Thema politisch niedriger gehängt als ursprünglich erwartet. Der Kokabusch ist auch nicht in das Staatswappen aufgenommen worden, wie vielfach gefordert worden war. Artikel 381 erklärt alle heimischen Tier- und Pflanzenarten zum Naturerbe. Gedacht ist darüber hinaus an eine Aufspaltung der Gesetzgebung in ein Allgemeines Kokagesetz zur »Rationalisierung« – wie man sagt, gemeint ist: Kontrolle – von Anbau und Handel der Kokablätter und ein Drogengesetz zur Bekämpfung der Drogenproduktion und des Drogenhandels. Auf eine solche Zweiteilung hatten sich die Cocaleros bei den Verhandlungen um das Gesetz 1008 bereits im Jahr 1987 mit der damaligen Regierung verständigt, die Einigung war seinerzeit unter dem Druck Washingtons aber nicht umgesetzt worden.

Das drogenpolitische Motto der Regierung Morales heißt nun dementsprechend: »Coca sí, cocaína no!« Der Paradigmenwechsel liegt darin, dass das Kokablatt juristisch bisher primär als Grundstoff für die Kokainherstellung angesehen worden war, als kontrollierte Substanz im Sinne der UN-Drogen-Einheitskonvention von 1961. Von Verbot und Eradikation ausnahmsweise ausgenommen waren lediglich 12 000 Hektar in den Yungas für traditionelle Verwendungsformen. In Zukunft also soll das Kokablatt geschütztes andines Kulturerbe sein; die normativen Vorzeichen werden umgekehrt! Allerdings erkennt man die Funktion des Kokablatts als Grundstoff für die Kokainherstellung durchaus an, weshalb eben eine »Rationalisierung« oder Kontrolle nötig sei. Es solle demnach weder eine unkontrollierte Freigabe geben noch »Coca Zero«, wie das Credo bisher gelautet hat.

Die Ergebnisse der Regierung Morales im Bereich »Cocaína no!« können sich durchaus sehen lassen. Darunter fällt die ganze Palette sogenannter Law-Enforcement-Maßnahmen: Schärfere Kontrolle der zur Weiterverarbeitung notwendigen sogenannten Precursor-Chemikalien soll im Vordergrund stehen, stärkerer Kampf gegen Geldwäsche, Kampf gegen kriminelle Organisationen, Zerschlagung von Labors, verschärfte Grenzkontrollen und Kooperation mit den Nachbarn – auch befreundete Nachbarregierungen wie die Argentiniens und Brasiliens befürchten, ihre Länder könnten mit Kokain überschwemmt werden.

Nach Angaben des zuständigen Vizeministeriums für soziale Verteidigung sollen bis November 2006 1,3 Tonnen Kokain (HCL) und 12,6 Tonnen des Zwischenprodukts Pasta Básica de Cocaína beschlagnahmt worden sein. Die Vereinten Nationen (UNODC) nennen für 2006 eine Gesamtmenge von 12 Tonnen, für 2007 17 Tonnen und für 2008 18 Tonnen, wovon jeweils rund 2 Tonnen auf das Endprodukt Kokain-Hydrochlorid entfallen. Das liegt im oberen Bereich des in den vergangenen Jahren Üblichen. Im gesamten Jahr 2004 waren 0,5 Tonnen Kokain beschagnahmt worden; 2005 1,3 Tonnen. Nach Auskunft aus dem UNODC war 2006 sowohl die Beschlagnahmung von Pasta Básica als auch die Zerstörung von »Labors« die höchste in den letzten zehn Jahren – und Beschlagnahmungen von Marijuana sind sogar um 400 Prozent angestiegen. Für 2009 nannte das Vizeministerium für Soziale Verteidigung auf einer Pressekonferenz die Zahl von 25 Tonnen Kokain- und Pasta-Básica-Beschlagnahmungen.

Nach seinem erneuten Wahlsieg vom Dezember 2009, der ihm auch eine Mehrheit im Senat brachte, nannte Morales unter anderem die Verabschiedung eines Gesetzes zur Überprüfung verdächtiger Vermögen, das seit Monaten im Senat festhing, als eine seiner Prioritäten.

Vizeminister Cáceres weiß, dass er im Rahmen der Gesamtstrategie überzeugende Ergebnisse im Bereich »Cocaína no!« vorweisen muss, um Handlungsspielraum für eine Politik des »Coca sí!« zu schaffen – und er weiß auch, dass er dazu die Hilfe der internationalen Gemeinschaft braucht. Die EU bewilligte im Januar 2008 36 Millionen Euro Unterstützung für den bolivianischen Drogenbekämpfungsplan. Aus Washington kamen diesbezüglich unterschiedliche, aber überwiegend negative Signale. Das Budget für die Anti-Drogen-Hilfe des INL an Bolivien für das Fiskaljahr 2007 lag bei 33,8 Millionen US-Dollar, 25 Prozent weniger als im Vorjahr. Ein Zwischenbericht des Weißen Hauses zur Zertifikation *(certification)* legte Bolivien Mitte September 2006 ultimativ die Rückkehr zur bisherigen Kokavernichtungspolitik nahe. Präsident Evo Morales wies dies in seiner Rede vor der 61. Generalversammlung der Vereinten Nationen in New York am 19. September 2006 scharf zurück.

Während Bolivien aufgrund seiner Ergebnisse beim Law Enforcement die Zertifikation Washingtons 2007 für drogenpolitisches Wohlverhalten noch erhielt, drohten die USA mit der Nichtverlängerung eines Abkommens für zollfreie Importe (Andean Trade Promotion and Drug Eradication Act – ATPDEA), das am 31. Dezember 2006 auslief und an dem bis zu 100 000 Arbeitsplätze in Bolivien hängen sollen. Die Sonderkonditionen für sogenannte drogenproduzierende Länder sollen nach dem Willen Washingtons in bilaterale Freihandelsabkommen überführt werden, die La Paz ablehnt. Es handelt sich hier also um eine Frage, die aus dem Bereich der Drogenkontrolle herausreicht. Das ATPDEA wurde für Bolivien nicht verlängert und nach der Ausweisung der DEA wurde Bolivien im Jahr 2008 auch die Zertifikation entzogen, obwohl der einschlägige Bericht des State Department die Fahndungs- und Beschlagnahmungserfolge lobt. Als Grund wird die Kokapolitik der Regierung Morales genannt. Die Obama-Administration erneuerte im Jahr 2009 die »Decertification« Boliviens mit praktisch identischer Begründung. Neben Bolivien stehen noch Birma und Venezuela am drogenpolitischen Pranger Washingtons – dieselben Länder wie unter der Regierung Bush. Zertifiziert wurden dagegen unter anderem Afghanistan und Kolumbien – die weltweit mit Abstand wichtigsten Lieferanten für Heroin beziehungsweise Kokain – sowie das Drogen-Transitland Mexiko, wo der sogenannte »Krieg der Kartelle« im Jahr 2008 4600 (!) Todesopfer gefordert hat und in den nördlichen Grenzgebieten Kriminalität und Staatszerfall herrschen.

Indes: Im Rahmen der angekündigten Rationalisierung der Koka geht auch die Eradikation weiter: Und zwar im Großen und Ganzen auf der Basis des alten Gesetzes 1008 und der Übereinkunft der Kokabauern mit der Regierung von Carlos D. Mesa vom Oktober 2004. Diese Übereinkunft war eines der Ergebnisse intensiver Verhandlungen zwischen den Federaciones der Kokabauern und der Regierung von Präsident Carlos D. Mesa seit Februar 2004. Bereits im Mai 2004 waren die Aktionen der Zwangseradikation dort gestoppt worden; seitdem ist es ruhig, stabil und friedlich im Chapare. Verantwortlichkeit und Kontrolle über die Projekte der »Alternativen Entwicklung« (heute sagt man lieber »desarrollo integral«) gingen an die Mancomunidad de Municipios (den Zweckverband der Chapare-Gemeinden) über; ausgenommen die von USAID finanzierten Projekte. Im Jahr 2004 wurden 8000 Hektar Koka reduziert! Nach dieser Übereinkunft darf im Chapare jede Familie einen *cato* Koka behalten; ein *cato* ist eine alte andine Maßeinheit, die 0,16 Hektar entspricht. Rein rechnerisch ergibt sich daraus eine dort temporär zulässige Gesamtfläche von 3200 Hektar.

Dies zumindest so lange, bis eine neue Studie den legitimen Bedarf für traditionelle Verwendungsformen neu ermittelt hat. Der bisherigen Bedarfsermittlung (das Gesetz 1008 lässt 12 000 Hektar traditionelle Produktion in den Yungas zu) liegt eine 1978 erstmals veröffentlichte Studie von Carter/Mamani zugrunde. Kritiker hatten schon damals bezweifelt, dass der traditionelle Bedarf höher sein sollte als statistisch nachweisbare Verkaufszahlen, umgerechnet auf die dafür nötige Anbaufläche: nämlich 6000 Hektar. Wie Carter und Mamani waren sie davon ausgegangen, dass es sich beim »Kokakauen« um eine indianische Angewohnheit handle, der Bedarf mit zunehmender Urbanisierung und Modernisierung also abnehme. Diese Sichtweise machte sich auch die US-Botschaft zu eigen. Ihre Rechnung berücksichtigt nicht die Tatsache, dass in Bolivien vieles an den offiziellen Büchern vorbei produziert und verkauft wird. Ferner, so wird kritisiert, berücksichtige die Studie nicht den durchaus vorhandenen urbanen Konsum, der im Übrigen nicht unbedingt rückläufig sei. Das gelte insbesondere für den Konsum im Norden Argentiniens, wo Kokakauen – und zwar mit ausgesuchten Blättern aus den Yungas – zu einer Mode von Jugendlichen und Mittelschichten geworden sei. Verkauf und Konsum der Blätter sind im Norden Argentiniens legal, nicht jedoch der Import! Die bolivianische Regierung schätzt das Volumen dieser illegalen Kokablattimporte des Nachbarlandes auf 50 Millionen US-Dollar jährlich und hatte angekündigt, dass Präsident Morales bei seinem Treffen mit Präsident Kirchner am 29. Juni 2006 auch über eine Legalisierung dieser Importe sprechen wolle, wozu es dann aber offenbar doch nicht kam. Im Vordergrund der Gespräche standen Erdöl- und Erdgas!

An die neu zu erarbeitende Studie werden also unterschiedliche Erwartungen geknüpft. Die Idee der Durchführung einer solchen Studie liegt auf der Hand und sie wurde auch vor Jahren beschlossen. Nur wollte sie niemand durchführen oder finanzieren, bis sich schließlich die EU dazu bereit fand. Nach Unstimmigkeiten bezüglich Methodologie und Finanzierung lag die Studie lange auf Eis. Der Hinweis auf die bevorstehende Studie erlaubte inzwischen das Spiel auf Zeit und interimsmäßiges politisches Lavieren um definitive Regelungen herum – oder (positiv ausgedrückt) pragmatisches Improvisieren! Inzwischen soll der Startschuss für die Studie gefallen sein.

Gewissermaßen im Vorgriff auf das von ihm erwartete Ergebnis der Studie zur Neuermittlung des traditionellen Bedarfs kündigte Evo Morales bei der Präsentation der neuen »Strategie für den Kampf gegen den Drogenhandel und die Neubewertung des Kokablattes« am 18. Dezember 2006 in Chimoré/Chapare an, dass bis zum Jahr 2010 künftig insgesamt 20 000 Hektar Koka zulässig sein sollen, statt wie bisher 12 000.

Die *cato*-Lösung wurde von der Regierung Morales inzwischen auch auf tiefer liegende Zonen der Yungas ausgedehnt, die vom Gesetz 1008 nicht als traditionelle Anbauzonen definiert sind. Darüber hinaus solle dort, wie im Chapare, freiwillige Verminderung in Abstimmung zwischen Bauernorganisationen und Behörden stattfinden: friedlich und gewaltlos.

In ihrer Koka- und Eradikationspolitik ist die Regierung Morales vonseiten der internationalen Gemeinschaft mit Skepsis bis offener Ablehnung konfrontiert. Indes: Von der vormals befürchteten Freigabe und hemmungslosen Expansion des Kokaanbaus kann keine Rede sein. Selbst die erwähnte und im Ausland kritisierte Erweiterung des zulässigen Rahmens von 12 000 auf 20 000 Hektar impliziert bei einer Anbaufläche von damals 27 500 Hektar eine Reduzierung. »Rationalisiert« wurden im Jahr 2006 5070 Hektar; für

2007 werden im *World Drug Report* der Vereinten Nationen 6268 und für 2008 5484 Hektar genannt. Das liegt im Mittel dessen, was in den 1990er-Jahren reduziert wurde. Die Reduzierungen geschehen heute im Unterschied zu damals aber auf friedlichem Wege und im Konsens mit den Bauern und ihren Organisationen. Sie dürften insofern bessere Chancen auf Nachhaltigkeit haben. Für das Jahr 2009 liegen bereits inoffizielle Angaben vor, wonach 6260 Hektar Koka reduziert wurden; davon 5299 im Chapare. Die Kokaanbaufläche sei im selben Zeitraum um 6 Prozent (1830 Hektar) angewachsen. Dies vor allem in den drei Nationalparks Mapiri, Guanay und Teoponte in der Provinz Larecaja, aber auch im Parque Isiboro-Sécure (TIPNIS) im Chapare. Betroffen sei auch eine Indígena-TCO im Departement Beni, so Vizeminister Cáceres: Unter dem Strich bleibe 2009 eine Netto-Reduzierung von 4430 Hektar.

Indes: Trotz dieser Reduzierungen ist die Anbaufläche zwischen 2005 und 2008 landesweit um rund 10 Prozent angewachsen. Während nach Aussagen der Vereinten Nationen praktisch 99 Prozent der Reduzierungen im Chapare stattfanden, wo die Kokabauern außerordentlich gut organisiert sind, kommt es in den Yungas und in den Randzonen, insbesondere in Schutzgebieten und Nationalparks, wo die soziale Kontrolle geringer oder gar nicht vorhanden ist, zu Neuanbau. Dort gab es auch eine erste gewalttätige Auseinandersetzung um die Zwangseradikation von Kokafeldern, und zwar Ende September 2006 im Parque Nacional Carrasco. Zwei Kokabauern starben. Die Regierung stellte sich auf den Standpunkt, dass die Pflanzungen im Schutzgebiet generell illegal seien und vernichtet werden müssten. Die betroffenen Bauern beriefen sich darauf, dass das Gebiet als Yungas de Vandiola vom Gesetz 1008 als traditionelle Zone legaler Produktion definiert sei. Eindeutiger ist die Lage im Parque Isiboro-Sécure, einem Indígena- und Naturschutzgebiet im Grenzgebiet der Departemente Beni und Cochabamba.

Wegen seiner Größe und Unzugänglichkeit – das von den Flüssen Isiboro und Sécure eingeschlossene Gebiet ist während der Regenzeit manchmal überhaupt abgeschnitten – ist der Parque Isiboro-Sécure immer wieder Ziel von Siedlern und Rückzugsgebiet für den Neuanbau von Koka. Beides ist im Schutzgebiet natürlich illegal, aber schwer zu kontrollieren. Im September 2009 gab es dort bewaffnete Auseinandersetzungen zwischen Kokabauern und Indígenas, worauf die Regierung intervenierte und die Bauern, die sich dort illegal niedergelassen hatten, umsiedelte.

Von der internationalen Gemeinschaft mit Spannung und Skepsis erwartet worden waren bolivianische Vorstöße zur Änderung auch des internationalen Handlungsrahmens der einschlägigen UN-Konventionen von 1961 und 1988, insbesondere die Streichung des Kokablattes von der Liste Nr. 1 der kontrollierten Substanzen der UN-Einheitskonvention von 1961. Eine Fülle von Argumenten spricht für die Korrektur dieses »historischen Irrtums«, so der Sprachgebrauch der neuen bolivianischen Regierung. Doch dazu ist es bisher noch nicht gekommen. Die bolivianische Delegation bei der 49. UN Commission on Narcotic Drugs (CND) in Wien 2006 gab dort diesen Wunsch zu erkennen, stellte aber keinen formellen Antrag, wie weithin erwartet worden war. Es handelte sich eher um eine Sondierung. Erst in seiner Rede vor der Generalversammlung der Vereinten Nationen am 19. September 2006 in New York verteidigte Präsident Morales seine Kokapolitik in Zurückweisung der erwähnten US-Sanktionsdrohungen, was freilich auch kein förmlicher Antrag auf Änderung der UN-Konvention war. Auch anlässlich der 50. CND, bei der Bolivien im Frühjahr 2007 mit zwei Vizeministern und fünf Botschaftern vertreten war – darunter die singende Botschafterin Luzmila Carpio aus Paris, die in Wien ein Konzert gab –, erfolgte keine Antragstellung.

Eine angestrebte Änderung der Konvention von 1961 würde den Export von Produkten auf Kokabasis erlauben. Einige Mitglieder der internationalen Gemeinschaft befürchten in diesem Fall aber einen drogenpolitischen Dammbruch; das oben beschriebene Nachhaltigkeitsdesaster der bisherigen Politik sehen sie als No-Event«, das heißt, sie gehen davon aus, dass mit einer Deregulierung alles noch schlimmer kommen würde. Das mag man glauben oder auch nicht. Die bolivianische Delegation bei der CND hat es im Rahmen ihrer Sondierungen jedenfalls zur Kenntnis genommen und verstanden, dass dieser Weg ein langer und politisch kostspieliger sein wird. Die sogenannte »Diplomacia de la coca« von Präsident Jaime Paz Zamora in dieser Richtung war in der ersten Hälfte der 1990er-Jahre mangels internationaler Unterstützung sang- und klanglos gescheitert. Obwohl man weiterhin an der Forderung einer »Neubewertung des Kokablattes« *(revaloración)* festhält, scheint man sich doch kurzfristig für einen anderen Weg entschieden zu haben.

Im März 2009 besuchte Präsident Morales mit einer Delegation überraschend die 52. Commission on Narcotic Drugs der Vereinten Nationen in Wien, wo er vor den Delegierten eine Rede hielt. Begleitet von dieser überaus starken diplomatischen Geste – ein so hochrangiger Besuch bei einer Commission ist äußerst ungewöhnlich – beantragte Bolivien mit einem Schreiben an Generalsekrtär Ban Ki-moon vom 12. März 2009 offiziell die Streichung zweier Artikel (Art. 49/1c und 49/2e) aus der UN-Einheitskonvention von 1961, die das Kokakauen verbieten. Der damit eingeleitete Prozess ist einfacher als eine Streichung des Kokablattes von der Liste der kontrollierten Substanzen, da die zu erwartenden Auswirkungen einer solchen Maßnahme primär nur die Andenländer betreffen. Indes: Nach dem Paukenschlag des Präsidentenbesuches in Wien geht der Antrag seinen bürokratischen Gang durch die Maschinerie der UNO und war bisher von keinerlei Initiativen Boliviens, weder politischer noch informativer Art, begleitet.

Am 26. Mai 2006 unterzeichneten Evo Morales, Hugo Chávez und Carlos Lage (damals noch Vizepräsident des kubanischen Ministerrats) in der Chapare-Ortschaft Shinahota mehrere Abkommen im Rahmen des Tratado de Comercio de los Pueblos (TCP – Handelsabkommen der Völker) und der Alianza Bolivariana para los Pueblos de Nuestra América (ALBA). Darunter auch eines, das die Öffnung der Märkte Kubas und Venezuelas für bolivianische Kokaprodukte vorsieht. Venezuela wird mit insgesamt 1 Million US-Dollar den Bau einer Kokamehlfabrik im Chapare, den Neubau einer Verpackungsanlage für Kokatee und Trimate (eine Mischung aus Koka, Kamille und Anis) in Coripata/Yungas sowie die Renovierung einer weiteren in Chulumani/Yungas finanzieren. Bei dieser »Industrialisierung der Koka« soll es nicht um Neuproduktion, sondern vorerst um die Absorbtion der bestehenden Kokaproduktion gehen. Die Höhe der anvisierten Investitionen deutet an, dass die ursprüngliche Euphorie in Bezug auf die möglichen Absatzchancen solcher Produkte auf den Weltmärkten inzwischen realistischen Kalkulationen Platz gemacht hat. Der Verbrauch der Firma Winsor, einer der großen Produzenten von Kokateebeuteln in Bolivien, liegt bei 13 Tonnen. Die Kokaernte (2008) wird auf 39 400 Tonnen geschätzt. Daneben ist die Rede von Südafrika, China und Indien als interessierten potenziellen Absatzmärkten. Vor oder anstelle der schwierigen Änderungsprozedur der UN-Konvention scheint man offenbar vorerst eine Exportpolitik an ihnen vorbei anzustreben – im Rahmen einer Süd-Süd-Kooperation der Willigen, die bereit sind, die Kosten eines Verstoßes gegen die Bestimmungen der UN-Konvention auf sich zu nehmen. Inwieweit dies tragfähig sein wird, bleibt abzuwarten.

Ob es andererseits aus der Sicht der internationalen Drogenkontrolle sinnvoll ist, rigide an antiquierten Bestimmungen festzuhalten, ist eine andere Frage: Eine wachsende Zahl von Ländern macht heute bereits offen oder stillschweigend Politik an diesen Bestimmungen vorbei. Erwähnt seien hier nur die niederländischen Coffee-Shops, sogenannte »Drückräume« in verschiedenen deutschen Bundesländern, Heroinabgabe an Suchtpatienten. Es besteht die

Gefahr, dass sich das internationale Kontrollregime gerade durch seine Inflexibilität ins Abseits manövriert.

Auf einschlägigen Messen in Bolivien und Peru treten regelmäßig etwa zwei Dutzend Kleinanbieter aus Bolivien, Kolumbien und Peru auf. Sie stellen neben Tee auch Kaugummi, Erfrischungsgetränke, Kekse, Zahnpasta, Shampoo, diverse Sirupe und Mittel zum Einreiben auf Kokabasis aus. Es besteht kein Zweifel, dass Kokablätter eine Vielzahl von Vitaminen und Mineralien sowie heilwirksame Substanzen enthalten. Inwieweit diese allerdings auch in den angebotenen, verarbeiteten Produkten enthalten und wirksam bleiben (etwa nach einem Backprozess bei Keksen), ist häufig nicht nachgewiesen. Aus Anlass der erwähnten »Diplomacia de la coca« der Regierung Jaime Paz Zamora hatte das deutsche Bundesministerium für wirtschaftliche Zusammenarbeit und Entwicklung (BMZ) bei der Deutschen Gesellschaft für Technische Zusammenarbeit (GTZ) eine Studie über die Absatzchancen von Produkten auf Kokabasis in Auftrag gegeben. Diese wurden insgesamt mit wohlwollender Skepsis betrachtet. Die besten Chancen wurden für Kokatee und -teemischungen gesehen. Problematisch sei aufgrund der internationalen Restriktionen die Kleinheit des Marktes (Bolivien und Peru), die Investitionen in marktgerecht-attraktive Darreichungsformen unrentabel machen, weshalb die fraglichen Produkte oft in schmucklosen Billigfläschchen aus Plastik verkauft würden. Insgesamt, so das GTZ-Papier, verunmögliche die aktuelle Rechtslage eine realistische internationale Marktstudie für diese Produkte. Von peruanischer und bolivianischer Seite freudig-optimistisch begrüßte Exporte des peruanischen Monopolunternehmens Empresa Nacional de la Coca (ENACO) von 153 500 Päckchen Kokatee an Südafrika erweisen sich bei näherem Hinsehen als Geschäft in der Größenordnung von maximal 500 000 US-Dollar; was da abzüglich von Steuern, Transportkosten und Produktionskosten übrig bleibt, wäre auf andere potenzielle Märkte und Produkte hochzurechnen und in ein realistisches Verhältnis zu den (politischen) Kosten einer *revalorización* zu setzen.

Unter Evo Morales hat der erwartete drogenpolitische Paradigmenwechsel eingesetzt. Allerdings ändert sich in der drogenpolitischen Praxis vorerst nur wenig! Es handelt sich um eine pragmatische, nicht widerspruchsfreie Politik des Ausgleichs zwischen internen Erwartungen und externen Verpflichtungen, die den nationalen Interessen Boliviens Priorität einräumt. Insofern ist vor allem der Konsenscharakter der Reduzierungspolitik hervorzuheben, durch den bisherige Dauerkonflikte und gewalttätige Auseinandersetzungen um die Kokareduzierung ad acta gelegt werden konnten. Das ist ein großer Gewinn für die Menschen und die Stabilität des Landes.

Das Thema Koka und Drogenbekämpfung ist unter der Präsidentschaft des Kokabauernführers Evo Morales vom Thema Nummer eins der außenpolitischen Agenda zu einem wichtigen unter vielen geworden. Auch das ist eine bemerkenswerte Leistung. Von einer befürchteten unkontrollierten Ausweitung des Kokaanbaus und des Drogenhandels kann keine Rede sein. Die Ergebnisse bei den Drogenbeschlagnahmungen sind ebenso gut oder besser als vorher; die Ergebnisse bei der Kokareduzierung sind gemischt, wobei ein Neuanstieg beim Anbau Grund zur Sorge bietet. Indes: Während Bolivien aus seiner Kokapolitik unter Evo Morales ein Strick gedreht wird (siehe unter anderem die Decertification Washingtons) nimmt auch im benachbarten Peru – unter gänzlich anderen politischen Rahmenbedingungen – der Kokaanbau seit vier Jahren kontinuierlich zu. Bolivien produziert derzeit auf 30 500 Hektar rund 18 Prozent der weltweit verfügbaren Koka; das wären hochgerechnet potenziell 13 Prozent des globalen Kokainangebots. Bolivien liegt damit mit großem Abstand hinter Kolumbien und Peru. Die Kokapolitik der letzten zwanzig Jahre ist, auch abgesehen von ihren hohen sozialen und politischen Begleitkosten, ein veritables Nachhaltigkeitsdesaster, nicht nur in Bolivien, sondern im Andenraum insgesamt. Kolumbien ist mit seiner umstrittenen Besprühungskampagne das Paradebeispiel für ein solches Nachhaltigkeitsdesaster: Zwischen 1994 und 2006 wurden dort 1 184 851 Hektar Koka aus der Luft mit Pflanzengift besprüht. Der Anbau hat sich in derselben Zeit verdoppelt (nach Zahlen des US State Department sogar verdreifacht)! Waren es am Beginn der Besprühungskampagne sechs Departemente, so gibt es heute Kokaanbau in 23 der 33 kolumbianischen Departemente.

Der internationalen Gemeinschaft wäre also angesichts solcher Resultate, auch bei niedrigeren Reduzierungsraten, zu mehr Gelassenheit zu raten: Die im Konsens erzielten Reduzierungen haben gewiss größere Nachhaltigkeitschancen.

## Álvaro García Linera: Ein Soziologe an der Macht

Nie zuvor hat ein Vizepräsident in der bolivianischen Politik eine so aktive und wichtige Rolle gespielt. Vor allem bei Verhandlungen mit der Opposition hat Álvaro García Linera immer wieder als »Feuerwehr« in Krisensituationen fungiert. Vielen gilt er als führender Kopf des Proceso de cambio. Einige sehen in ihm einen Ex-Terroristen und eine Art sinistren Rasputin.

Ganz im Gegensatz dazu steht seine offene und gewinnende Art, er ist stets an neuen Ideen und Anregungen interessiert. Sein Gewicht als Vizepräsident relativiert er wortreich: Präsident Morales sei ein charismatisches politisches Talent, wie es wohl nur alle hundert Jahre vorkomme. Gleichwohl: Der Vize regiert nicht nur aktiv mit, sondern gibt Interviews über Fragen der Tagespolitik hinaus, publiziert Bücher und Essays, hält akademische Vorträge. Morales und García Linera sind ein kongeniales Team. Neben dem volkstümlichen Präsidenten ist der Vize Ansprechpartner und Identifikationsfigur auch für städtische Mittelschichten und jene Kreise, für die ein weißer marxistischer Ex-Guerillero immer noch eher akzeptabel ist als ein Indio. Das Duett an der Staatsspitze verkörpert die angestrebte Integration im »plurinationalen« Bolivien.

Álvaro García Linera wurde am 19. Oktober 1962 als jüngstes von vier Kindern einer Mittelschichtsfamilie in Cochabamba geboren, wo er das salesianische Colegio Don Bosco besuchte. Von 1981 bis 1985 studierte er Mathematik an der Universidad Autónoma Nacional in Mexiko-Stadt, das er mit dem Magister (Licenciado) abschloss. Dort kam er mit Solidaritätsgruppen der damaligen mittelamerikanischen Freiheitsbewegungen in Kontakt. Zurück in Bolivien arbeitete er ab Mitte der 1980er-Jahre zunächst mit revolutionären Minenarbeiter-Zellen zusammen, doch interessierte ihn bald schon die indigene Frage mehr. Zusammen mit Felipe Quispe schloss er sich der 1990 gegründeten Guerilla Ejército Guerrillero Túpac Katari (EGTK) an, wo er der »ideologischen Direktion« angehörte. Die EGTK fiel vor allem durch Medienpräsenz und gescheiterte Aktionen auf. Im April 1992 wurde Álvaro García Linera zusammen mit rund zwanzig anderen Mitstreitern verhaftet und verbüßte fünf Jahre im Hochsicherheitsgefängnis von Chonchocoro – ohne Anklage und Richterspruch. Das Verfahren gegen ihn wurde schließlich nach dreizehn Jahren und sechs Monaten wegen Fristüberschreitung eingestellt.

Im Gefängnis studierte der Mathematiker soziologische, politologische und philosophische Texte und wurde nach seiner Entlassung Hochschullehrer für Soziologie, politischer Kommentator und einer der gefragtesten und eloquentesten Gäste bei politischen Fernsehdiskussionen. Im Jahr 2005 folgte er der Einladung von Evo Morales zur Kandidatur um die Vizepräsidentschaft.

Als Denker, die ihn beeinflusst hätten, nennt er neben Karl Marx, Max Weber und Pierre Bourdieu auch die Bolivianer René Zavaleta (ein marxistisch orientierter revolutionärer Nationalist) und Fausto Reinaga, einen Theoretiker des Indianismus. Seine Themen sind die Überwindung des Neoliberalismus und der Sozialismus des 21. Jahrhunderts. Nach dem Unterschied zwischen dem Guerrillero Álvaro und dem Vizepräsidenten García Linera gefragt, antwortet er, ihm sei damals schon klar gewesen, dass die Indígenas regieren müssen, um die Ausgrenzungspolitik der Republik zu überwinden. Vor fünfzehn Jahren habe er geglaubt, das mit Waffen erreichen zu können, heute durch den Wahlerfolg. Das Ziel sei das gleiche geblieben.

Die Fusion von marxistischem Denken mit indigenen Forderungen war und ist ihm ein besonderes Anliegen. Er befindet sich dabei in der Tradition des Mitbegründers der Partido Socialista del Perú, José Carlos Mariátegui (1894–1930). Der wiederum war – wie Álvaro García Linera – stark vom italienischen Marxisten Antonio Gramsci beeinflusst, der sich mit dem Phänomen der kulturellen Hegemonie auseinandergesetzt hatte. Daher auch Álvaro García Lineras Rede vom *empate catastróphico,* vom katastrohalen Patt zwischen gesellschaftlichen Machtblöcken. In seinem Aufsatz »Empate catastróphico y punto de bifurcación« vom Dezenber 2007 setzt er sich mit dem Phänomen der Staatskrise auseinander, die dadurch entstehe, dass die herrschenden Schichten ihre Hegemonie verlieren. Sie führe nicht notwendigerweise zu einem neuen Staat. Am Scheideweg *(punto de bifurcación)* sei auch eine erfolgreiche Konterrevolution möglich, oder aber ein neuer revolutionärer, indigener, sozialistischer Staat. In letzterem Fall gehe die moralische Hegemonie des alten Machtblocks verloren und er löse sich auf.

Mit dem Scheitern des »Zivilputsches« vom September 2008 und dem Untertauchen (Branco Marinkovic) beziehungsweise der Flucht außer Landes (Manfred Reyes Villa) maßgeblicher Figuren der radikalen Opposition nach ihrem neuerlichen Wahlfiasko vom Dezember 2009 mag nach der Diktion von Álvaro García Linera dieser *punto de bifurcación* überschritten worden sein. Nicht mit Waffengewalt, sondern mit dem Stimmzettel! Demnach ginge es nun um die Konstruktion eines neuen Staates – und man darf mit Spannung erwarten, wie der Vizepräsident sie mitgestalten und wie der Soziologe Álvaro García Linera (als teilnehmender Beobachter sozusagen) sie beschreiben wird.

Ob am Ende der Sozialismus steht? García Linera beschreibt die MAS als Mitte-links-Partei, weder rein sozialistisch noch rein indigenistisch, die sozialen Bewegungen nicht als national, sondern regional. Es gehe vorerst um eine kapitalistische Entwicklung, die diesen Befindlichkeiten Rechnung trägt. Bolivien habe eine sehr kleine Arbeiterklasse, überwiegend in Familienbetrieben beschäftigt. Und der Sozialismus basiert nicht auf Familienwirtschaft, sagt García Linera. Sozialismus als Fernziel – in fünfzig Jahren vielleicht ...

## Justicia Comunitaria: Gemeindejustiz oder Selbstjustiz

Wer durch die Straßen von El Alto geht, findet an Laternenmasten oder Zäunen immer wieder Puppen aufgehängt, manche mit geknickten Köpfen, manche mit blutroter Farbe angeschmiert oder mit einem kleinen Plakat versehen: »Tod dem Dieb!« Sie zeigen an, dass hier ein Verbrechen verübt wurde und stellen eine Warnung dar: Die Nachbarschaft hat sich organisiert, um gegen Kriminelle vorzugehen, normalerweise um sie zu ergreifen und zu verprügeln. Im Extremfall werden von den Nachbarn überraschte Delinquenten tatsächlich umgebracht. Immer wieder sterben Menschen auf diese Weise. Von Januar bis Oktober 2009 wurden in El Alto fünfzehn Fälle von Selbstjustiz mit tödlichem Ausgang registriert.

Das Phänomen ist älter als die Regierung Morales, doch hat auch sie bisher keine Verbesserung herbeiführen können. Steigende Kriminalität, vor allem Entführungen, ängstigen die Menschen. Die Ankündigung härterer Strafen und stärkerer Polizeipräsenz durch den Vizepräsidenten im Wahlkampf 2009 ist ein Indiz für die wachsende Sorge um die Sicherheit. Eine überzeugende Maßnahme ist es noch nicht.

Die Selbstjustiz der Alteños ist eine Reaktion auf die Unfähigkeit von Polizei und Justiz, für Sicherheit zu sorgen. Die Ordnungskräfte sind notorisch korrupt. Die Polizei reagiert nicht auf die Hilferufe der Bevölkerung und hat sich häufig der Komplizenschaft mit Dieben, Räubern und anderen Straftätern schuldig gemacht. Die Selbstjustiz ist andererseits auch so etwas wie eine pervertierte Form der Kommunaljustiz, wie sie in den Ursprungsdörfern der Migranten betrieben wurde. So unterscheidet die Soziologin Silvia Rivera Cusicanqui zwischen der *justicia comunitaria* auf den Dörfern und der Selbstjustiz in El Alto: »Sie ist für mich Ausdruck einer Katharsis, einer sehr tief greifenden Kulturkrise.«

Die kommunitäre Justiz bezweckt an erster Stelle die Wiedereingliederung der Person, die die Normen verletzt hat. Im Wiederholungsfall kann der Betreffende aus der Gemeinschaft ausgeschlossen oder sogar getötet werden. Bei schweren Delikten steht die Frage der Bösartigkeit der Person im Vordergrund: Das Hauptaugenmerk liegt also weniger auf dem Wert der gestohlenen Kuh als auf dem Ausmaß der Absicht, Böses zu tun. Am stärksten zählt, ob der Übeltäter bereit ist, sich zu ändern oder nicht. Auf jeden Fall wägen die Gemeinschaften lange und ruhig die zu ergreifenden Maßnahmen ab. Es kommt zu keinen Hauruck-Entscheidungen; der Betroffene kann sich ausgiebig zu den Anschuldigungen äußern, es wird darüber gesprochen, jeder bringt seine Erfahrungen ein, und erst dann wird eine Entscheidung getroffen. Die kommunitäre Rechtsprechung verfügt über Verwarnungs- und Drohinstanzen. Der Nachbarschaftsjustiz in El Alto fehlen diese Vermittlungsinstanzen völlig, sie ist spontan und direkt. So, wie die Migranten ihre Häuser, Schulen, Straßen und Sportplätze selbst gebaut haben, so nehmen sie auch ihre Sicherheit in die eigene Hand.

Die kommunitäre Justiz der indigenen Völker sollte dagegen als eine Reihe von kulturellen Praktiken begriffen werden, die darauf abzielen, Konflikte zu überwinden und den Fortbestand der Gemeinschaften zu sichern. Recht sprechende Instanz sind Organe der Gemeinschaften, wie der Ältestenrat, der Schamane oder die Vollversammlung der Gemeinschaft. Die Entscheidungen beziehen sich auf drei Ebenen: die moralische, die soziale und die rechtliche. Beschlüsse haben einen stark zeremoniellen Charakter. Bevor eine Entscheidung über eine Sanktion getroffen wird, wird ausführlich über den Konflikt gesprochen. Priorität hat die Wiedergutmachung und Versöhnung im Sinne der Harmonie der Gemeinschaft. Bestrafungsformen reichen von moralischen Strafen, Arbeit für die Gemeinschaft, Geld- oder Sachleistungen, Auspeitschen, Verbannung bis zur Todesstrafe.

Silvia Rivera zufolge wird die Todesstrafe nur in Ausnahmefällen verhängt und meist nicht vollstreckt. Falls sie doch vollstreckt werden soll, akzeptiere der Verurteilte sie in der Regel in Anerkennung seiner Schuld. »Die ganze Gemeinschaft trägt es mit Fassung. Sie wird befragt, ob die Entscheidung richtig ist oder nicht. In den meisten Fällen wird der betreffenden Person verziehen, aber das ganze Verfahren hat zu einem solchen Grad von Schuldanerkennung geführt, dass der Mensch sich häufig selbst umbringt.« Das kommunitäre Konfliktlösungssystem unterscheidet sich also auch in dieser Hinsicht von den westlichen Rechtssystemen, denn es gibt weder eine Trennung zwischen politischen und juristischen Autoritäten noch zwischen der realen Welt der Rechtsprechung und dem religiös-rituellen Kosmos des Rechts. Es gibt kein Standardmodell oder -paradigma, das in allen Fällen und an allen Orten zur Anwendung käme. Für ein und dasselbe Delikt können in unterschiedlichen Gemeinschaften oder Situationen ganz unterschiedliche Sanktionen verhängt werden. Auch die beteiligten Autoritäten variieren je nach den Merkmalen und der Schwere des Falles. Sie können von der eigenen Familie bis zur Vollversammlung der Gemeinschaft reichen.

Es ist wenig verwunderlich, dass gerade der Bereich Justiz zu den am heftigsten umstrittenen Fronten jenes »Zusammenstoßes der Kulturen« zählt. Dabei koexistieren eine konventionelle Justizordnung, mit überforderter Polizei und Justiz, die von Korruption und heillosen Zuständen in den Haftanstalten geprägt ist und Mittellose krass benachteiligt, und eine indigene, dörfliche Rechtsprechung, der gegenüber große Ängste bestehen. Immer wieder kursieren Gerüchte über grausame Strafen – und zum Teil gibt es sie auch tatsächlich. Im Niemandsland zwischen Staatsversagen und Gemeindejustiz greifen die Betroffenen zur Selbstjustiz was Anlass zu großer Sorge ist. Das ist der Stand der Dinge.

Gegenüber der Absicht der Regierung, im Rahmen des Verfassungsprozesses Elemente der *justicia comunitaria* zu übernehmen, herrschte im In- und Ausland große Skepsis, ja Ablehnung. Dabei wurde häufig übersehen, dass es jenseits des Verfassungstextes vor Ort gar nicht um die Einführung neuer Elemente ging, sondern um die Angleichung parallel existierender Systeme. Eine solche erfordert natürlich, dass man zunächst einmal deren Existenz anerkennt. Der Verfassungsprozess stellt in dieser Hinsicht eine große Chance dar, die besten Elemente aus beiden Systemen zu übernehmen und nicht wünschenswerte Praktiken zu eliminieren.

Artikel 190 der neuen Verfassung erkennt die dörfliche Justiz der indigenen Völker an; Artikel 191 beschränkt deren Gültigkeit auf das Territorium und auf Angehörige des jeweiligen indigenen Volkes. Besonders wichtig ist jedoch die Einschränkung des Artikels 190, Absatz 2, wo es heißt: »Die indigene, originäre, bäuerliche Rechtsprechung respektiert das Recht auf Leben, das Recht auf Verteidigung und die Garantien, die von dieser Verfassung festgelegt sind.« Nach Artikel 15 sind das insbesondere: »Jede Person hat das Recht auf Leben sowie physische, psychologische und sexuelle Integrität. Niemand darf gefoltert oder grausam, inhuman, erniedrigend oder demütigend behandelt werden. Es gibt keine Todesstrafe.« Damit sollten mit wenigen Formulierungen Ängste entkräftet sein.

Doch wissen wir, dass der Teufel im Detail steckt und sich – gerade auch in Lateinamerika – Verfassungstexte und Verfassungswirklichkeiten mitunter krass unterscheiden. So werden neuerdings Fälle von Selbstjustiz oder politisch motivierter Gewalt (wie es sie auch schon früher gab) mit dem Mäntelchen der *justicia comunitaria* begründet. Zwei der prominentesten Fälle hatten eindeutig politischen Hintergrund. Sie erfolgten beide kurz nach der Annahme der neuen Verfassung im Referendum vom Januar 2009.

Am 7. März 2009 wurde das Wochenendhaus des Ex-Vizepräsidenten unter »Goni« Sánchez de Lozada (1993–1997) und Aspiranten für die Präsidentschaftswahlen im Dezember 2009, Víctor Hugo

Cárdenas, in der Ortschaft Sankajahuira nördlich von La Paz unweit des Titicaca-Sees von einem Mob aus jener Gemeinde überfallen; die Rede ist von 500 Menschen. Familienangehörige des selbst nicht anwesenden Aymara-Intellektuellen wurden verprügelt, das Haus wurde tagelang besetzt gehalten und das Mobiliar verwüstet. Anwesende Polizisten griffen nicht ein und die Presse wurde nicht vorgelassen. Der Aktion sei ein Beschluss des Gemeinderats vorausgegangen, hieß es. Die Immobilie erfülle keine ökonomisch-soziale Funktion im Sinne des INRA-Gesetzes und solle als Altersheim für die Gemeinde genützt werden. Cárdenas wurde ferner Verrat an der indigenen Sache vorgeworfen, weil er für ein Nein beim Verfassungsreferendum geworben habe. Eine Reaktion der Regierung ließ tagelang auf sich warten und war schließlich ambivalent. Es äußerten sich gleich mehrere Funktionäre. Die Aktion sei inakzeptabel, die Verfassung schütze auch das Recht auf Eigentum, ließ der Vizepräsident verlauten. Das Grundstück sei weniger als dreihundert Quadratmeter groß und brauche keine FES zu erfüllen (siehe S. 156 ff.).

Evo Morales selbst meinte, es gebe wohl Streit um die Rechtmäßigkeit der Besitzpapiere und Cárdenas solle die Unstimmigkeiten mit der Gemeinde klären. Internationale Proteste ließen nicht auf sich warten: »Die Verantwortlichen für dieses brutale Vorgehen müssen zur Verantwortung gezogen werden und hochrangige Offizielle sollten klarstellen, dass solche Angriffe unter keinen Umständen gerechtfertigt sind«, verlangte José Miguel Vivanco, Direktor der angesehenen Menschenrechtsorganisation Human Rights Watch. Doch das unterblieb, möglicherweise mit Rücksicht auf die kämpferischen Aymara-Organisationen, die genau in dieser Region ihre Hochburgen haben, zumal regionale Vertreter der CSUTCB und der Federación de Mujeres »Bartolina Sisa« die Aktion verteidigten. Freilich hat die Regierung wiederholt eine zögerliche und permissive

Haltung zulasten der Rechtsstaatlichkeit gezeigt – auch in Fällen, wo sie selbst Opfer war, wie bei der Verfassunggebenden Versammlung in Sucre, in Parapetí (siehe S. 164) oder beim »Zivilputsch« vom September 2008.

Am 6. Mai 2009 wurde der ehemalige Indígena-Führer und inzwischen Mitarbeiter der Präfektur des Departements Beni, Marcial Fabriciano, mit fünfzig Stockhieben schwer misshandelt, als er das Natur- und Indígena-Schutzgebiet des Parque Isiboro-Sécure im Grenzgebiet der Departemente Cochabamba und Beni besuchte. Das ursprüngliche Indígena-Gebiet ist – weil sehr unzugänglich – ein quasi rechtsfreier Raum, Ziel von unkontrollierter Migration und Kokaanbau. Es ist insofern durchaus unklar, inwieweit es sich tatsächlich um eine indigene Gemeinde gehandelt hat. Der Bestrafung sei jedenfalls eine Verurteilung durch die Gemeinde wegen Verrats an der indigenen Sache vorausgegangen. Abgesehen davon, dass Fabriciano dieser indigenen Gemeinschaft gar nicht angehört: Justizministerin Celima Torrico stellte hier klar, dass diese Aktion nichts mit *justicia comunitaria* zu tun habe, weil die körperliche Integrität durch die Verfassung geschützt sei. Ob die Verantwortlichen in diesem Fall zur Rechenschaft gezogen wurden, ist nicht bekannt.

Beide Fälle machen deutlich, dass die Materie hochsensibel und kompliziert ist und genauestens erklärt werden muss, um Missverständnisse auszuschließen – gerade in der derzeitigen Übergangssituation zwischen alter und neuer Verfassung. Ein vom neuen Parlament erst noch auszuarbeitendes Gesetz soll die Zuständigkeiten genau eingrenzen. Verstöße gegen die Bestimmungen oder gar Menschenrechtsverletzungen verlangen eine energische Antwort der Regierung, und die Verantwortlichen müssen zur Rechenschaft gezogen werden. Anderenfalls gerät das gesamte Projekt in Misskredit und droht zu scheitern.

Mitte September 2009 kündigte der der für *justicia comunitaria* zuständige Vizejustizminister Valentín Ticona, einen Gesetzentwurf an, wonach Gemeindejustiz auch in städtischen Kontexten angewandt werden könne, wenn ganze Dörfer/*ayllus* mit ihren *jilaqatas* (Gemeinde-Oberhäupter) sich dort niedergelassen haben, wie beispielsweise in verschiedenen Vierteln der Stadt El Alto. Sie soll sich dann nur auf Täter aus dieser Gemeinschaft beziehen. Außenstehende sollen weiterhin vor gewöhnliche Gerichte gebracht werden. Ticona möchte diese Initiative als Versuch einer Formalisierung der Justiz verstanden wissen, gerade um die unkontrollierte Selbstjustiz einzudämmen. Kritiker sehen darin einen problematischen Abschied vom Territorialitätsprinzip, wie es der *justicia comunitaria* an sich eigen ist.

In ähnliche Richtung zielt eine Maßnahme der Polizei von Santa Cruz, die private Festnahmen erlaubt, wenn die mutmaßlichen Täter ordentlich registriert und unverzüglich der Polizei übergeben werden.

Die politische Auseinandersetzung wird auch auf dem Felde der Justiz ausgetragen, wobei die Gerichte – gerade die höheren – natürlich vielfach mit Angehörigen der traditionellen Parteien besetzt waren. Das führte zu einem regelrechten Kleinkrieg der Exekutive mit der Justiz, bei dem Regierung und MAS nicht immer gut aussahen. Vizepräsident Álvaro García Linera sieht die Justiz als Hort der alten Eliten, des Neoliberalismus und der Korruption.

So ist der erst 1994 unter Sánchez de Lozada geschaffene Verfassungsgerichtshof (Tribunal Constitucional, er nahm 1999 mit Sitz in Sucre seine Tätigkeit auf) endgültig paralysiert, seit im Mai 2009 mit Silvia Salame die letzte der Magistrados zurücktrat. Als Grund für ihren Rücktritt gab sie »Misshandlung und Verfolgung« durch die Exekutive an, unter anderem einschneidende Budgetkürzungen. Seit 2007 hatte es vier Rücktritte gegeben. Salame hatte unter anderem das Abwahlreferendum auf Antrag eines Abgeordneten der Unidad Nacional für verfassungswidrig erklärt. Aufgrund des politisch motivierten Streits liegen mehr als 4000 Fälle unbearbeitet auf Eis.

Paralysiert ist auch der Oberste Gerichtshof. Er funktionierte bis November 2009 gerade noch mit acht von zwölf Richtern. Doch seit die Richterin Rosario Canedo unter Anklage gestellt wurde, fehlt ihm das Quorum. Canedo wird Rechtsbeugung vorgeworfen, weil sie im Falle der pleitegegangenen Banco Sur private Gläubiger begünstigt habe. García Linera kündigte an, neue Mitglieder der Gerichte würden vom neuen Parlament bestimmt, das am 6. Dezember 2009 gewählt worden ist.

## Sozial- und Außenpolitik

Im Sinne des Leitmotivs »Vivir bien!« (Gut leben!) der Regierung Morales wurde eine Reihe von Maßnahmen im Sozialbereich gesetzt, die im Ausland weniger beachtet wurden, wie die zweifache Anhebung des Mindestlohns (1. Mai 2006 und 5. März 2008 auf rund 92 US-Dollar), die Einführung einer Mindestpension in Höhe von rund 30 US-Dollar für ältere Menschen (Renta Dignidad im November 2007), die Schaffung eines Fonds zur Unterstützung von Schulkindern (Schuljahresabschlussprämie Bono Juancito Pinto in Höhe von rund 30 US-Dollar im Oktober 2006), die Schaffung eines Mutter-und-Kind-Bonus (Bono Juana Azurduy, benannt nach einer Freiheitskämpferin im Unabhängigkeitskampf) in Höhe von rund 190 US-Dollar über zwei Jahre, der das Ziel hat, dass (werdende) Mütter mit ihren Kindern ärztliche Betreuung in Anspruch nehmen, sowie die Alphabetisierungskampagne »Yo sí puedo!« (Ja, ich kann!).

Von Kritikern werden nicht diese Maßnahmen an sich bemängelt, sondern der »assistenzialistische« Ansatz. Durch die Senkung der Bezüge für Präsident, Vizepräsident, Parlamentarier und Regierungsangestellte durften sich jene bestätigt sehen, die der Regierung Morales Populismus vorwerfen und deren außenpolitische Hinwendung zu Venezuela und Kuba beklagen. In der Tat: Mehr als tausend kubanische Ärzte helfen im Gesundheitswesen, junge Bolivianerinnen und Bolivianer studieren in Havanna kostenlos Medizin; dafür wurden von Kuba 5000 Stipendien vergeben. Am Titicaca-See ist mit kubanischer Hilfe eine Augenklinik entstanden, die auch von Peru her Zulauf hat. Landesweit wurden mehr als 200 000 Gratis-Augenoperationen durchgeführt. Mit kubanisch-venezolanischer Hilfe wurde ein Alphabetisierungsprogramm erfolgreich abgeschlossen. Mit 5 Millionen US-Dollar aus Caracas sollen vernachlässigte Stadtteile von La Paz in sogenannte *Barrios de Verdad* (wirkliche Stadtviertel) verwandelt werden.

## Frei von Analphabetismus

Bolivien wurde von der UNESCO zum »Analphabetismusfreien Land« erklärt. Am 20. Dezember 2008 wurde dies mit einem großen Fest in Cochabamba gefeiert. Das Andenland ist damit nach Kuba (1961) und Venezuela (2005) das dritte Land Lateinamerikas, das dies geschafft hat, vor wirtschaftlich wesentlich stärkeren wie Argentinien, Brasilien und Chile. Als frei von Analphabetismus gilt ein Land, wenn die Quote unter 4 Prozent liegt, womit ein Rest an Menschen berücksichtigt wird, die bereits zu alt oder krank oder aus sonst einem Grunde nicht erreichbar sind. Gleich nach der Amtseinführung von Präsident Evo Morales startete im März 2006 das Programm »Yo sí puedo!«, das seither 824 000 Menschen absolviert haben und das Grundkenntnisse in Lesen und Schreiben vermittelte. Die Ausgangsquote waren 13,3 Prozent Analphabeten – im Jahr 2001 ermittelt. Die große Mehrheit wurde in Spanisch unterrichtet, jedoch auch 23 888 in Aymara und 13 599 in Quetschua. Die Kampagne wurde von kubanischen und venezolanischen Alphabetisatoren initiiert, die zudem Kampagnenleiter und Supervisoren ausbildeten:

45 460 bolivianische, 128 kubanische und 47 venezolanische Alphabetisatoren waren im Rahmen der Kampagne eingesetzt. Das Programm soll fortgeführt werden, um Kenntnisse zu pflegen und zu vertiefen. Und Bolivien will nun seinerseits Paraguay mit Alphabetisatoren helfen.

Am 29. April 2006 trat Bolivien dem Wirtschaftsverbund ALBA (Alianza Bolivariana para los Pueblos de Nuestra América) bei, der sich in der Eigendarstellung als solidarwirtschaftliche Alternative zum US-Projekt einer lateinamerikanischen Freihandelszone versteht und dem neben Venezuela und Kuba neuerdings auch Ecuador und Nicaragua und eine Reihe karibischer Inselstaaten angehören; Paraguay und Grenada haben Beobachterstatus. Venezuela bekommt bolivianische Soja und liefert dem Erdölproduzenten Bolivien monatlich 200 000 Fässer Diesel, da das Andenland nicht über entsprechende Raffineriekapazitäten verfügt. Anfang Oktober 2006 wurde ein Militärpakt mit Venezuela unterschrieben.

Evo Morales hat für sein Projekt relativ gute wirtschaftliche und außenpolitische Konjunkturen geerbt: Das Wirtschaftswachstum ist das beste seit Jahren und beträgt 6 Prozent (2008) – das ist mehr als der lateinamerikanische Durchschnitt. Im Gegensatz zum progressistischen Projekt der UDP-Regierung (Unión Democrática y Popular) von Anfang der 1980er-Jahre, das mit dem Zinnkrach konfrontiert war und in einer Hyperinflation endete, boomte der Hauptdevisenbringer Erdgas. Bolivien ist umgeben von freundlichen Nachbarn, selbst die Beziehungen zum Erzfeind Chile erleben ein Tauwetter; der Hegemon USA ist in anderen Regionen überbeschäftigt. Die notorische Präsenz und das gönnerhafte Verhalten von Hugo Chávez haben das bolivianische Souveränitätstrauma neu belebt und Anlass zu kritischen Kommentaren gegeben. Inwieweit es durch die außenpolitische Neuorientierung tatsächlich auch zu einer gewissen Entfremdung mit der regionalen Vormacht Brasilien kommt, muss man abwarten. In der Anfangsphase waren die Reaktionen auf die neue Erdgaspolitik dort auch durch den Wahlkampf beeinflusst und sollten nicht überbewertet werden. Darüber hinaus ist das Projekt ALBA durch ein (allerdings stockendes) transkontinentales Pipeline-Vorhaben sowie durch die Mitgliedschaften Venezuelas und Boliviens (assoziiert) im MERCOSUR eng mit Brasilien und Argentinien verschränkt. Bolivien kommt an Brasilien schon wegen dessen politischen und wirtschaftlichen Gewichts gar nicht vorbei. Der brasilianische Präsident »Lula« da Silva hat sich mehr als einmal als verlässlicher Verbündeter erwiesen, der ohne großen rhetorischen Trommelwirbel Morales den Rücken stärkte – durch Besuche in La Paz in Krisensituationen und die Ankündigung brasilianischer Investitionen, vor allem aber durch die eindeutige Parteinahme im Rahmen der UNASUR während des »Zivilputsches« vom September 2008.

Gewisse Irritationen gibt es hingegen in den Beziehungen zum Nachbarn Peru. Zum einen in der Frage der verlorenen Pazifikprovinzen im Salpeterkrieg mit Chile, wo man die Annäherung zwischen Morales und Bachelet mit gewisser Skepsis sah und einen eigenen Vorstoß beim Internationalen Gerichtshof unternommen hat, den wiederum La Paz als entgegengesetzt zu seinen eigenen Bemühungen wahrnimmt. Zum anderen spielt natürlich die ideologische Ausrichtung eine Rolle. Lima und Bogotá sind die einzigen Hauptstädte Südamerikas, wo nach wie vor Anhänger des neoliberalen »Washington Consens« und uneingeschränkt Verbündete der USA amtieren. La Paz ist irritiert, dass Lima Politikern der alten Garde, aus der Zeit von Sánchez de Lozada, Asyl gewährt, die in Bolivien unter Anklage stehen. Lima wiederum kritisiert, dass Morales einen gesuchten peruanischen Ex-Guerillero in seinen Beraterstab aufgenommen hatte.

Darüber hinaus aber weist Peru sehr viele Ähnlichkeiten mit Bolivien auf, nicht nur geografisch und kulturell: die sozioökonomische Krise, die wie in Bolivien parallel verläuft zu einer soziokulturellen, die Legitimationskrise der traditionellen Parteien und die Frage der Kokavernichtung, die unter dem Druck der USA großen sozialen und politischen Sprengstoff birgt. Für viele Indígenas und Unterprivilegierte in Peru ist der Präsident des südlichen Nachbarlandes zur Identifikationsfigur geworden. Insbesondere die Menschen im rebellischen Departement Puno an der Grenze zu Bolivien, wo auch die Aymara-Sprachgrenze verläuft, identifizieren sich heute plötzlich nicht mehr nur mit der großen Tradition des Inkareiches, sondern insbesondere mit dem Qollasuyu – und verstehen sich stärker als Aymara. Das alles kann der Zentralregierung in Lima nicht gefallen. Und so gefallen sich die Präsidenten Alan García und Evo Morales immer mal wieder in verbalem Schlagabtausch – und machen gelegentlich jenseits diplomatischer Gepflogenheiten Anspielungen auf die Leibesfülle beziehungsweise die »mentale Einfachheit« des anderen. Lima hat im Juni 2009 deshalb sogar seinen Botschafter abgezogen. Doch die Diplomatie auf beiden Seiten wusste bislang das Schlimmste zu verhindern, und der peruanische Botschafterposten in La Paz wird in Kürze mit Manuel Rodríguez Cuadros, einem ehemaligen Außenminister unter Präsident Alejandro Toledo (2001–2006), sogar hochkarätig wieder besetzt.

Die Beziehungen zum über viele Jahrzehnte hindurch wichtigsten »Partner« USA sind spätestens seit der Ausweisung des Botschafters im September 2008 auf einem Tiefpunkt. Man muss diese Entwicklung allerdings im historischen und im regionalen Kontext sehen. Die Regierung George W. Bush hat sich durch ihre Lateinamerika- und Außenpolitik in vielen Ländern um jeden Einfluss gebracht. Nicht nur die Ausweisung des Botschafters der traditionellen Hegemonialmacht durch eines der ärmsten und schwächsten

Länder des Halbkontinents wäre vor wenigen Jahren noch völlig undenkbar gewesen. Auch dass die bolivianische Septemberkrise 2008 mithilfe der lateinamerischen Diplomatie (UNASUR) und ohne jedes Zutun Washingtons gelöst wurde, ist neu. Von einem ganz neuen lateinamerikanischen Selbstbewusstsein kündet auch, dass die UNASUR (unter Federführung Brasiliens) von Hillary Clinton Erklärungen und Sicherheitsgarantien hinsichtlich der sieben in Kolumbien geplanten US-Militärbasen verlangte. Dass die Obama-Administration bisher im Großen und Ganzen nichts mit dem außenpolitischen Scherbenhaufen anzufangen weiß, den die Vorgängerregierung ihr südlich des Río Grande hinterlassen hat, zeigt nicht nur ihre abziehbildhafte Zertifizierungspolitik. Als einzige bedingungslose Verbündete sind ihr nur noch Kolumbien und Peru geblieben.

Darüber hinaus verhindern innenpolitisch motiviertes Poltern und diplomatische Tollpatschigkeiten auf höchstem Niveau eine Wiederannäherung. Nach der Ausweisung der Botschafter war es im Mai 2009 in La Paz zu einem ersten bilateralen Treffen mit dem Ziel der Ausarbeitung eines Rahmenabkommens für gegenseitigen Respekt gekommen. Außenminister David Choquehuanca hatte nach einem weiteren Treffen im Oktober 2009 in Washington von »exzellenten Fortschritten« gesprochen. Ein drittes Treffen, das für den 30. November 2009 in La Paz zur Unterzeichnung des Abkommens vorgesehen war, wurde kurzfristig abgesagt. Der US-Geschäftsträger nannte das Datum »wohl etwas zu ambitiös«.

Hintergrund war sicherlich der Besuch des iranischen Präsidenten Mahmud Ahmadinejad am 24. November in La Paz. Anfang Dezember warnte Außenministerin Hillary Clinton jene Länder, die mit Iran »flirten«, vor »Konsequenzen«. Präsident Morales reagierte darauf zwei Tage später auf einer Veranstaltung der MAS-Basis, indem er klarstellte, dass Bolivien ein souveränes Land sei, welches seine Außenbeziehungen eigenständig entwickle. Die Vereinigten Staaten hätten im Übrigen kein Recht, über den internationalen Terrorismus zu sprechen: »Sie sagen, dass der Iran den Terrorismus exportiere. Wissen Sie, wer Terrorismus exportiert? Das sind jene, die in anderen Ländern Militärbasen bauen und die Truppen in andere Länder schicken.« Solche Ad-hoc-Deklarationen auf Massenveranstaltungen werden in Bolivien von der (oppositionellen) Presse jeweils gerne und ausführlich aufgegriffen. Sie machen die Bemühungen – auch der Freunde Boliviens in Washington – um eine Normalisierung der Beziehungen zu den Vereinigten Staaten unter Barack Obama sicher nicht einfacher. Gleiches gilt im Übrigen für die Beziehungen zum Nachbarn Peru.

Bolivien unterhält seit dem Jahr 2008 diplomatische Beziehungen mit dem Iran. Das Niveau der in Aussicht gestellten iranischen Kooperation mit Bolivien soll unbestätigten Berichten zufolge bei 1,2 Milliarden US-Dollar in den Bereichen Agrarförderung (Traktoren, Molkereien) und Energie liegen; daneben ist von einer Zementfabrik die Rede. Nun ist eine Zusammenarbeit energieexportierender Länder im Rahmen einer Süd-Süd-Kooperation sicherlich eine vernünftige Sache. Andererseits stellt der Iran für Bolivien weder einen attraktiven Exportmarkt dar, noch hat er im Bereich der Kooperation Angebote parat, die andere Länder nicht auch böten. Zwei Besuche von Ahmadinejad innert kurzer Zeit sind womöglich der politische Preis für diese Kooperation, die es ihm erlauben, zu Hause eine vermeintliche Überwindung der politischen Isolation zu dokumentieren. Außenpolitische Souveränität ist eine Sache und Maßregelungen im Stile einer Kolonialmacht eine andere: Doch ob es sich für Bolivien lohnt, diesen Preis zu zahlen, ist durchaus eine Überlegung wert. Insoweit hat durchaus auch Hillary Clinton recht.

## Forderung nach einem UNO-Klimatribunal

Der bolivianische Präsident Evo Morales forderte beim UN–Klimagipfel am 22. September 2009 in New York die Einrichtung eines Klimatribunals mit Sanktionsmöglichkeiten gegen Regierungen und Unternehmen, die die Umwelt schädigen. Morales vertrat dabei einen ganzheitlichen Ansatz beim Umweltschutz und betonte die beispielhafte Rolle der indigenen Völker beim Umgang mit der Natur: »Für uns indigene Völker ist die Erde keine Ware. Sie ist heilig. Wir leben mit ihr in Harmonie.« Wenn es im 20. Jahrhundert einen Kampf um die Menschenrechte gegeben hat, so müsse im 21. Jahrhundert ein Kampf um die Rechte der Mutter Erde geführt werden. In diesem Sinne forderte Morales die Erarbeitung einer »Allgemeinen Erklärung der Rechte der Mutter Erde«. Auf bolivianische Initiative haben die Vereinten Nationen bereits einen »Internationalen Tag der Mutter Erde« eingeführt, der am 22. April 2009 erstmals begangen wurde.

Dahinter steht die andine Vision der Pachamama, die als Naturgesamtheit mehr ist als einfach nur »Mutter Erde« – ein umfassendes Konzept von Nachhaltigkeit, wenn man so will. »Sie ist es, die uns Leben gibt, Produktion, Rohstoffe, Wasser. Es darf nicht sein, dass man sie zu einer Ware macht, wie das im Kapitalismus der Fall ist. Ich stehe in einem tiefen Gegensatz zum ›westlichen Denken‹, zum kapitalistischen System«, sagte Morales: »Unser Konzept des ›vivir bien‹ (gut leben) beinhaltet nicht das Leben auf Kosten des anderen, Plünderung oder Ausbeutung.« Die Menschheit müsse das Wohlergehen der Mutter Erde garantieren um das menschliche Wohlergehen zu sichern. Der Klimawandel sei kein Umweltproblem und kein technisches oder finanzielles, sondern eines der Lebensstile. Er sei nicht Ursache, sondern Auswirkung, Produkt eines kapitalistischen Systems, das maximalen Gewinn anstrebt, das heißt die Akkumulation des Kapitals, ohne auf das Leben der anderen Rücksicht zu nehmen. Nach dem gescheiterten Klimagipfel von Kopenhagen hat Bolivien für das Frühjahr 2010 eine »Weltkonferenz der Völker über den Klimawandel« in Cochabamba einberufen.

»In meinem Land, in La Paz, geht der weiße Poncho des Illimani (6438m) mit jedem Tag zurück – und der Chakaltaya und der Chorolque in Potosí haben schon keinen mehr«, bedauerte der Präsident.

## Erdrutsch, zweiter Teil: Die Wahlen vom Dezember 2009

»Der Indio ist noch immer da!«, sagte Evo Morales am Tag danach fröhlich vor der internationalen Presse. Ein gelungenes Understatement! Er gewann die Präsidentschaftswahlen vom 6. Dezember 2009 mit 64,22 Prozent der Stimmen – das sind gut 10 Prozent mehr als bei seinem Erdrutschsieg vor vier Jahren und fast 38 Prozentpunkte vor seinem wichtigsten Gegenkandidaten Manfred Reyes Villa, der mit seiner Plan Progreso para Bolivia (PPB) 26,46 Prozent bekam (Zahlen gemäß amtlichem Endergebnis vom 30. Dezember 2009). Wer geglaubt hatte, der mit riesigen Erwartungen konfrontierte Indio-Präsident würde sich in seinem Amt abnutzen, wurde eines Besseren belehrt: Die Bolivianerinnen und Bolivianer sprachen sich klar für Morales und seinen Proceso de cambio aus: Die Fortsetzung der Revolution mit dem Stimmzettel! Für die politische Rechte war es eine Quittung für Obstruktionspolitik, programmatische Leere und organisatorische Unfähigkeit.

Es wurde über einen neuen Präsidenten abgestimmt – zum ersten Mal direkt – und ein neues Parlament, das nun Asamblea Legislativa Plurinacional heißt; daneben auch über Autonomien auf verschiedenen Ebenen. Diese vorzeitigen Wahlen fanden auf der Grundlage der im Januar 2009 angenommenen neuen Verfassung statt, mit der Präsident Morales seinen Proceso de cambio zementieren will. Nach der Einführung eines digitalisierten, biometrischen Wahlsystems, mit dem Betrugsmanöver unmöglich gemacht werden sollen, wusste man es nun genau: Es waren 5 139 554 Wahlberechtigte, die zu den Urnen gerufen wurden. Das ist im Hinblick auf den politischen Prozess keine ganz unbedeutende Zahl, waren es doch im Dezember 2005 nur 3 679 886. Der Anstieg erklärt sich nicht nur durch den Bevölkerungszuwachs. Zum ersten Mal durften auch Auslandsbolivianer an den Wahlen teilnehmen. Und Morales hatte bei seiner Amtseinführung im Januar 2006 versprochen, dass alle Bolivianerinnen und Bolivianer ordentliche Papiere bekommen sollten. Viele Menschen, gerade in abgelegenen, ländlichen Regionen, hatten weder Geburtsurkunde noch Personalausweis – und konnten somit bisher auch nicht wählen. In Europa, so Morales damals in seiner Antrittsrede, habe er gelernt, dass selbst die Hunde Papiere hätten. Inzwischen gibt es nun fast anderthalb Millionen vollwertige und wahlberechtigte bolivianische Staatsbürger mehr. Auch ein kleiner demokratischer Quantensprung! Internationale Wahlbeobachter schätzten die Wahlbeteiligung auf rund 90 Prozent und berichteten von sehr ruhigen, geordneten und sauberen Wahlen.

Dass der neue Präsident wieder Evo Morales heißen würde, daran bestand kaum ein Zweifel. Eine Gallup-Prognose gab ihm 57 Prozent, andere Erhebungen über 60 Prozent. Dass er nur dieses eine Mal noch würde kandidieren dürfen, war ein Zugeständnis an die Opposition, die mit ihrem »Zivilputsch« im September des Vorjahres das Verfassungsprojekt zu Fall bringen wollte. Seit seinem Erdrutschsieg vom Dezember 2005 hatte Morales alle Wahlen und Abstimmungen mit absoluter Mehrheit gewonnen, ein Abwahlreferendum im August 2008 sogar mit 67 Prozent der Stimmen.

Doch gerade darin liegt eine gewisse Gefahr: Mit Morales' Wahlsieg 2005 haben sich die traditionellen Parteien praktisch aufgelöst. Die parteipolitisch heimatlose Rechte hat sich um die oppositionellen Präfekten der reichen Departemente im Tiefland geschart und bekämpft das Projekt des Wandels mit allen Mitteln, auch mit Desperado-Strategien. Auf Morales' Sieg im Abwahlreferendum reagierten sie mit dem erwähnten »Zivilputsch« vom September 2008. Nachdem dieser zusammengebrochen war, finanzierten Teile offenbar sogar einen Ring internationaler Terroristen, der dem Präsidenten nach dem Leben trachtete und im April 2009 aufflog. An der desolaten Lage der politischen Rechten hat sich seither nichts geändert. Und es ist nicht auszuschließen, dass sich gewisse Kreise wieder zu Verzweiflungstaten hinreißen lassen.

Von den traditionellen Parteien – sofern sie überhaupt noch existieren – trat im Dezember 2009 keine mehr an. MNR und PODEMOS haben sich zurückgezogen. Die einzige Partei im eigentlichen Sinne war die linksliberale Unidad Nacional (UN) des Unternehmers Samuel Doria Medina. Er verfügt über politische Erfahrung als Wirtschaftsminister unter Jaime Paz Zamora und machte Wahlkampf mit wirtschafts- und beschäftigungspolitischen Themen. Man darf sich von der UN eine konstruktive Opposition erhoffen, doch sie errang nur 6 Prozent der Stimmen. Der Rest sind Ad-hoc-Wahlvereinigungen, deren Zustandekommen teilweise chaotisch war. Die Gegnerschaft zur Regierung in Ehren, aber alle möchten gern selbst Spitzenkandidat sein. Eine angestrebte Einheitsliste der Opposition kam nicht zustande. Nachdem zunächst der ehemalige Vizepräsident indigener Herkunft, Víctor Hugo Cárdenas, mit dem Segen des Präfekten von Santa Cruz ein solches Projekt angeführt hatte, wurde er kurz vor der Wahlregistrierung fallen gelassen. Angeblich wollte Präfekt Rubén Costas zwischenzeitlich selbst gern Spitzenkandidat sein.

Wichtigster Kontrahent von Morales war nunmehr der schillernde Manfred Reyes Villa (»El Bonbon«) mit seiner Plan Progreso para Bolivia (PPB). Der populäre ehemalige Präfekt des Departements Cochabamba hat sich dort den Ruf eines effizienten – wenn auch korrupten – Administrators erworben. Gegen Reyes liegen aus seiner Zeit als Präfekt (2005–2008) elf Anzeigen wegen Unregelmäßigkeiten vor; die Schadenssumme wird mit 16 Millionen US-Dollar beziffert. Im Februar 2007 hat er durch die Finanzierung von jugendlichen Schlägerbanden und die Forderung nach einer Wiederholung des Autonomiereferendums gewalttätige Unruhen provoziert. Beim Abwahlreferendum 2008 wurde er von der Bevölkerung seines Departements abgewählt. Inhaltlich ist Reyes eher profillos. Als junger Mann hat er mit den Militärdiktaturen zusammengearbeitet. Zu den Parlamentswahlen 2002 gründete er den Wahlverein Nueva Fuerza Republicana (NFR), mit dem er damals auf Anhieb 20 Prozent der Stimmen errang. Doch dessen Lebensdauer war kurz. Fixe Größe in Reyes' politischem Leben ist neben dem Machtinstinkt die Nähe zur US-Botschaft gewesen. Ansonsten war die Unterstützung eher verhalten. Die Präfekten der Departemente Tarija, Sucre und Beni standen hinter Reyes. In der Oppositionshochburg Santa Cruz gab man sich – vielleicht bereits im Hinblick auf die im April 2010 bevorstehenden Präfektenwahlen – plötzlich unparteiisch. Wie gespalten man dort seit dem Zusammenbruch der Gewaltstrategie vom September 2008 ist, zeigte sich darin, dass die Exportmesse FEXPOCRUZ den Präsidenten zur Eröffnung eingeladen hat. Die einflussreiche Asamblea de la Cruceñidad (Versammlung der »Santa-Cruzheit«) drohte dagegen, in diesem Falle den Zugang zu blockieren. Die traditionsreiche MNR wollte Reyes ausdrücklich nicht unterstützen. Auch das reflektierte wohl mehr ein Abwarten, auf welchen Zug man letztlich aufspringt, als politische Prinzipien, wie sie sich etwa in der Skepsis gegenüber der politischen Entourage Reyes' hätte äußern können: Dessen Kandidat für die Vizepräsidentschaft sitzt in Untersuchungshaft. Leopoldo Fernández, dem ehemaligen Präfekten des Departements Pando, wird die Verantwortung für das Massaker im Pando vom September 2008 zur Last gelegt, bei dem regierungsnahe Bauern von Mitarbeitern der Präfektur zusammengeschossen wurden. Einer von Reyes' designierten Senatoren, Felipe Moza, sitzt wegen des Verdachts der Unterstützung eines Sprengstoffanschlags auf eine Gaspipeline in Haft.

Daneben kandidierten fünf weitere Wahlvereinigungen, zum Teil auch mit Dissidenten aus der Regierungspartei MAS, die zusammen nur 3,7 Prozent erringen konnten und deren Zustandekommen ähnlich chaotisch war wie das von Reyes' Plan Progreso. Eine Movimiento de Unidad Social Patriótica (MUSPA) hatte mit Ana María Flores die einzige Frau als Spitzenkandidatin, eine ehemalige Mitstreiterin von Reyes in dessen NFR.

Auf der Linken konnte Morales' alter Erzrivale in den Bauerngewerkschaften von Cochabamba, Alejo Véliz, mit seiner Liste PULSO weder mit Felipe Quispe einig werden noch mit dem MAS-Dissidenten Román Loayza. Beide kandidierten auf der Liste GENTE, die ursprünglich Víctor Hugo Cárdenas angeführt hatte. Véliz konnte selbst in seiner Heimat Cochabamba nur 0,5 Prozent erringen. Als potenzieller Überraschungsfaktor galt der äußerst populäre Ex-Bürgermeister von Potosí, René Joaquino, der stets Rekordergebnisse bei den Wahlen erzielt hatte. Zusammen mit dem Veteran der Bergarbeitergewerkschaft, dem von Morales ausgebooteten ehemaligen Mastermind der MAS, Filemón Escobar, wirft er mit seiner Alianza Social der MAS autoritäre Tendenzen und einen Polarisierungskurs vor. Er konnte immerhin über Potosí hinaus punkten, blieb aber mit 2,31 Prozent unter der Dreiprozenthürde für den Einzug ins Parlament. Über eine regierungsfähige Personaldecke oder Infrastruktur verfügten sie alle freilich ebenso wenig, wie sie auf ausländische Unterstützung zählen konnten.

Die Kandidaturen am indigenistischen und am linken Rand des politischen Spektrums haben der MAS also nicht geschadet. Die MAS konnte diese Kräfte offenbar weiterhin weitgehend absorbieren. Dass es sie aber noch gibt, sollten vor allem jene in Rechnung ziehen, die sich vor ungezügeltem Indigenismus, umgekehrtem Rassismus oder sonstigen Radikalismen fürchten. Die MAS bleibt ein Puffer dagegen.

Sie sah dem Treiben im Vorfeld der Wahlen gelassen zu. Man beschäftigte sich mehr mit der Besetzung der Listenplätze, um mit geeigneten Kräften später im Parlament dann die Umsetzung der neuen Verfassung zu gewährleisten. Formal wurden die MAS-Kandidaten von den sozialen Bewegungen bestimmt. Doch gab es auch Proteste gegen eine Kandidatenauswahl »von oben« oder zumindest gewichtige Einmischungen. Neben Vertretern sozialer Bewegungen standen so auf der MAS-Liste auch Repräsentanten der städtischen Mittelschichten sowie sieben Kandidaten aus der Movimiento Sin Miedo (MSM), des Bürgermeisters von La Paz, Juan del Granado.

Die 166 Mitglieder der Asamblea Legislativa Plurinacional werden am 6. Januar 2010 zusammentreten; Präsident und Vizepräsident werden am 22. Januar neu eingesetzt. Die MAS gewann 88 von 130 Abgeordnetenmandaten und 26 von 36 Senatorensitzen. Sie verfügt damit über die Zweidrittelmehrheit in beiden Kammern und hat bereits angekündigt, eine Reihe bisher von der Opposition im Senat blockierter Gesetzesvorhaben zügig zu verabschieden. Dazu gehören insbesondere ein Bildungsgesetz, ein Anti-Geldwäsche-Gesetz und ein Krankenversicherungsgesetz. Hinsichtlich der Besetzung des neuen Kabinetts sagte Morales sozialen Bewegungen ein Vorschlagsrecht zu. Deren Urteil sei ihm wichtig. Es könne aber nicht bindend sein, weil sonst ein Tauziehen um Ämter und Posten ausbrechen würde.

Dass der unter chaotischen Bedingungen ad hoc entstandene Wahlverein (PPB) der Rechten und der alten Eliten letztlich doch gut ein Viertel der Wählerstimmen auf sich vereinen konnte, macht deutlich, dass es eine beträchtliche Zahl von Bolivianerinnen und Bolivianern gibt, die sich vor dem Proceso de cambio fürchten. In den Jahren vor Morales' Erdrutschsieg hätte eine Partei mit gut 26 Prozent der Stimmen sehr wahrscheinlich die Wahlen gewonnen! Das sind nicht alles Mitglieder der vielzitierten hundert Familienclans, die das Land unterdrückten und ausbeuteten. Die MAS wird diese Menschen dort abholen müssen, wo sie sich befinden, und klugerweise nicht mit der gewonnenen Zweidrittelmehrheit über sie hinwegrauschen. Ob allerdings die PPB organisatorisch überhaupt Bestand haben wird und politisch Konturen gewinnen kann, um als wichtigste und dabei stabile Oppositionskraft zu fungieren, ist mehr als zweifelhaft: Spitzenkandidat Reyes Villa hat sich auf der Flucht vor Korruptionsverfahren nach Miami abgesetzt. Der politischen Stabilität im Lande und selbst dem Proceso de cambio täte es jedenfalls gut, wenn es eine konstruktive Opposition gäbe.

Wie schwach die Parteiorganisationen auf beiden Seiten sind, zeigt die Tatsache, dass man nur vier Monate vor den Präfekten- und Gemeinderatswahlen in den Hochburgen der jeweiligen Gegenseite noch über keine Kandidaten verfügte.

Die Wahlen haben die MAS auch in den (ehemals) oppositionellen Departementen weiter gestärkt. Sie kontrolliert heute La Paz, Oruro, Potosí, Cochabamba und Pando, und sie konnte in der Oppositionshochburg Santa Cruz zwei von vier Senatoren stellen. Bei den Präfekten- und Gemeinderatswahlen vom 4. April 2010 wird sich herausstellen, ob sie diese Position konsolidieren kann. Die MAS steigerte sich gegenüber den Wahlen von 2005 in Tarija von 31,55 auf 51,09 Prozent, im Beni von 16,5 auf 37,66 Prozent, im Pando von 20,85 auf 44,51 Prozent, in Santa Cruz von 33,17 auf 40,91 Prozent und gewann in der Oppositionshochburg Sucre mit 56,05 Prozent.

In der zu bildenden Asamblea Legislativa Plurinacional errang sie eine Verfassungsmehrheit. Präsident und Vizepräsident sehen die gewonnene Zweidrittelmehrheit im Parlament jedenfalls als Verpflichtung, den Prozess des Wandels zu beschleunigen. Doch wollen sie auch an interinstitutionellen Abkommen arbeiten. »Die zwei Drittel bedeuten keine Tyrannenregierung«, sagte Juan Ramón Quintana, ehemaliger Chef des Ministerio de la Presidencia und einer der mächtigsten Männer hinter Morales. Im Mittelpunkt der zweiten Amtszeit solle die wirtschaftliche Entwicklung und die Industrialisierung des Landes stehen.

Morales erklärte noch am Wahlabend, dass dieser Sieg der erste auf der Grundlage der neuen Verfassung sei. Vizepräsident Álvaro García Linera hatte vor den Wahlen noch erklärt, er und Morales würden 2015 nicht mehr wieder antreten. Dies war eines der wichtigsten Zugeständnisse an die Oppositionen bei den Nachverhandlungen zur neuen Verfassung vom Oktober 2008: Nach Artikel 168 amtieren Präsident und Vizepräsident für fünf Jahre und dürfen einmal wiedergewählt werden. Mit ihrer Verfassungsmehrheit könnte die MAS ihn theoretisch ändern. Die Nachverhandlungen waren damals durch den »Zivilputsch« sozusagen erzwungen worden. Andererseits wurde die Verfassung, so wie sie ist, vom Volk im Referendum vom Januar 2009 angenommen. Sollte also Morales 2015 doch noch einmal kandidieren wollen, wird es mit Sicherheit Streit darüber geben, wie der Artikel 168 nun zu interpretieren sei.

Wie auch immer: Von europäischen Beobachtern wird die Frage der Wiederwahl nicht selten zu einer Frage von Bestand oder Niedergang der Demokratie stilisiert. Dabei geht es um die Wählbarkeit! Auch in Europa sind Bundeskanzler oder Präsidenten durchaus auch mehrmals wiedergewählt worden. Solange sie gewählt werden, hat das rein gar nichts mit einer Diktatur zu tun. In lateinamerikanischen Verfassungen hat man vielfach Verbote der (direkten) Wiederwahl verankert, um Machtzusammenballungen und dem sprichwörtlichen Caudillismo einen Riegel vorzuschieben. So oder so wäre es wünschenswert, den Prozess des Wandels auf mehrere Schultern zu stellen, sich um eine solide Personalbasis und eine ebenbürtige Nachfolge zu bemühen. Anderenfalls würde man eines Tages nicht nur in die Fußstapfen von Hugo Chávez treten, sondern auch in jene des kolumbianischen Präsidenten Álvaro Uribe und des früheren peruanischen Präsidenten Alberto Fujimori, der zu diesem Zweck allerdings gegen sich selbst geputscht hatte und die Verfassung eigens zur Machtverlängerung ändern ließ – und das kann man Morales nicht vorwerfen. Vizepräsident Álvaro García Linera hatte eine Woche vor den Wahlen erklärt: »Wir treten an, um weitere fünf Jahre zu bleiben, aber ich sage es ihnen mit aller intellektuellen Aufrichtigkeit: Dieses Projekt einer neuen Gesellschaft wird mehrere Jahrzehnte dauern.«

# Der »Prozess des Wandels« in Bolivien

## Zwischenbilanz und Ausblick

Mit dem Wahlsieg von Evo Morales und seiner MAS hat sich im Herzen Südamerikas eine Alternative zum Neoliberalismus und eine Chance zur Emanzipation bisher marginalisierter Schichten und Völker aufgetan. Doch hat sich die profunde Krise Boliviens nicht verflüchtig. Sie besteht in ihren verschiedenen Aspekten vielmehr als Herausforderung fort. Zur Bewältigung der sozioökonomischen Krise bestehen hoffnungsvolle Ansätze im Sozial-, Bildungs- und Verteilungsbereich. Ob sie langfristig tragfähig und finanzierbar sind, bleibt abzuwarten. Ein von manchen herbeigeredeter ökonomischer Kollaps ist jedenfalls ausgeblieben. Die Ergebnisse sind bisher vielmehr leicht positiv.

Eine von der Opposition so hart bekämpfte Landreform besteht im Wesentlichen in der konsequenten Implementierung der Reformen des Landreformgesetzes von 1996. Die Nationalisierung der Kohlenwasserstoffressourcen brachte die Korrektur unverschämter Ausbeutungsverhältnisse zugunsten der nationalen Volkswirtschaft. Vielfach sind die gesetzlichen Bestimmungen mehrdeutig und ermöglichen in der Praxis Auslegungsspielräume *a la boliviana*.

Die Regierung Morales profitierte von den hohen Rohstoffpreisen und hat richtige Weichenstellungen vorgenommen, damit das Land und seine Menschen auch davon profitieren können. Preisschwankungen auf dem Markt für Erze und für Erdöl haben indessen einmal mehr deutlich gemacht, wie wenig man auf einen solchen Ressourcenboom allein bauen kann. Das ist der Regierung auch bewusst. Mit der beabsichtigten wirtschaftlichen Diversifizierung und einer Förderung der Kleinunternehmen ist man indessen kaum vorangekommen. Dagegen scheint man im Bereich der Landwirtschaft bereits in kurzer Zeit dem Ziel einer Produktivitäts- und Produktionssteigerung näher gerückt zu sein: durch die Modifizierung und die konsequentere Umsetzung der alten Landreformgesetze von 1996, aber auch durch Agrarförderung und Mechanisierung.

Eine Diversifizierung der bolivianischen Wirtschaftsbeziehungen fand bereits seit vielen Jahren mehr oder weniger stillschweigend statt. Lateinamerikanische Nachbarn – allen voran Brasilien und Argentinien – gewannen und die Vereinigten Staaten verloren an Gewicht. Mit Morales kam es nicht nur zu einer verstärkten Anlehnung an Venezuela, sondern auch zu einer Hinwendung zu neuen Partnern aus den aufstrebenden Volkswirtschaften des Südens wie China, Indien, Korea, aber auch dem Iran. Mit der arabischen Liga wurde im März 2009 in Kairo ein Kooperationsabkommen unterzeichnet. Kooperationen mit einem indischen Unternehmen (Eisen) und einem koreanischen (Lithium) stehen für eine Belebung des Gedankens einer Süd-Süd-Kooperation, wie er vor einem Vierteljahrhundert in der entwicklungspolitischen Debatte als Collective Self-Reliance diskutiert wurde.

Seit dem Wahlsieg der MAS vom Dezember 2005 hat sich der Druck von »links«, von »populären« und »indigenistischen« Bewegungen vermindert. Exklusive ethno-chauvinistische Kräfte um Felipe Quispes MIP (die bei den Wahlen von 2002 immerhin mit 6 Prozent der Stimmen ins Parlament eingezogen war) konnten von Morales' integrativem Projekt des Wandels vorerst neutralisiert werden. Sie spielten bei den Wahlen vom Dezember 2009 praktisch keine Rolle mehr. Selbst zum Teil noch wenig definiert, ist es der erfolgreichen Politik der MAS doch gelungen, diversen links-indigenistischen Strömungen eine Richtung vorzugeben. Ein Scheitern der MAS könnte ihnen jedoch zu einer Renaissance verhelfen. Durch ihre neue Drogenpolitik des »Coca sí, Cocaína no!« konnte die Regierung die staatszersetzende Sprengkraft dieses Konfliktthemas bisher signifikant reduzieren, ohne dass es zu einer Explosion von Kokaanbau und Kokainproduktion gekommen wäre.

Doch die Gesellschaft steht noch immer vor einer Zerreißprobe: Der latente Rassismus bisher dominierender Gesellschaftsschichten wurde angesichts des Wandels explizit und äußerte sich immer wieder auch gewalttätig. Ihm steht ein neues Selbstbewusstsein der Indigenen und Marginalisierten gegenüber. Die politische Rechte ist parteipolitisch desolat. Sie schart sich um die Präfekten der Tieflanddepartemente und um die Präsidenten von »Bürgerkomitees«. Sie hat – abgesehen vom Thema Autonomie – weder inhaltlich noch personell Alternativen zu bieten und übte sich beim Thema Autonomie und Verfassung in Provokationen, Obstruktion und gefährlichen extralegalen Aktionen. Das Scheitern Letzterer hat vorerst zu einer Spaltung und einer weiteren Schwächung des oppositionellen Lagers geführt. Doch die Ruhe vom Herbst 2009 mag die Ruhe vor dem nächsten Sturm sein. Das Wahldebakel der Rechten ist insofern eher ein negatives Signal.

Die MAS hat als Regierungspartei kein adäquates Rezept gefunden, um damit fertig zu werden. Sie hat über die erwähnte Orientierung der heterogenen Strömungen hinaus noch keine wirklichen, permanenten und transparenten Strukturen der Interessenartikulation und -aggregation für die sozialen Bewegungen entwickelt, geschweige denn für die Gesellschaft insgesamt. Man verhält sich einerseits vielfach noch immer wie eine außerparlamentarische Opposition; andererseits konnte auch der sprichwörtliche bolivianische Präsidentialismus und Zentralismus nicht überwunden werden. Die »Regierung der sozialen Bewegungen« stellt sich als ambivalentes Unternehmen dar. Einerseits scheint sie vieles den zivilgesellschaftlichen Bewegungen an der Basis überlassen zu wollen, auch Exekutivfunktionen wie zum Beispiel die Herstellung der Sicherheit bei der Constituyente in Sucre. Andererseits hat man oft den Eindruck einer Kooptation und Instrumentalisierung – und sei es nur, weil die sozialen Bewegungen gar nicht in der Lage sind, die ihnen zugedachten Aufgaben zu lösen. Darin liegt eine doppelte Gefahr: die einer Delegitimierung und Schwächung der staatlichen Institutionen, aber auch die einer Schwächung dieser Bewegungen im Sinne ihrer »Verstaatlichung«, denn sie haben ja bisher gerade durch die Wahrnehmung gewisser parastaatlicher Funktionen Stärke gewonnen. Sicherlich ist ihr Einfluss auf die Gestaltung der Politik enorm gewachsen. Aber eine institutionalisierte Demokratisierung von unten steht noch aus. Vielfach scheint die Frage, wessen Interessen sich durchsetzen und welche der Bewegungen zum Zuge kommt, doch »von oben« gelöst zu werden, und die vielbeschworene Basis verbleibt allzu oft in der Funktion einer Mobilisierungs- und Manövriermasse.

Dem Artikel 241/1 der neuen Verfassung gemäß nimmt das souveräne Volk über die Organisationen der Zivilgesellschaft an der Gestaltung der öffentlichen Politik teil. Nach Absatz 2 übt die organisierte Zivilgesellschaft soziale Kontrolle aus über die öffentliche Verwaltung auf allen Ebenen des Staates, die öffentlichen Institutionen und Unternehmen, die gemischten und die privaten, die mit staatlichen Ressourcen arbeiten. Dazu gehört nach Artikel 242 auch die Arbeit des Parlaments. Im Rahmen der Verfassunggebenden Versammlung hatte es Überlegungen zur Einrichtung einer zivilgesellschaftlichen vierten Gewalt gegeben, die sich aber nicht durchsetzten. Wenige Tage nach seinem Wahlsieg vom Dezember 2009 schlug Evo Morales nun die Einrichtung einer zivilgesellschaftlichen Instanz zur Kontrolle der Regierung vor. Welche Gestalt diese annehmen könnte, wird eine spannende Frage sein.

Unerfahrenheit und Unsicherheit führten manchmal zu Überreaktionen und Angriffen auf Justiz und Presse. Gefährliche Sprengkraft steckt in dem Missverhältnis zwischen einem hohen Konfliktpotenzial und einer politischen Kultur, die der Verrechtlichung von Politik einen relativ geringen Stellenwert einräumt. Der von Stefan Jost (2003) konstatierte »erlebnisorientierte Umgang mit Gesetzestexten und Verfassungsparagrafen« hat vielfach Kontinuität. Das Ergebnis ist eine gefährliche Zuspitzung bestehender Konflikte. Allerdings ist die Opposition den Beweis schuldig geblieben, dass ihre Positionen und Aktionen tatsächlich von den Menschen unterstützt werden; ihr Gewicht nimmt vielmehr kontinuierlich ab. Und das Militär erklärte wiederholt seine Loyalität zur Regierung. Alle Wahlergebnisse stützen die Regierung, die auch in den Bereichen Ressourcentrauma, Souveränitätstrauma und in der Sozialpolitik klar punkten konnte.

Die größten Hoffnungen verbanden sich mit den Perspektiven zur Überwindung der soziokulturellen Krise und zur Integration bisher marginalisierter Bevölkerungsgruppen. »Mandar obedeciendo«, gehorchend regieren wolle er, betont Evo Morales: Einer Regierung der sozialen Bewegungen wolle er vorstehen. Es verwundert nicht, dass er gerade Leitfiguren aus der indigenen Bewegung, den Gewerkschaften, den zivilgesellschaftlichen Widerstandsgruppen gegen Privatisierungsmaßnahmen und nicht zuletzt aus seiner alten Cocalero-Basis in die Regierungsverantwortung eingebunden hat. Kritiker sehen hier allerdings auch eine Tradition fortleben, nach der persönliche Loyalitäten vor Kompetenz gehen. Es wurde dabei rasch deutlich, dass es auch hier unterschiedliche Interessenlagen gibt und das »indigene« und »populäre« Lager kein monolithischer Block ist. Doch ist die Öffnung von Führungspositionen für bisher marginalisierte Gruppen und der damit verbundene gesamtgesellschaftliche Lernprozess ebenso historisch wie wahrscheinlich irreversibel.

Dabei überraschte die Regierung durch Pragmatismus und Kompromissfähigkeit. Keine dieser Gruppen musste so große Kröten schlucken wie Morales' Kernbasis, die Kokabauern. Die versprochene Legalisierung der »Mama Coca« hat nicht stattgefunden und die Ausweisung der verhassten Repressionsorgane ließ lange auf sich warten! Die erwarteten internationalen Initiativen haben (noch) nicht stattgefunden. Die Basis scheint bereit, diese Zumutung hinzunehmen, weil sie von »ihrem« Präsidenten kommt. Einem Präsidenten, der nach wie vor über eine enorme Glaubwürdigkeit verfügt, die er durch die Umsetzung seiner Agenda in anderen Bereichen, wie der Nationalisierung und beim Landreformgesetz, bisher durchaus noch festigen konnte. Im Gegenzug fanden die Cocaleros sozialen Frieden.

Dass es in einer von jungen, in administrativen Dingen unerfahrenen Bewegungen getragenen Regierung zu handwerklichen Schwächen kommt, verwundert nicht. Fachleute sind rar. »Learning by doing« ist gefragt. Oft steht politische Symbolik vor konkreten Ergebnissen oder Qualifikationen. Mit Casimira Rodríguez wurde eine gelernte Hausangestellte Justizministerin; Präsidentin der Verfassunggebenden Versammlung wurde mit Silvia Lazarte eine kampferprobte Bauersfrau aus dem Chapare, die nach der Grund- die Hauptschule nicht mehr besuchen konnte. Nicht nur sie war mit den politischen und administrativen Anforderungen eines Verfassungsprozesses oft überfordert. Die hohe Erwartungshaltung der Bevölkerung und politischer Voluntarismus der Entscheidungsträger halten sich die Waage. Letzterem stehen eine teilweise besorgniserregende Abwesenheit schlüssiger Politikkonzepte sowie begrenzte technische und personelle Kapazitäten gegenüber. Pragmatisches Improvisieren ist das Gebot der Stunde. Chefimprovisator ist der Präsident höchstselbst.

Vizepräsident Álvaro García Linera erklärte das in einem Interview mit der Zeitschrift *Alternatives Sud* des Centre Tricontinental mit der Persönlichkeit von Evo Morales, der sich überall einbringe, aber auch mit der Langsamkeit des Kabinetts, die mitunter Probleme mache. Viele der neuen Funktionäre hätten keine Erfahrung in öffentlichen Ämtern, so der Vizepräsident. So würde die überwiegende Zahl von Entscheidungen und Programmen vom Präsidenten und einer Handvoll Ministern getroffen beziehungsweise gemacht. Dass darin eine Tendenz zu untransparenten und autokratischen Strukturen angelegt ist, wird dem Soziologen García Linera klar sein, doch er rechtfertigt dieses Vorgehen damit, dass der Prozess des Wandels beschleunigt werden müsse. Daher erscheine die Konzentration der Entscheidungen adäquat. Andererseits spricht García Linera auch das Problem an, dass man nicht über eine professionelle, den Zielen der Regierung verpflichtete Bürokratie verfüge, und betont kurz vor den Wahlen vom Dezember 2009, dass man sich auf die Suche nach Nachfolgern machen müsse, weil Morales und er 2015 nicht mehr antreten – was sie nach der neuen Verfassung eigentlich auch nicht dürfen. Insofern drängt die Zeit, den Prozess des Wandels nicht nur einfach zu beschleunigen, sondern ihm mehr Nachhaltigkeit zu verleihen, indem man ihn auf mehrere Schultern, auf eine breitere Basis stellt.

Bolivien ist ein Aid-Regime, wo ausländische Entwicklungshilfen einen extrem hohen Stellenwert haben. Im Durchschnitt des letzten Jahrzehnts lagen sie stets zwischen 7 und 10 Prozent des Bruttoinlandsprodukts und finanzierten fast 100 Prozent der öffentlichen Investitionen. Ein großer Teil dieser Hilfen war traditionell – direkt oder indirekt über internationale Entwicklungsorganisationen, die

die wichtigsten Geber sind – von Washington kontrolliert. Bislang verhielt sich die ausländische Kooperation abwartend, signalisierte Bereitschaft zu Business as usual; Weltbank und Interamerikanische Entwicklungsbank haben sogar Schulden erlassen. Trotzdem sind die Hilfeleistungen an Bolivien deutlich zurückgegangen. Inwieweit es sich dabei um einen politisch motivierten Rückgang handelt, lässt sich noch nicht sagen. Wo es um Unterstützung in politisch-administrativen Fragen ging, etwa bei der Unterstützung der Constituyente, war allerdings schon eher eine Präferenz für Lösungen aus einer europäischen Denktradition und eine Kooperation mit den Präfekturen erkennbar. Mit Venezuela und Kuba betraten zwei neue Akteure die Bühne, was für große Aufmerksamkeit sorgte; das ostentative Auftreten des venezolanischen Präsidenten Hugo Chávez hat sogar das bolivianische Souveränitätstrauma neu belebt und der Opposition Munition geliefert. Das rhetorische Gewicht von Hugo Chávez wiegt dabei schwerer als die tatsächlichen Leistungen. Venezuela ist ein wichtiger Partner für Bolivien geworden, hat aber andere, wie etwa die EU, keinesfalls verdrängt. Sogar bilaterale US-Hilfen flossen – jedenfalls bis zum September 2008 – weiter. Politisch gaben sich die USA eher defensiv und überließen den Europäern das (sichtbare) Feld. Selbst eine singuläre Maßnahme wie die Ausweisung des US-Botschafters im September 2008 – vor wenigen Jahren noch vollkommen undenkbar – führte nicht zu einem Totalabbruch der Beziehungen oder noch Schlimmerem. Die Europäer wiederum gaben sich abwartend und beklagten schon mal Schwerfälligkeiten und mangelndes handwerkliches Geschick der neuen Ansprechpartner.

Solche Probleme gab es durchaus auch mit vergangenen Regierungen, wo die Geber oft genug den Part der bolivianischen Administration gleich mit übernommen haben. Die neue Regierung reagiert darauf aus Gründen der nationalen Souveränität zu Recht allergisch, steht damit aber auch gegenüber wohlmeinenden Gebern und Beratern vor einem Kompetenzdilemma. Es bleibt zu hoffen, dass es hier zu einem verstärkten Aufbau von Vertrauen kommt und dass sich die internationale Gemeinschaft ihrer Verantwortung bewusst ist. Während man sich angesichts innenpolitischer Konflikte Sorgen um die Zukunft der Demokratie macht, darf man eines nicht übersehen: Derzeit ist weit und breit keine politische Alternative zu Evo Morales und seinem Projekt in Sicht. Dessen Scheitern würde in der Tat die akute Gefahr bürgerkriegsähnlicher Auseinandersetzungen und eines Auseinanderbrechens der staatlichen Einheit implizieren.

Aus der Nähe und von innen betrachtet macht (nicht nur) die bolivianische Aussenpolitik nicht selten einen überforderten Eindruck. Die Botschaften sind dünn gestreut und unterbesetzt, das Personal manchmal nicht optimal qualifiziert. Man hat es auch nicht verstanden, die Welle der Sympathie für die neue Regierung seitens der Auslandsbolivianer und der internationalen Solidaritätsgruppen zu nutzen, auch wenn der Präsident bei seinen Auslandsbesuchen auf solche Kontakte großen Wert legt und mit Leonilda Zurita eine der prominentesten MAS-Frauen mit der Aufgabe betraut hat, diese Beziehungen zu pflegen und auszubauen. Solidaritätsaktivisten klagen darüber, dass die Kommunikation viel zu oft ins Leere läuft, Abmachungen und Verabredungen nicht eingehalten werden und sie sich in die Rolle des Grüßaugust versetzt fühlen – ein Vorwurf, der der Regierung Morales übrigens auch vonseiten verschiedener sozialer Bewegungen in Bolivien selbst gemacht wird.

Gemeinsame Erwartungshaltungen und die »charismatische Führerschaft« (Max Weber) der Galionsfigur Evo Morales klammern die unterschiedlichen sozialen Bewegungen zusammen, die hinter der Regierung stehen. Doch immer wieder kommt es auch zu Konflikten, bei Persistenz der traditionellen Radikalität: Bus- und

Taxifahrer blockieren zwei Tage lang die Innenstadt von La Paz, weil sie mit der vom Bürgermeister vorgeschlagenen neuen Verkehrsführung nicht einverstanden sind. Eine Auseinandersetzung zwischen Minenarbeitern der staatlichen COMIBOL und Cooperativistas um Schürfrechte forderte am 5. und 6. Oktober 2006 in Huanuni bei Oruro 16 Todesopfer und 81 Verletzte. Ob es um den Ausgleich zwischen Regierung und Opposition geht oder um Verhandlungen mit Washington: Immer wieder trat der Vizepräsident ad hoc als realpolitische Feuerwehr in Erscheinung und zieht dabei naturgemäß Kompetenzen an sich. Schon artikulierte sich Widerstand innerhalb der MAS gegen Verhandlungs- und Kompromissbereitschaft sogenannter *blancoides* (Weiße) im Umfeld des Präsidenten, vor denen dieser geschützt werden müsse. Ein ausgesprochen dummer und rassistischer Vorwurf, dem entschieden entgegengetreten werden sollte. Die MAS und Evo Morales' Regierung der sozialen Bewegungen stehen noch vor der Herausforderung, permanente Strukturen für eine effektive Interessenartikulation dieser sozialen Bewegungen zu schaffen. Drei Evaluierungsklausuren (oder Hearings) der Regierung durch soziale Bewegungen sind ein von oben geschaffenes, informelles Novum, dessen Charakter hinsichtlich Beschickung und konkreter Ergebnisse zu analysieren und dessen Lebensdauer abzuwarten bleibt.

Alain Touraine (2006) sieht in Bolivien unter Evo Morales ein neues politisches Paradigma entstehen. Das mag etwas überoptimistisch klingen. Doch in der Tat stellen allein der Wahlerfolg und der erstmalige Aufstieg von Indígenas und Unterprivilegierten in die Regierungsverantwortung so etwas wie eine Revolution dar – und die scheint als solche irreversibel. Zur Debatte steht nach den Neuwahlen vom Dezember 2009 nun die Implementierung der neuen Verfassung – eine Reartikulation von Staat und Gesellschaft, eine Neuordnung der Beziehungen zwischen den verschiedenen Bevölkerungs- und Volksgruppen, eine außenpolitische Neuorientierung. Dabei sind Korrekturen am bisherigen Modell eher zu erwarten als revolutionäre Brüche, wie schon die Nationalisierung von Erdöl und Erdgas und die Landreform gezeigt haben. Fernando Mayorga (2006) hat noch immer recht, wenn er das Projekt der MAS als noch »wenig definiert« beschreibt und dessen tagespolitische Umsetzung als gekennzeichnet von »radikaler Rhetorik« bei »moderaten Entscheidungen«.

Das Projekt einer Neugründung *(refundación)* Boliviens ist bisher in vielerlei Hinsicht vage geblieben und geht auf eine ideologische Mischkulanz aus Nationalismus, Antiimperialismus, Sozialismus und andiner Kosmovision zurück. Die Handlungsspielräume dafür sind zusätzlich durch interne Defizite und außenpolitische Rahmenbedingungen eingeschränkt. Doch es ist ernst gemeint und rührt tatsächlich an die gesellschaftlichen Grundfesten: Daher die innenpolitische Polarisierung, deren Handhabung durch die Regierung nicht immer glücklich war und deren Entwicklung die entscheidende Größe für Erfolg oder Misserfolg der Regierung Morales sein wird. Es handelt sich um ein radikalreformistisches, emanzipatorisches Projekt. Noch ist es erst ansatzweise gelungen, den »Zusammenstoß der Kulturen« in einen »Dialog der Kulturen« zu überführen. Doch muss man dies auch im historischen Kontext sehen, bevor man »Staatszerfall« und »Unregierbarkeit« beklagt. Bolivien hat seit seiner Unabhängigkeit im Jahr 1825 rund fünfzig Prozent seiner Staatsfläche verloren und mehr Regierungen überstanden als Jahre. Der bolivianische Staat war häufig nicht in der Lage, Sicherheit im Inneren oder nach außen herzustellen – geschweige denn die materielle und kulturelle Lebenssicherheit seiner Bürger zu gewährleisten. Er war stets ein schwacher Staat mit wiederkehrenden Tendenzen zum Zerfall. Dies nicht zuletzt auch deshalb, weil sich ein großer Teil der Menschen von ihm nicht vertreten fühlte, weil der Eindruck herrschte, es handle sich um einen Apparat im Dienste einer einflussreichen Minderheit.

Doch bis zum Zerfall ist es bisher nicht gekommen. Der Erdrutschsieg von Evo Morales und sein – wie immer ungenau definierter – Proceso de cambio bieten eine historische Chance zur Inklusion bisher marginalisierter Bevölkerungsgruppen und zur Festigung von Staat und Gesellschaft. Auch wenn dieser Prozess konfliktiv verläuft und dabei manchmal erste Symptome eines Staatszerfalls aufgetreten sein mögen: Das Pendel scheint – gerade nach dem Wahlergebnis vom 6. Dezember 2009 – sehr deutlich im Sinne des Wandels auszuschlagen!

# Anhang

## Chronologie

| | |
|---|---|
| 200 v. u. Z bis 500 | Tiwanaku-Kultur, formative Periode. |
| ca. 500–1150 | Tiwanaku-Reich. |
| ab 1438 | Expansion des Inkareiches. |
| 1532 | Spanische Conquista; Gefangennahme Atahuallpas. |
| 1538 | Gründung der Stadt La Plata, des heutigen Sucre. |
| 1545 | Entdeckung der Silbervorkommen des Cerro Rico de Potosí. |
| 1548 | Gründung von La Paz. |
| 1561 | Gründung von Santa Cruz de la Sierra. |
| 24.9.1572 | Exekution von Túpac Amaru. |
| 1572–1576 | Vizekönig Francisco Toledo besucht Alto Perú, das heutige Bolivien |
| 1777 | Provinz Charcas kommt zum Vizekönigreich La Plata. |
| 1780–1782 | Aufstand des Túpac Amaru II. und Túpac Katari (1781). |
| 1809 | Beginn der Unabhängigkeitsbewegung in Bolivien. |
| 1810 | Hinrichtung von Pedro Domingo Murillo. |
| 6.8.1825 | Unabhängigkeit Boliviens. José Antonio Sucre wird erster Präsident bis 1828. |
| 1889–1893 | Salpeterkrieg gegen Chile. Bolivien verliert Küstenprovinz. |
| 1898/99 | Bürgerkrieg zwischen Liberalen und Konservativen. La Paz wird Regierungssitz. |
| 1900 | Entdeckung der Zinnmine Veta la Salvadora durch Simón Patiño. |

| | |
|---|---|
| 1932–1935 | Chaco-Krieg gegen Paraguay. |
| 1941 | Gründung der Movimiento Nacionalista Revolucionario (MNR) |
| 1944 | Gründung der Federación Sindical de Trabajadores Mineros de Bolivia (FSTMB). |
| 9.4.1952 | Revolution durch die MNR. |
| 16.4.1952 | Víctor Paz Estenssoro (MNR) wird Präsident. |
| 17.4.1952 | Gründung des Gewerkschaftsbundes Central Obrera Boliviana (COB). |
| 31.10.1952 | Verstaatlichung der Zinnminen. |
| 2.8.1953 | Agrarreform. |
| 9.11.1964 | Putsch durch General René Barrientos Ortuño; Beginn der Epoche der Militärdiktaturen. |
| 24.6.1967 | Massaker in der Johannisnacht an Bergarbeitern. |
| 8.10.1967 | Ernesto »Che« Guevara wird in La Higuera (Departement Santa Cruz) gefangengenommen und ermordet. |
| 22.8.1971 | Militärputsch durch Oberst Hugo Banzer. |
| 1979/80 | Lidia Gueiler wird Interimspräsidentin – als erste und bisher einzige Frau in Bolivien. |
| 29.6.1980 | Wahlsieg von Hernán Siles Zuazo. |
| 17.7.1980 | Militärputsch von Luis García Meza (Narcokratie). |
| 10.10.1982 | Redemokratisierung: Hernán Siles Zuazo wird Präsident. |
| 6.8.1985 | Víctor Paz Estenssoro wird Präsident: neoliberale Strukturanpassung. |
| 1993 | Erste Präsidentschaft von Gonzalo »Goni« Sánchez de Lozada: neoliberale Reformen der zweiten Generation. |
| 1999 | Gründung der MAS. |
| 2000 | »Wasserkrieg« in Cochabamba. |
| 2002 | Evo Morales' MAS bei Parlamentswahlen auf Rang zwei. Fundamentalopposition zieht ins Paralment ein. |
| Oktober 2003 | »Krieg um das Gas« beendet die zweite Präsidentschaft von »Goni« Sánchez de Lozadas (17. Oktober 2003). |

| | |
|---|---|
| 2004 | Referenden über fossile Brennstoffe und Verfassunggebende Versammlung. |
| 18.12.2005 | Erdrutschsieg und absolute Mehrheit der MAS bei Parlamentswahlen. |
| 22.1.2006 | Amtsseinführung von Evo Morales als erstem indigenen Präsidenten. |
| 1.5.2006 | Nationalisierung von Öl und Gas. |
| 1.8.2006 | Verfassunggebende Versammlung tritt in Sucre zusammen. |
| 29.11.2006 | Modifizierung des Landreformgesetzes. |
| Dezember 2007 | Verfassungsentwurf wird unter chaotischen Umständen verabschiedet; oppositionelle Departemente entwerfen illegale Autonomiestatute. |
| 10.8.2008 | Abwahlreferendum; Morales wird mit 67 Prozent der Stimmen bestätigt. |
| 8.9.2008 | »Zivilputsch« in den oppositionellen Departementen. |
| 10.9.2008 | Ausweisung des US-Botschafters Philip Goldberg. |
| 11.9.2008 | Massaker im Pando an MAS-nahen Bauern. |
| 25.1.2009 | Verfassungsreferendum: Verfassung wird mit 61 Prozent der Stimmen angenommen. |
| 6.12.2009 | Erste Wahlen auf der Grundlage der neuen Verfassung. Die MAS gewinnt mit 64,22 Prozent, sowie die Zweidrittelsmehrheit in beiden Parlamentskammern. |

# Abkürzungsverzeichnis

| | |
|---|---|
| ADN | Acción Democrática Nacional |
| ALBA | Alianza Bolivariana para los Pueblos de Nuestra América (früher bis 2009 Alternativa Bolivariana) |
| CIDOB | Confederación Indígena del Oriente Boliviano |
| CND | United Nations Commision on Narcotic Drugs |
| CNE | Corte Nacional Electoral |
| COB | Central Obrera Boliviana (Gewerkschaftsbund) |
| COMIBOL | Corporación Minera de Bolivia |
| CONAMAQ | Consejo Nacional de Ayllus y Markas del Qollasuyu |
| CONDEPA | Conciencia de Patria |
| CSUTCB | Confederación Sindical Única de Trabajadores Campesinos de Bolivia |
| DEA | Drug Enforcement Administration |
| FEDECOMIN | Federación Nacional de Cooperativas Mineras de Bolivia |
| FEJUVE | Federación de Juntas Vecinales (in El Alto) |
| FES | Función Económico y Social |
| FOT | Federación Obrera del Trabajo |
| FPN | Frente Popular Nacionalista |
| FSB | Falange Socialista Boliviana |
| FRI | Frente Revolucionario de Izquierda |
| FSTMB | Federación Sindical de Trabajadores Mineros de Bolivia |
| HCL | Kokain-Hydrochlorid |
| IDH | Impuesto Directo de Hidrocarburos |
| ILO | International Labour Organization (Internationale Arbeitsorganisation der UNO) |
| INL | Bureau for International Narcotics Matters and Law Enforcement Affairs (im US State Department) |
| INRA | Instituto Nacional de Reforma Agraria |
| IU | Izquierda Unida |
| IWF | Internationaler Währungsfonds |

| | |
|---|---|
| MAS/IPSP | Movimiento al Socialismo / Instrumento Político para la Soberanía del los Pueblos |
| MERCOSUR | Mercado Común del Sur (Gemeinsamer Markt Südamerikas) |
| MBL | Movimiento Bolivia Libre |
| MIP | Movimiento Indígena Pachacuti |
| MIR | Movimiento de la Izquierda Revolucionaria |
| MNR | Movimiento Nacionalista Revolucionario |
| MNRI | Movimiento Nacionalista Revolucionario de Izquierda |
| MST | Movimiento Sin Tierra |
| NFR | Nueva Fuerza Republicana |
| OTB | Organizaciones Territoriales de Base |
| PCMLM | Partido Comunista Marxista Leninista Maoista |
| PIR | Partido de la Izquierda Revolucionaria |
| PODEMOS | Poder Democrático Social |
| POR | Partido Obrero Revolucionario |
| PPB | Plan Progreso para Bolivia |
| PRA | Partido Revolucionario Auténtico |
| PRIN | Partido Revolucionario de la Izquierda Nacional |
| TCO | Tierras Comunitarias de Orígen |
| TIPNIS | Parque Nacional y Territorio Indígena Isiboro-Sécure |
| TLC | Tratado de Comercio de los Pueblos |
| UCAPO | Unión de Campesinos Pobres |
| UCS | Unión Cívica de Solidaridad |
| UDP | Unión Democrática Patriótica |
| UJC | Unión Juvenil Cruceñista |
| UN | Unidad Nacional |
| UNASUR | Union Südamerikanischer Staaten |
| UNODC | United Nations Office on Drugs and Crime |
| USAID | United States Agency for International Development |
| YPFB | Yacimientos Petrolíferos Fiscales Bolivianos |

# Literatur

Thomas A. Abercrombie, *Pathways of Memory and Power – Ethnography and History Among an Andean People*, University of Wisconsin Press, Madison 1998.

Franziska Bopp/Georg Ismar, *Bolivien. Neue Wege und alte Gegensätze*, Wissenschaftlicher Verlag, Berlin 2006.

William E. Carter/Mauricio Mamani, *Coca en Bolivia,* Libreria Editorial »Juventud«, La Paz 1986.

Augusto Céspedes, *Teufelsmetall*, Lamuv, Bornheim-Merten 1982.

Pedro Cieza de León, *Crónica del Perú*, Pontífica Universidad Católica del Perú, Lima 1984 und 1986.

Corte Nacional Electoral, »Acta de Cómputo Nacional Elecciones Generales y Referendos 2009«, La Paz, Dezember 2009, www.embajadadebolivia.com.ar/textos/final_elecciones_2009.pdf.

José de Mesa/Teresa Gisbert/Carlos D. Mesa Gisbert: *Historia de Bolivia,* Editorial Gisbert y Cia. S.A., La Paz 2003.

Jared Diamond, *Kollaps. Warum Gesellschaften überleben oder untergehen*, Fischer, Frankfurt a. M. 2005.

James Dunkerley, *Rebellion in the Veins. Political Struggle in Bolivia 1952–1982*, Verso, London 1984.

Álvaro García Linera, *La potencia plebeya. Acción colectiva e indentidad indígenas, obreras y populares en Bolivia,* Prometeo Libros, Buenos Aires 2008.

Elisabeth Hüttermann (Hrsg.), *Ich bin … Lebensgeschichten aus Bolivien*, Rotpunktverlag, Zürich 2007.

Thomas Jäger (Hrsg.), *Bolivien. Staatszerfall als Kollateralschaden*, VS Verlag, Wiesbaden 2009.

John Janusek, *Identity and Power in the Ancient Andes. Tiwanaku Cities Through Time*, Routledge, New York/London 2004.

Stefan Jost, *Bolivien: Politisches System und Reformprozess 1993–1997*, Leske und Budrich, Opladen 2003.

Alan L. Kolata, *Tiwanaku. Portrait of an Andean Civilisation*, Blackwell, Cambridge 1993.

Jorge Lazarte, »Partidos políticos, problemas de representatividad y nuevos retos de la democracia. Una reflexión con referencia empírica a la situación en Bolivia«, in: Thomas Manz/Moira Zuazo (Hrsg.), *Partidos políticos y representación en América Latina,* FES-ILDIS, La Paz 1998.

Robert Lessmann, *Drogenökonomie und internationale Politik*, Vervuert, Frankfurt a. M. 1996.

Robert Lessmann, *Zum Beispiel Bolivien*, Lamuv, Göttingen 2004.

Robert Lessmann, *Che Guevara*, Hugendubel, Kreuzlingen/München 2006.

Fernando Mayorga, »El gobierno de Evo Morales«, in: *Nueva Sociedad,* Nr. 206, Caracas 2006.

Carlos D. Mesa Gispert, *Presidencia sitiada. Memorias de mi Gobierno,* Plural, La Paz 2008.

Jürgen Mittag/Georg Ismar (Hrsg.), *»El Pueblo Unido?« Soziale Bewegungen und politischer Protest in der Geschichte Lateinamerikas*, Westfälisches Dampfboot, Münster 2009.

Dieter Nohlen, »Die politische Entwicklung Boliviens in den letzten zwei Dekaden. Eine Bilanz«, in: Rafael Sevilla/Ariel Benavides (Hrsg.), *Bolivien. Das verkannte Land?*, Horlemann, Bad Honnef, 2001.

Tristan Platt, *Estado Boliviano y Ayllu Andino*, Instituto de Estudios Peruanos, Lima 1982.

Muruchi Poma, *Evo Morales. Die Biografie*, Militzke, Leipzig 2007.

Silvia Rivera Cusicanqui, »La Raíz: Colonizadores y Colonizados«, in: Xavier Albó/Raúl Barrios (Hrsg.), *Violencias encubiertas en Bolivia 1*, CIPCA, La Paz 1993.

Ximena Soruco, *Los barones del Oriente. El poder en Santa Cruz ayer y hoy*, Fundación Tierra, La Paz 2008.

Alain Touraine, »Entre Bachelet y Morales. Existe una izquierda en América Latina?«, in: *Nueva Sociedad*, Nr. 205, Caracas 2006.

United Nations Development Programme, *Human Development Report 2009*, New York 2009 (und Vorjahre).

United Nations Office on Drugs and Crime, *World Drug Report 2009*, New York 2009 (und Vorjahre).

U.S. Department of State, *International Narcotics Control Strategy Report 2009*, Washington DC 2009 (und Vorjahre).

Moema Viezzer (Hrsg.), *Wenn man mir erlaubt zu sprechen ... Das Zeugnis der Domitila, einer Frau aus den Minen Boliviens*, Lamuv, Bornheim-Merten 1977.

# Websites

| | |
|---|---|
| www.cne.gov.bo | Wahlprozesse und Wahlergebnisse |
| www.ine.gov.bo | Instituto Nacional de Estadística. Aktuelle statistische Angaben zu Gesellschaft und Wirtschaft. |
| www.latautonomy.org | Autonomías Multiculturales: Una condición necesaria para un desarrollo sostenible en América Latina – von der Europäischen Union finanziertes Forschungsprojekt für multikulturelle Autonomien und nachhaltige Entwicklung. |

# Sach- und Ortsregister

## A



## B



## C

## W, Y



## Z

# Personenregister

## A



## B



## C



## D



## E



## F



## G

## H, I, J



## K



## L



## M



## N, O



## P



## Q



## R

Lateinamerika ist keine
Insel der Seligen...
...Lateinamerika ist anders!
lateinamerika anders
Koka ist nicht Kokain
mehr erfahren!
lateinamerika anders
Österreichs Zeitschrift
für Lateinamerika.
Wir bieten kritische und
alternative Berichterstat-
tung über soziale Wirklich-
keiten und politische
Entwicklungen in Latein-
amerika und der Karibik.
Das Jahresabo (5 Hefte)
kostet 21,- €.
Lernen Sie uns kennen!
Bestellen Sie ein kostenloses Probeheft!
per eMail: igla@aon.at
per Post: Informationsgruppe Lateinamerika (IGLA)
c/o WUK, Währingerstraße 59, A- 1090 Wien.